本著作系浙江理工大学科研启动专项资金项目
"涉'一带一路'国际商事纠纷解决实务研究"
资助成果

国际投资仲裁中
投资者权益保护机制案例研究

姜慧芹◎著

浙江工商大学 出版社
ZHEJIANG GONGSHANG UNIVERSITY PRESS
·杭州·

图书在版编目（CIP）数据

国际投资仲裁中投资者权益保护机制案例研究 / 姜
慧芹著 . — 杭州 : 浙江工商大学出版社 , 2024. 3
ISBN 978-7-5178-5969-7

Ⅰ. ①国… Ⅱ. ①姜… Ⅲ. ①国际投资法学—国际仲
裁—研究 Ⅳ. ① D996.4

中国国家版本馆 CIP 数据核字（2024）第 048470 号

国际投资仲裁中投资者权益保护机制案例研究
GUOJI TOUZI ZHONGCAI ZHONG TOUZIZHE QUANYI BAOHU JIZHI ANLI YANJIU

姜慧芹 著

责任编辑	徐 凌
责任校对	都青青
封面设计	胡 晨
责任印制	包建辉
出版发行	浙江工商大学出版社
	（杭州市教工路 198 号　邮政编码 310012）
	（E-mail：zjgsupress@163.com）
	（网址：http://www.zjgsupress.com）
	电话：0571-88904980, 88831806（传真）
排　　版	杭州浙信文化传播有限公司
印　　刷	杭州高腾印务有限公司
开　　本	710 mm × 1000 mm　1/16
印　　张	14
字　　数	200 千
版 印 次	2024 年 3 月第 1 版　2024 年 3 月第 1 次印刷
书　　号	ISBN 978-7-5178-5969-7
定　　价	49.00 元

前　言

中国自 2015 年起成为全球第二大资本输出国。在开拓海外市场的过程中，国际投资协定的签署为维护中国投资者的合法权益提供了条约保障。截至 2023 年，我国与有关国家和地区签署并行之有效的双边投资协定（Bilateral Investment Treaty，BIT）有 100 多个；我国对外缔结的自由贸易协定也大多包括投资章节，规定了类似双边投资协定的有关规则，国际投资仲裁制度就是其中重要的一环。

国际投资仲裁制度允许外国投资者直接对东道国提起投资仲裁，即将二者置于平等地位，这有利于强化投资者保护、改善东道国投资环境。随着全球化的加速推进和国际投资的快速增长，国际投资仲裁制度也在不断发展和完善。联合国贸易和发展会议（United Nations Conference on Trade and Development，UNCTAD）系统梳理了以条约为基础的国际投资仲裁案例，截至 2022 年 12 月 31 日共整理出 1257 起已知案例。

在进行国际投资的过程中，中国投资者也开始运用国际投资仲裁制度维护自身正当的海外投资权益。自 2007 年中国投资者首次对外国政府提起国际投资仲裁以来，由中国投资者提起的已知的国际投资仲裁案件共 20 起，最近一起系华为于 2022 年 1 月 21 日对瑞典提起的 5G 禁令仲裁案[①]。在这些案件中，仅有 8 起已经审结或终止，且裁决结果并不理想，这一现状凸显出中国投资者尚不善于援用国际投资仲裁制度维护自身合法权益。

在当下及未来的国际投资仲裁过程中，中国投资者如何合理地利用国际

---

① 2022 年 1 月 21 日，华为在用尽瑞典当地救济仍未获得公正待遇后，根据 2004 年新修订的《中华人民共和国政府和瑞典王国政府关于相互保护双边投资协议的补充协定》向国际投资争端解决中心（International Center for Settlement of Investment Disputes，ICSID）提出仲裁申请。国际投资争端解决中心仲裁庭于 2023 年 4 月 28 日、2023 年 7 月 21 日分别发布第三号、第四号程序令，裁定驳回瑞典当局的管辖权异议请求，这意味着该案将进入事实和法律审理阶段。

投资仲裁制度维护自身的合法权益，是一个值得研究的问题。近年来，我国学者在这方面的研究已经非常深入。本书希冀在既有研究的基础上，系统梳理国际投资仲裁制度中的投资者保护机制，借助案例挖掘其他国家投资者在实践中采取的保护机制和诉求，以期为中国投资者提供参考，助力中国投资者运用国际投资仲裁制度维护自身权益。

本书内容分 3 章展开。

第一章从全球视野出发，呈现了国际投资仲裁制度的发展演变情况，梳理了当下常见的国际投资仲裁规则，并根据联合国贸易和发展会议的公开数据分析了国际投资仲裁制度的适用情况。

第二章从中国视角出发，分别探讨了中国投资者诉外国政府的国际投资仲裁案例及外国投资者诉中国政府的国际投资仲裁案例。截至 2023 年，中国投资者已经针对外国政府提起 20 起国际投资仲裁，外国投资者已经针对中国政府提起 9 起国际投资仲裁。通过对已审结案例的分析可以发现，中国投资者提起的国际投资仲裁中，绝大多数止步于管辖权阶段，很少进入实体审查阶段，这说明中国投资者运用国际投资仲裁制度维权的经验尚且不足。

第三章从其他国家投资者的角度分析了部分国际投资仲裁案例，以及其他国家投资者运用国际投资仲裁制度的做法。本章将国际投资仲裁程序划分为 4 个阶段：仲裁程序的启动阶段，管辖权的认定阶段，审理及裁决作出阶段，仲裁裁决的承认、执行与撤销阶段。对此，我国学者已做出不少解读和分析，为本书的研究奠定了基础。但是庞大的资料也意味着本书不可能对所有问题和案例进行毫无遗漏的分析，因此，本书期待展开较为系统的框架性解读，能为中国投资者、律师事务所人员、科研工作者呈现初步分析的思路。

目　录
CONTENTS

第一章　国际投资仲裁制度的缘起、规则与适用现状

第一节　国际投资仲裁制度的缘起及内涵

国际投资仲裁制度是解决投资者—国家争端的一种制度安排。投资者—国家争端指外国投资者与东道国政府之间因外国投资者在东道国的投资行为而发生的争端。在实践中，投资者—国家争端主要是关于东道国是否已经按照法律或条约规定对外国投资者提供相应待遇或保护这一问题引起的争端，包括：东道国政府对外国投资者进行国有化或征收引起的争端；东道国的行政管理行为（如外汇管制、税收增加、经济社会管理措施等）引起的争端；东道国国内发生政治动乱、革命、战争等事件导致外国投资者投资受损引起的争端。[①]

在发生上述争端后，如何妥善解决至关重要：若处理不当，则可能上升为投资者母国和东道国之间的政治争端。在诸多争端解决机制中，国际投资仲裁制度最为常见和成熟，系指在发生投资者—国家争端时，外国投资者可以根据双方合意，将争端提交给独立的仲裁机构，以寻求争端的解决。随着全球化进程的加快和跨国投资的增加，国际投资仲裁制度在解决投资争端、

---

① 余劲松：《国际投资法（第六版）》，法律出版社 2022 年版，第 299 页。

保护投资者合法权益方面发挥着越来越重要的作用。本节将从国际投资仲裁制度的产生背景出发，探讨其发展历程，并分析其在国际投资争端解决中的价值。

一、国际投资仲裁制度的演进

（一）国际投资仲裁制度的产生

随着跨国公司的兴起和国际直接投资的增加，投资者与东道国之间的投资争端不断增加。如何解决国际投资争端，一直是资本输出国和资本输入国间分歧很大的问题。[①] 起初，资本输入国（或东道国）主要是发展中国家。对于国际投资争端，一般主张由东道国的司法或行政机构管辖，并适用东道国国内法律，典型代表是拉美国家所倡导的"卡尔沃主义"。[②] 相较而言，作为主要资本输出国（或投资者母国）的发达国家，则主张依据传统的国际法，排除东道国对国际投资争端的管辖权，主张以武力索债、外交保护、混合求偿委员会、国际法院诉讼等方法解决国际投资争端，极易导致国际投资争端演变为政治性争端，具有明显的政治化属性。[③]

[①]　余劲松、詹晓宁：《论投资者与东道国间争端解决机制及其影响》，《中国法学》2005 年第 5 期，第 175—184 页。

[②]　徐崇利教授指出，主要以资本输入国身份出现的发展中国家，之所以采取此种立场，主要有五个理由：其一，根据国际法中的属地管辖权优先原则，外国人和外国财产一旦进入东道国境内，就立即归东道国的属地最高权支配，外国投资者亦不能例外；其二，根据习惯国际法中的用尽当地救济规则，外国投资者在没有用尽东道国法律对其适用的所有救济手段之前，不得要求其母国行使外交保护权；其三，从外国投资者进入东道国开展投资这一行为就可以推定其已经默认了东道国的法律管辖；其四，根据国民待遇原则，外国投资者应与东道国国民一样，接受东道国对投资争端的国内司法管辖，并依东道国法律对纠纷进行处理，不能享受高于东道国国民的待遇（这也是卡尔沃主义的主要立场之一——笔者注）；其五，根据国际私法中的最密切联系原则，一般的投资争端显然与东道国具有最密切联系，比如，争端的一方当事人是东道国政府，外国投资者的投资经营活动在东道国开展，其人、其物、其活动也都处于东道国境内，因此，国际投资争端理应由东道国进行司法管辖，并适用东道国法律。徐崇利：《国际投资法中的重大争议问题与我国的对策》，《中国社会科学》1994 年第 1 期，第 23—38 页。

[③]　依据传统的国际法，个人不是国际法主体。因此，外国人包括外国投资者在一国遭受人身或财产上的损害，与所在国发生纠纷时，并不能直接求助于国际法以寻求救济，故而，需要投资者母国基于其国际法主体的地位对其本国的投资者提供保护，以解决国际投资争端。刘笋：《国际投资仲裁引发的若干危机及应对之策述评》，《法学研究》2008 年第 6 期，第 141—154 页。

为了解决上述分歧，国际社会开始探索一种独立、公正、高效的国际投资争端解决机制，国际投资仲裁制度应运而生。1965 年，在世界银行的牵头下，美国、法国等发达国家与中非共和国等发展中国家在华盛顿共同缔结了《解决国家与他国国民间投资争端的公约》（*Convention on the Settlement of Investment Disputes Between States and Nationals of Other States*，又称《华盛顿公约》，以下简称《ICSID 公约》），并据此设立了国际投资争端解决中心（International Center for Settlement of Investment Disputes，以下简称 ICSID），作为实施公约的常设性机构。[①]ICSID 的宗旨是依据公约的规定，为各缔约国与另一缔约国国民之间的投资争端提供调停和仲裁的便利。ICSID 的成立填补了国际投资仲裁领域的空白，为投资者和东道国提供了一个可靠的仲裁平台。

国际投资仲裁制度借鉴了国际商事仲裁的模式并将其运用到解决国际投资争端之中。该制度可以说是发达国家和发展中国家长期博弈的结果：一方面，该制度在很大程度上避免了投资者母国滥用外交保护权，减少了被认为是干涉内政的嫌疑，使得国际投资争端解决实现了非政治化；另一方面，也为主张排他性东道国救济的发展中国家提供了一种值得信赖的争端解决方式，有利于改善东道国的投资环境，增强外国投资者对东道国的信任感和对投资的安全感，具有现实的利益，因而同意适当让渡对国际投资争端的管辖权，是一种"另辟蹊径"的投资争端解决办法。[②]同时，为了吸引更多的资本输入国加入《ICSID 公约》，该公约作了一系列妥协性的规定，为发展中国家维护其经济主权保留了一定的空间。[③]因此，发展中国家也开始慢慢接受国际投资

---

① ICSID. "ICSID Convention, Regulations and Rules". [2023-12-15]. https://icsid.worldbank.org/sites/default/files/documents/ICSID_Convention.pdf.
② 蔡从燕：《外国投资者利用国际投资仲裁机制新发展反思——国际法实施机制与南北矛盾的双重视角》，《法学家》2007 年第 3 期，第 102—109 页；张光：《论国际投资仲裁中投资者利益与公共利益的平衡》，《法律科学（西北政法大学学报）》2011 年第 1 期，第 109—114 页。
③ 这是因为：其一，加入公约并不意味着东道国完全失去对投资争端的控制，ICSID 管辖投资争端以争端双方书面同意接受管辖为前提；其二，除非明确宣布完全放弃东道国当地救济，否则东道国可以要求投资争端首先寻求当地救济；其三，仲裁庭处理争端所适用的准据法，可以包括东道国国内法和国际法；其四，缔约国可以通知 ICSID 它不考虑提交给 ICSID 管辖的一类或几类争端。刘笋：《国际投资仲裁引发的若干危机及应对之策述评》，《法学研究》2008 年第 6 期，第 141—154 页。

仲裁。国际投资仲裁逐渐成为解决投资者与东道国间投资争端的一种重要方式，在资本输出国、资本输入国和投资者间维系着微妙的平衡。[①]

（二）国际投资仲裁制度的发展

随着时间的推移，出现了其他受理国际投资仲裁争端的国际投资仲裁机构或国际商事仲裁机构。比如，海牙常设仲裁法院（Permanent Court of Arbitration，PCA）、瑞典斯德哥尔摩商会仲裁院（Arbitration Institute of the Stockholm Chamber of Commerce，SCC）、国际商会（International Chamber of Commerce，ICC）、伦敦国际仲裁院（London Court of International Arbitration，LCIA）、俄罗斯莫斯科工商会（Moscow Chamber of Commerce and Industry，MCCI）、开罗区域国际商事仲裁中心（Cairo Regional Centre for International Commercial Arbitration，CRCICA）、巴拿马冲突解决中心（Centro de Solucióndе Conflictos，CESCON）等。

中国的仲裁机构也已经正式加入受理投资者—国家争端仲裁案件的行列，但是受理的案件很少。截至 2022 年 12 月 31 日，在已知案件中，仅香港国际仲裁中心（Hong Kong International Arbitration Centre，HKIAC）受理了 1 起国际投资争端，深圳国际仲裁院还未受理任何案件。[②] 这些机构在各自的地区和领域内发挥着重要的作用，为投资者和东道国提供了一种公正、高效的争端解决机制。

除了上述常设仲裁机构外，在实践中也存在临时仲裁的情形，即由临时仲裁机构针对投资争端进行国际仲裁。临时仲裁机构是指当事人根据仲裁协议临时设立的、审理特定投资争端的机构，在案件审结并作出最终裁决后，该仲裁机构即行解散。

[①] 刘笋：《国际投资仲裁引发的若干危机及应对之策述评》，《法学研究》2008 年第 6 期，第 141—154 页。

[②] 深圳国际仲裁院公布了 2019 年版《深圳国际仲裁院仲裁规则》。该规则第 2 条"受案范围"增加了一项："仲裁院受理一国政府与他国投资者之间的投资争议仲裁案件。"这是中国仲裁机构首次在仲裁规则中明确将投资者—国家争端案件纳入受案范围。此后修订的仲裁规则在"受案范围"中均沿用了这一规定。深圳国际仲裁院：《深圳国际仲裁院仲裁规则》，深圳国际仲裁院网站，最后访问时间：2023 年 12 月 15 日，https://scia.com.cn/index.php/Home/index/rule/id/809.html.

据联合国贸易和发展会议投资政策中心（UNCTAD Investment Policy Hub）的统计显示，截至 2022 年 12 月 31 日，共有 1257 起以条约为基础的投资者—国家争端为公众所知晓。这些案件即是由上述仲裁机构审理的，如图 1-1 所示。由此可见，在已知的投资者—国家争端中，ICSID 受理了其中的 60% 以上，可谓占据了国际投资仲裁案件的"半壁江山"。[①]

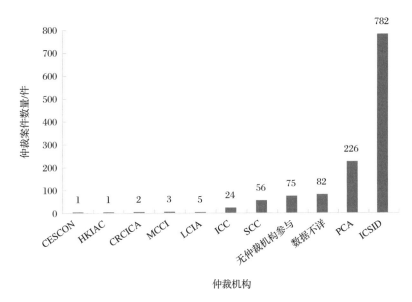

图 1-1　受理国际投资仲裁争端的仲裁机构及其受案情况 [②]

综上，国际投资仲裁制度的发展历史表明，随着全球化的加速和跨国投资的增加，国际投资仲裁机构在维护投资者权益和解决投资争端方面发挥出越来越重要的作用。这些机构的成立和运作为投资者和国家提供了一个公正、高效、可靠的仲裁平台，促进了国际投资的发展和跨国投资的流动。

---

① 并非所有仲裁机构均将其受理的投资者—国家争端公之于众，因此，此处的分析仅限于"已知的"基于条约的投资者—国家争端案件。

② UNCTAD Investment Policy Hub. "Investment Dispute Settlement Navigator". (2023-12-31)[2023-12-31]. https://investmentpolicy.unctad.org/investment-dispute-settlement.

二、国际投资仲裁制度的具体内涵

（一）国际投资仲裁制度的概念

仲裁，又称公断，是指当事人自愿将他们之间已经发生或者将要发生的争议交由第三方进行评判或裁决，并约定自觉履行该裁决的争议解决制度。国际仲裁是指具有"国际性"的仲裁；但是对于何为"国际性"，则有不同理解。[1] 国际投资仲裁起源于传统国际商事仲裁，特别是在初期，作为一种新型的投资争端解决方式，其在很多方面借鉴了传统的国际商事仲裁，因此国际投资仲裁的许多规则和制度都和传统国际商事仲裁相同或相似。

（二）国际投资仲裁制度的特征

国际投资仲裁制度在解决国际投资争端方面发挥了重要的作用，但是，这并不意味着该制度是解决国际投资争端的唯一途径。事实上，投资者仍然可以选择通过东道国当地救济（如行政诉讼、行政复议等）、投资者母国外交保护、协商、调解等方式解决国际投资争端。[2] 相较于东道国当地救济和投资者母国外交保护等争端解决方法，国际投资仲裁制度具有高效、专业、保密、可执行等优势。[3]

第一，国际投资仲裁中的仲裁当事人地位悬殊。当事人的一方为外国投资者，是私人投资主体，而另一方为东道国，是主权国家。两者之间存在着管理与被管理的关系，而非处于平等地位。

第二，国际投资仲裁庭的管辖权基础是争端当事双方的仲裁合意。此种合意可以通过如下方式达成：其一，投资者和东道国签订国际投资仲裁协议，

---

① 龚柏华、伍穗龙：《涉华投资者—东道国仲裁案述评》，上海人民出版社 2020 年版，第 8 页、第14—15 页。
② 余劲松：《国际投资法（第六版）》，法律出版社 2022 年版，第 309—310 页。
③ 张建：《国际投资仲裁管辖权研究》，中国政法大学出版社 2019 年版，第 24—27 页。

或投资协议中包含国际投资仲裁条款；其二，东道国以国内立法[①]或缔结国际投资协定的方式作出事先同意将争端提交国际投资仲裁的要约，投资者以书面形式或以提交仲裁的行为表示承诺，从而达成合意。

第三，国际投资仲裁的启动程序具有单方性，即该仲裁只能由外国投资者启动，东道国原则上无法启动该类程序。换言之，东道国通常是被动地参与国际投资仲裁的。

第四，国际投资仲裁庭的可仲裁事项受到仲裁合意的限制。比如，对于以条约为基础提出的仲裁请求，可仲裁事项的范围则仅限于条约的争端解决条款中所明示、可予以仲裁的、因解释或适用条约所产生的争端。仲裁庭不能"超裁"，也不能"漏裁"。

第五，不同于协商与调解等替代性争端解决机制，国际投资仲裁庭在具体的程序问题上受制于一套结构严整、框架清晰、成熟且形式化的程序规则。换言之，仲裁机构应当依据仲裁规则中所确定的程序行事，包括仲裁庭的组成、证据的提交和认定、准据法的选择和适用等。

第六，在法律适用方面，国际投资仲裁充分融合了国际商事仲裁中当事人意思自治的理念，又贯穿了国际公法争端裁判中国际法本位的特性。以ICSID仲裁为例，《ICSID公约》第42条第1款在允许当事人协议选择准据法的同时，又明确了法律选择缺位时由仲裁庭适用国际法规则及东道国国内法裁判。当然，在当事双方均同意的前提下，也允许仲裁庭本着公允及善良的原则进行"友好仲裁"（第42条第3款）。[②]

[①]　比如，1993年《阿尔巴尼亚共和国外国投资法》第8条第2款规定，外国投资者与阿尔巴尼亚公共行政部门之间发生争议且未能通过协议解决的，外国投资者可根据阿尔巴尼亚法律将争议提交阿尔巴尼亚共和国法院或提交仲裁以解决争议。如果该争议涉及征用、征用补偿或歧视及本法第7条规定的资金自由流动，外国投资者可将争议提交ICSID解决。The People's Assembly of the Republic of Albania. "Law No. 7764, dated 02.11.1993 'For Foreign Investments'". [2023-12-15]. https://www.italaw.com/sites/default/files/laws/italaw6298.pdf.

[②]　《ICSID公约》第42条规定：（1）仲裁庭应依照双方可能同意的法律规则对争端作出裁决。如无此种协议，仲裁庭应适用争端一方的缔约国的法律（包括其冲突法规则）及可能适用的国际法规则。（2）仲裁庭不得借口法律无明文规定或含义不清而暂不作出裁决。（3）第1款和第2款的规定不得损害仲裁庭在双方同意时对争端作出公允及善良的裁决的权力。

第七，相较于协商与调解等替代式方法，仲裁裁决具有法定约束力，如一方当事人拒绝自动履行，另一方当事人可根据具体情形申请强制执行。当然，在投资者申请强制执行时，执行地国是否有权对仲裁裁决进行司法审查，取决于作出仲裁裁决的仲裁规则，即 ICSID 仲裁和非 ICSID 仲裁机制的显著差别之一即为仲裁裁决的司法审查。对前者予以承认和执行依据的是《ICSID 公约》，而对后者予以承认和执行的依据是《承认及执行外国仲裁裁决公约》（*United Nations Convention on the Recognition and Enforcement of Foreign Arbitral Awards*，以下简称《纽约公约》）。[①] 详言之，ICSID 依据《ICSID 公约》作出的裁决仅受到该公约第 52 条撤销程序的审查，不受任何缔约国国内法院的干涉（第 53 条）；此外，任一缔约国均应当承认依据该公约作出的裁决具有约束力，正如该裁决是该国法院的最后判决一样（第 54 条）。因此，ICSID 依据《ICSID 公约》作出的裁决要求缔约国无条件承认 ICSID 仲裁裁决的效力，排除了执行地国法院对仲裁裁决的监督审查。与之相反，非 ICSID 仲裁机构裁决的执行，除了应遵守《纽约公约》所规定的原则外，还应适用与遵守执行地所在国的法律，即此类仲裁裁决可以接受执行地国法院的司法审查。[②]

第八，相较于东道国当地的诉讼程序而言，国际投资仲裁具有较为明显的优越性：其一，在仲裁程序中，除非双方同意，仲裁审理和裁决一般不公开，因此，仲裁具有保密性，这有助于提高败诉方遵守裁决的自愿性；其二，仲裁具有较大灵活性和自治性，比如仲裁程序是基于双方合意产生的并由双

---

① 肖军：《仲裁地法院对国际投资仲裁裁决的司法审查——以加拿大司法实践为例》，《武大国际法评论》2020 年第 4 期，第 94—108 页；孙南申、李思敏：《国际投资仲裁裁决执行中的国家豁免适用问题》，《上海对外经贸大学学报》2021 年第 6 期，第 99—110 页。
② 《纽约公约》第 5 条规定了拒绝承认与执行外国仲裁裁决的一般原则，即当事人可以基于仲裁协议无效、仲裁程序未经适当通知、裁决超过仲裁申请范围、仲裁庭组成不当、裁决尚未生效或被废止这五种情形，申请仲裁地法院进行司法审查；此外，在涉及可仲裁性或执行地国的公共政策时，执行地国法院可以依照职权主动审查。孙南申、孙颖：《论国际投资仲裁裁决在〈纽约公约〉下的执行问题》，《广西师范大学学报（哲学社会科学版）》2020 年第 1 期，第 55—64 页。

方控制，双方当事人可以自由任命仲裁人、约定仲裁地点、选择仲裁程序法和实体法及自由约定其他事项；其三，投资争端往往不仅涉及法律问题，还涉及相关专业技术问题，在仲裁中，当事人除了可以选择法律专家外，还可以选择精通相关专业知识和具有丰富经验的专家，他们比起法官更能胜任这些争端的处理工作。

（三）国际投资仲裁制度的价值

在全球化的国际投资环境中，国际投资仲裁制度已经成为解决投资者—国家争端的主要机制。该制度为外国投资者提供了一个公平、独立、有效的争端解决平台。

首先，国际投资仲裁制度能够帮助外国投资者和东道国以平等的地位进行协商或仲裁，从而解决投资争端，避免将外国投资者与东道国之间的争端上升为投资者母国和东道国之间的政治争端，从而有利于维护国际投资关系的稳定，促进各国之间的经济合作和发展。

其次，国际投资仲裁制度能够保障外国投资者的合法权益。在开展投资的过程中，外国投资者可能面临东道国政府的不公平或歧视性待遇，或者因投资环境的突然变化遭受损失。此时，国际投资仲裁制度可以作为一个中立的第三方机构，由具有专业知识和经验的独立仲裁员根据事实与法律，作出公正、公平的裁决，从而确保外国投资者的投资权益得到保护。

最后，国际投资仲裁制度可以在一定程度上改善东道国的投资环境，有助于吸引更多的国际投资。该制度为投资者提供了额外的争端解决途径，特别是在东道国国内的救济制度可能无法提供足够保护的情况下，该制度有助于建立投资者对东道国法律制度的信心。此外，有些国际投资仲裁机构会依法公开仲裁程序、仲裁裁决等信息，有助于提升东道国投资环境的透明度。

但是，我们也应当注意到国际投资仲裁制度并非没有缺陷。比如，有学者认为，国际投资仲裁机构对东道国行政行为的审查，可能影响东道国的规制权[①]；实践中，存在重视投资者利益、轻视东道国公共利益的现象。[②] 也有学者指出，国际投资仲裁（如 ICSID 仲裁）的裁决缺乏一致性，导致其面临正当性危机。更有学者批判国际投资仲裁存在程序性缺陷，比如仲裁员存在偏见、程序不公开、透明度不足、仲裁费用较高且耗费时间较长等。[③]

第二节　国际投资仲裁中的仲裁规则

一、仲裁规则的种类及适用情况

国际投资案件中的仲裁规则是指仲裁机构在审理国际投资仲裁案件时所适用的程序性规则，原则上是由东道国与外国投资者或其母国通过协议（或协定）的方式，按照意思自治的原则协商一致确定的。

在实践中，外国投资者和东道国广泛选用的仲裁规则主要有：第一，常设仲裁机构 ICSID 制定的仲裁规则，包括《ICSID 仲裁规则》和《ICSID 附加便利仲裁规则》；第二，常设仲裁机构瑞典斯德哥尔摩商会仲裁院（以下简称 SCC）制定的《SCC 仲裁规则》；第三，某些非仲裁机构的国际组织制定的仲裁规则，比如联合国国际贸易法委员会（United Nations Commission on International Trade Law，以下简称 UNCITRAL）制定的《UNCITRAL 仲裁规则》。

如图 1-2 所示，在已知的 1257 起国际投资仲裁案件中，主要适用的仲裁规则是《ICSID 仲裁规则》（673 件，53.5%），其次是《UNCITRAL 仲裁规则》

---

① 刘笋：《论国际投资仲裁对国家主权的挑战——兼评美国的应对之策及其启示》，《法商研究》2008 年第 3 期，第 3—13 页；韩秀丽：《再论卡尔沃主义的复活——投资者—国家争端解决视角》，《现代法学》2014 年第 1 期，第 121—135 页。
② 陈江滢、葛顺奇：《投资者—国家争端解决机制的改革与中国对策》，《国际贸易》2021 年第 1 期，第 47—56 页。
③ 蔡从燕：《外国投资者利用国际投资仲裁机制新发展反思——国际法实施机制与南北矛盾的双重视角》，《法学家》2007 年第 3 期，第 102—109 页。

（387 件，30.8%），接下来是《ICSID 附加便利仲裁规则》（73 件，5.8%）和《SCC 仲裁规则》（56 件，4.5%）。其他仲裁规则被选用的频次极低，这与其他常设仲裁机构审理的案件数量直接挂钩，即常设仲裁机构在审理国际投资争端时一般使用其自身制定的仲裁规则。因此，受理的国际投资案件少意味着其仲裁规则被选用的频次低。

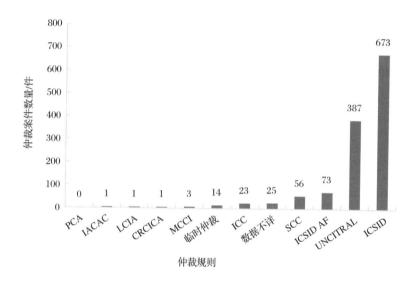

图 1-2　国际投资仲裁中适用的仲裁规则及其使用频次

下文将主要介绍《ICSID 仲裁规则》和《UNCITRAL 仲裁规则》，并简要阐述《ICSID 附加便利仲裁规则》。

二、《ICSID 仲裁规则》

ICSID 是世界上第一个专门解决国际投资争端的仲裁机构，也是一个通过调解和仲裁方式专为解决东道国与外国投资者之间争端提供便利的机构。该机构的设立依据即为《ICSID 公约》。该公约的主要宗旨是为参加该公约的缔约国和其他缔约国的国民之间的投资争端提供调解与仲裁的便利，以排除政治干预和外交干涉，从而改善投资环境，鼓励国际私人资本在各缔约国之间自由流动。《ICSID 公约》是专门解决外国投资者与东道国投资争端的国际公约，也是当前解决外国投资者与东道国投资争端最主要的国际公约。该公约主要规范的是缔约国与其他缔约国国民之间解决投资争端的程序性机制，并未过多涉及投资者与东道国之间的实体权利和义务。

截至 2023 年底，共有 165 个国家签订了公约，其中有 158 个国家正式批准加入公约，其余 7 个国家（俄罗斯、泰国、伯利兹等）仅仅签署了该公约，公约并未对其生效（详见附录一）。①

我国在加入《ICSID 公约》之前，学术界曾就是否加入该公约并接受 ICSID 仲裁机制展开了激烈的争论。有观点认为，加入该公约有助于改善我国的投资环境，促进改革开放；另有观点认为，将我国政府与外国投资者之间的投资争端提交 ICSID 进行仲裁有违国家主权原则，不宜贸然接受；还有观点认为，我国对《ICSID 公约》及 ICSID 的运行机制还缺乏深入了解，应当在积极开展研究的基础上慎重决定是否加入。② 在长达十余年的考量后，我国于 1990 年 2 月 9 日签订公约，后经国内批准程序，公约于 1993 年 2 月 6 日对我国生效。③

依据《ICSID 公约》进行的国际投资仲裁程序，需要遵守《ICSID 公约》《ICSID 启动规则》（*ICSID Institution Rules*）、《ICSID 仲裁规则》（*ICSID Arbitration Rules*）和《ICSID 行政和财务条例》（*ICSID Administrative and Financial Regulations*）之规定。④

详言之，《ICSID 公约》由序言和 10 章构成，包括国际投资争端解决中心即 ICSID（第 1 章）、中心的管辖（第 2 章）、调解（第 3 章）、仲裁（第

---

① ICSID. "Member States". [2023-12-15]. https://icsid.worldbank.org/about/member-states.
② 金克胜：《中国国际法学会 1986 年学术讨论会》，《中国国际法年刊》1987 年，第 462—471 页。
③ ICSID. "Database of ICSID Member States". [2023-12-15]. https://icsid.worldbank.org/about/member-states/database-of-member-states.
④ ICSID. "ICSID Convention, Regulations and Rules". [2023-12-15]. https://icsid.worldbank.org/sites/default/files/documents/ICSID_Convention.pdf.

4 章)、调解员和仲裁员的更换及资格取消 (第 5 章)、程序所需费用 (第 6 章)、程序进行的地点 (第 7 章)、缔约国之间的争端 (第 8 章)、(公约的) 修改 (第 9 章) 和最后条款 (第 10 章)。由此可见，第 2 章规定了 ICSID 的管辖权，第 4—7 章规定了仲裁程序的框架。《ICSID 启动规则》规定了如何提起仲裁程序，包括仲裁请求的形式和内容，该规则适用于从提交仲裁请求到发送登记通知之间所采取的步骤。《ICSID 仲裁规则》对《ICSID 公约》的程序做了补充，包括有关裁决后的补救措施。需要注意的是，《ICSID 公约》第 44 条规定，除双方另有协议外，仲裁应当按照双方当事人同意提交仲裁之日有效的仲裁规则进行；现行《ICSID 仲裁规则》于 2022 年 7 月 1 日生效。《ICSID 行政和财务条例》包含了仲裁费用、案件相关信息的公布、与个别程序有关的职能 (包括 ICSID 秘书长的职能)、豁免和特权及官方语言 (英语、法语和西班牙语) 方面的规定。除《ICSID 公约》外，其余 3 项规则的现行规则均于 2022 年 7 月 1 日生效。[①]

(一) 行使管辖权的条件及其效果

《ICSID 公约》第 25—27 条专门规定了 ICSID 的管辖权，包括行使管辖权的条件及其效果两个方面。

1. 行使管辖权的条件

《ICSID 公约》第 25 条第 1 款规定："中心的管辖适用于缔约国 (或缔约国向中心指定的该国的任何组成部分或机构) 和另一缔约国国民之间直接因投资而产生并经双方书面同意提交给中心的任何法律争端。当双方表示同意后，任何一方不得单方面撤销其同意。"由此可知，《ICSID 公约》管辖的国际投资争端需要同时满足主体要件、客体要件和主观要件三个方面。

(1) 主体要件：双方当事人的资格要求

根据《ICSID 公约》的规定，国际投资仲裁案件的双方当事人为外国投资

---

① ICSID. "Overview of an Arbitration – ICSID Convention Arbitration (2022 Rules)". [2023−12−15]. https://icsid. worldbank.org/procedures/arbitration/convention/overview/2022.

者和东道国政府。其中，作为申请人的外国投资者应当是公约缔约国的自然人或法人，而作为被申请人的东道国必须是公约的另一缔约国。换言之，外国投资者具有公约某一缔约国的国籍，但不能同时具有同为公约缔约国的东道国的国籍。

《ICSID 公约》第 25 条第 2 款进一步明确了何为"另一缔约国国民"，包括自然人和法人两种情形。如果外国投资者为自然人，则在争端双方同意将争端交付仲裁之日及在按照《ICSID 公约》登记请求之日，该自然人应是公约缔约国的自然人，但不包括在上述任一日期也具有作为东道国国籍的任何自然人。如果外国投资者是法人，则在争端双方同意将争端交付仲裁之日，该法人应具有公约缔约国国籍；进一步地，在争端双方同意将争端交付仲裁之日，如果该法人具有东道国国籍但该法人受外国控制，则争端双方同意为了达到《ICSID 公约》的目的，排除该法人东道国国籍，将其视为具有另一缔约国的国籍。

作为被申请人的东道国，必须是在其与投资者约定提交中心管辖时或在程序被提起时已经正式批准加入该公约，成为缔约国。东道国包括该国政府及该国的"组成部分或机构"；后者必须符合两个条件：第一，由东道国指派到 ICSID（第 25 条第 1 款）；第二，该"组成部分或机构"所作出的接受 ICSID 管辖的同意需经该东道国批准，除非该东道国通知中心不需要这种批准（第 25 条第 3 款）。比如，澳大利亚联邦在 1991 年 5 月 2 日正式批准加入《ICSID 公约》时，即作了这种指派，将其行政区划中的新南威尔士州、维多利亚州、昆士兰州、南澳大利亚州、塔斯马尼亚州、北领地和澳大利亚首都特区指派为"组成部分或机构"。①

（2）客体要件：直接因投资产生的法律争端

根据《ICSID 公约》第 25 条第 1 款之规定，提交 ICSID 管辖的争端必须

---

① ICSID. "Member States: Australia". [2023-12-15]. https://icsid.worldbank.org/about/member-states/database-of-member-states/member-state-details?state=ST6.

是"直接因投资产生的法律争端",即争端必须是直接产生于投资,且争端必须是法律性质的争端。

《ICSID 公约》本身没有对"投资"作出定义,因此,在实践中,双方当事人和仲裁庭具有较大的自由裁量权。比如,在 Fedax 诉委内瑞拉玻利瓦尔共和国案[①] 中,仲裁庭提出了关于"投资"的五项基本标准,即持续一定的时间、利润与回报的预期、风险承担、实质性的贡献、对东道国发展的意义。由于 ICSID 仲裁庭作出的裁决并不构成后续仲裁的先例,因此,不同仲裁庭对于何为"投资"的立场并不统一。在 Salini 诉摩洛哥案[②] 中,外国投资者与东道国政府就"投资"范围产生了分歧;该案仲裁庭认为投资必须符合如下四个特征,即实质性的资本投入、持续一定的时间、风险的承担及对东道国发展有重大贡献,不包含"利润与回报的预期"这一项。而在 Romak 诉乌兹别克斯坦共和国案[③] 中,仲裁庭认为"投资"的通常意义包含三个要素:资本投入、持续一定的时间及承担一定风险。相较于 Salini 诉摩洛哥案,仲裁庭对"投资"的范围认定少了"对东道国发展有重大贡献"这一项。

面对此种不确定性,部分国家开始在国际投资协定中明确界定"投资"的特征。例如,美国 2004 年和 2012 年的双边投资协定范本就界定了"投资"一词的含义,明确"投资"不仅指投资者直接或间接拥有或控制的各种资产,还具有投入资本或其他资源、收益或利润的预期及风险的承担这些投资特征,并对投资形式予以非穷尽性列举。该协定并未包含投资持续期间的要求,意味着即使短期的资本流入也有可能被认为是投资。2015 年签订的《中华人民共和国政府和澳大利亚政府自由贸易协定》第 9 条第 1 款也对投资的特征加以明确,即投资是指投资者直接或间接拥有或控制的、具有投资特征的各种

---

① Fedax N.V. v. The Republic of Venezuela, ICSID Case No. ARB/96/3, Decision of the Tribunal on Objections to Jurisdiction, 1997-07-11, para. 43.

② Salini Costruttori S.p.A. and Italstrade S.p.A. v. Kingdom of Morocco, ICSID Case No. ARB/00/4, Decision on Jurisdiction, 2001-07-31, para. 52.

③ Romak S.A. (Switzerland) v . The Republic of Uzbekistan, UNCITRAL, PCA Case No. AA280, Award, 2009-11-26, para. 207.

资产，其中投资特征是指资本或其他资源投入、收益或利润的预期或风险的承担，继而列举了投资的可能形式。

此外，《ICSID 公约》解决的争端必须是"法律争端"，但公约亦未对"法律争端"作出定义。为了帮助当事人和 ICSID 仲裁庭在具体案件中明确何为法律争端，《ICSID 执行董事会报告》做了相应解释，其指出，"法律争端"一词是指权利的冲突，单纯的利益冲突不属于 ICSID 的管辖范围。换言之，若 ICSID 对一项争端具有管辖权，则该争端应与是否存在法律权利或义务及其范围有关，或者与因违反法律义务而引起的赔偿的性质和范围有关。[①]

（3）主观要件：双方当事人的书面同意

一国批准公约，只是其同意接受 ICSID 管辖的前提条件，并不等于其同意所有具体争端都接受 ICSID 管辖。对于具体案件是否接受 ICSID 管辖，需以外国投资者和东道国双方当事人的同意为前提。

关于同意的形式，《ICSID 公约》仅要求以书面形式作出，且当双方表示同意后，任何一方不得单方面撤销其同意（第 25 条第 1 款）；此外并无其他明确要求。在实践中，外国投资者和东道国的同意可以通过如下途径实现：（1）东道国在与投资者母国签订的国际投资协定或自由贸易协定中作出将投资争端提交 ICSID 仲裁的要约，投资者通过将投资争端提交 ICSID 仲裁这一行为接受要约；（2）东道国在国内法律中作出将投资争端提交 ICSID 仲裁的要约，投资者通过将投资争端提交 ICSID 仲裁这一行为接受要约；（3）东道国与投资者签订了有关投资争端解决的协议，双方明确同意将投资争端提交 ICSID 仲裁；（4）东道国与投资者签订的投资协议中设置了将投资争端提交 ICSID 仲裁的条款。

从各国的实践来看，缔约国同意或考虑提交的争端范围有大有小，大致

[①] ICSID. "Report of the Executive Directors on the Convention on the Settlement of Investment Disputes between States and Nationals of Other States". [2023-12-15]. https://icsid.worldbank.org/rules-regulations/convention/report/section-five, para. 26.

可以分为如下几种情况：限于某一特定事项的争端；限于某一特定范围或几类特定的争端；概括规定将所有争端都提交中心管辖；明确不提交给中心管辖的争端类型（比如，涉及自然资源或国家主权的争端，涉及一国立法本身的争端、税收争端，等等）。

2. 行使管辖权的效果：排他效力

根据《ICSID 公约》第 26 条和第 27 条之规定，ICSID 仲裁程序独立于其他程序之外，对其他程序具有排他性。这种排他性集中表现在：

第一，排斥各缔约国法院的管辖。根据《ICSID 公约》第 26 条，除非另有规定，双方同意根据公约提交仲裁，应视为同意排除其他任何救济方法。换言之，提交 ICSID 仲裁后，就不得再求助于其他任何程序，其中当然包括各缔约国法院的国内司法程序。具体而言，在提交 ICSID 仲裁的情况下，双方当事人应保证他们将充分利用 ICSID 的便利，不再将该争端提交给各缔约国的国内法院管辖；在知道某些诉讼已被提交 ICSID 仲裁的情况下，缔约国的国内法院也应停止国内司法程序，并指引当事人到 ICSID 寻求解决方案。

第二，排斥东道国当地救济。一如前述，《ICSID 公约》第 26 条意味着 ICSID 仲裁排斥了包括在东道国寻求司法救济在内的一切救济程序。其第 26 条同时强调："缔约国可以要求以用尽该国行政或司法救济作为其同意根据本公约交付仲裁的条件。"这意味着在争端提交 ICSID 仲裁前，东道国有要求首先用尽当地救济的权利；只有不存在这种要求或者东道国放弃这种要求时，外国投资者才可直接申请 ICSID 仲裁。

第三，排斥缔约国的外交保护。《ICSID 公约》第 27 条第 1 款规定："缔约国对于其国民和另一缔约国根据本公约已同意交付或已交付仲裁的争端，不得给予外交保护或提出国际要求，除非该另一缔约国未能遵守和履行对此项争端所作出的裁决。"这一规定与公约的初衷一致，即国际投资仲裁制度是为了确保国际投资争端以非政治化的手段被解决。当然，根据《ICSID 公约》第 27 条第 2 款之规定，"外交保护不应包括纯粹为了促进争端的解决而进行的非正式的外交上的交往"；同时，在 ICSID 仲裁裁决已经作出并生效的情况下，如果东道国未能遵守和履行该项仲裁裁决，那么外交保护手段也是被允许的。

第四，若执行地国为缔约国，则 ICSID 仲裁裁决排斥该执行地国的司法审查。《ICSID 公约》第 54 条第 1 款规定："每一缔约国应承认本公约作出的裁决具有约束力，并在其领土内履行该裁决所加的财政义务，正如该裁决是该国法院的最后判决一样。"这与依据下文所述的《ICSID 附加便利仲裁规则》《UNCITRAL 仲裁规则》作出的裁决具有很大不同。根据《ICSID 公约》作出的仲裁裁决是终局的，除非依据《ICSID 公约》提供的撤销程序否定其效力，否则任何缔约国的法院必须认可 ICSID 仲裁裁决的效力，不能对其进行司法审查。而依据其他仲裁规则作出的仲裁裁决的承认和执行，原则上应依赖《纽约公约》；这意味着执行地法院可以主动或依据申请对仲裁裁决进行司法审查。

3. 仲裁庭有无管辖权的审查

在依法组成仲裁庭后，仲裁庭就其对特定争端有无管辖权具有决定权。《ICSID 公约》第 41 条规定，如果争端一方提出反对意见，认为该争端不属于 ICSID 的管辖范围，或因其他原因不属于仲裁庭的权限范围，那么，仲裁庭应当加以考虑，并决定是否将其作为先决问题处理，或与该争端的是非曲直一并处理。在实践中，仲裁庭否认其对特定争端有管辖权的情况较为常见：在已决案件中，有 21% 的案件是因仲裁庭无管辖权结案的。[①]

（二）仲裁程序

根据《ICSID 公约》提起的仲裁程序包括启动仲裁程序、组成仲裁庭（含仲裁员的资质、选任、更换及取消资格）、仲裁程序的进行（含首次会议、提交书面意见书、口头审理程序、仲裁庭审议及作出仲裁裁决），以及仲裁裁决

[①] ICSID. "The ICSID Caseload–Statistics: Issue 2023–2)". (2023–08–09)[2023–12–15]. https://icsid. worldbank.org/sites/default/files/publications/2023.ENG_The_ICSID_Caseload_Statistics_Issue.2_ENG.pdf, p. 13.

的撤销、修正、解释、承认与执行几个主要环节。如图 1-3 所示：

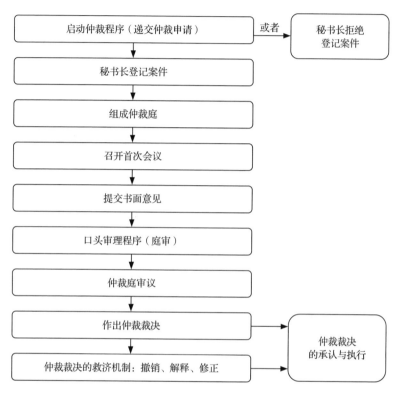

图 1-3　根据《ICSID 公约》提起的仲裁程序

1. 启动仲裁程序

根据《ICSID 公约》启动的仲裁程序，是从申请人（投资者）向秘书长（Secretary-General）递交仲裁请求开始的。前文已经述及，《ICSID 公约》第25 条规定了 ICSID 行使管辖权的主体要件、客体要件和主观要件。当然，在投资者和东道国同意将争端递交 ICSID 仲裁的相关文书中，可能还会有其他要求。

递交仲裁请求的过程受《ICSID 公约》第 36 条、《ICSID 启动规则》及《ICSID 行政和财务条例》第 18 条的约束。根据《ICSID 公约》第 36 条，申请人应就此向秘书长提出"书面请求",由秘书长将该项请求的副本送交另一方。该项书面请求应当包括有关争议问题的材料、双方的身份信息及双方愿意遵守有关调停和仲裁程序规则的承诺。

《ICSID 行政和财务条例》第 18 条要求申请人缴纳申请费(lodging fee),且该笔申请费为不可退还款项。根据 2023 年 7 月 1 日生效的费用表,启动仲裁程序需要缴纳的申请费为 25 000 美元。[①]

《ICSID 启动规则》第 2 条规定了该书面请求所需包含的内容。该规则第 2 条第 1 款明确,提交的书面材料应满足以下要求:第一,明确请求启动的程序是仲裁还是调解(以下以仲裁为例予以说明);第二,申请必须使用 ICSID 确定的官方语言(英语、法语或西班牙语)之一撰写;第三,确定争议各方并提供其联系方式(包括电子邮件、地址和电话);第四,由申请人或其指定的代表签署并注明日期;第五,申请人授权指定代表行事的证明材料;第六,如果申请人是法人,则需声明该法人已经获得所有必要的内部授权、授权其提起仲裁并提供授权材料。

《ICSID 启动规则》第 2 条第 2 款进一步明确了该请求应当载明的事项,其目的是表明该请求符合《ICSID 公约》第 25 条所要求的主体要件、客体要件和主观要件。

关于主体要件(双方当事人的资格要求),《ICSID 启动规则》第 2 条第 2 款之(c)(d)(e)段要求提交的书面请求应包含证明申请人(自然人或法人)的国籍和被申请人(如系被缔约国指派到 ICSID 的该国的任何组成部分或机构)的主体适格性,详言之:如果申请人是自然人,则需提供申请人在同意将争端交付仲裁之日和提出仲裁请求之日的国籍及证明材料,同时,需声明申请人在上述两个日期都不具有争议缔约国(即东道国)的国籍;如果申请人是法人,则需提供申请人在同意将争端交付仲裁之日的国籍及证明

[①] ICSID. "Schedule of Fees (2023)". (2023−07−01)[2023−12−15]. https://icsid.worldbank.org/services/cost−of−proceedings/schedule−fees/2023, para. I.

材料；如果该法人在同意将争端交付仲裁之日具有争议缔约国（即东道国）的国籍，则需提供证明材料证明当事各方同意根据《ICSID 公约》第 25 条第 2 款（b）项将该法人视为另一缔约国国民；如果被申请人是缔约国（即东道国）指派到 ICSID 的该国的任何组成部分或机构，则需提供信息证明缔约国（即东道国）根据《ICSID 公约》第 25 条第 1 款作了此种指定。

关于客体要件（直接因投资产生的法律争端），《ICSID 启动规则》第 2 条第 2 款之（b）段要求在书面请求中应包含：对投资及其所有权和控制权的说明、有关事实和索赔的概况、申请救济的请求（包括预估的损害赔偿金额、声明该纠纷系双方因投资直接引起的法律纠纷等）。

关于主观要件（双方当事人的书面同意），《ICSID 启动规则》第 2 条第 2 款之（b）（e）段要求提供：载明各方同意的法律文书、该文书的生效日期及证明材料、各方书面同意将争端提交 ICSID 的日期（如未在同一天作出该同意的意思表示，则为最后同意的一方书面同意将争端提交 ICSID 的日期）及表明申请人已经遵守了该文书要求的、提交争端所需所有条件的声明；如果被申请人是缔约国（即东道国）指派到 ICSID 的该国的任何组成部分或机构，则还需要提供证据表明该组成部分或机构作出的同意提交 ICSID 仲裁的同意是经该缔约国批准的，除非该缔约国通知 ICSID 此等同意不需要缔约国的批准。

除此之外，《ICSID 启动规则》第 3 条列举了建议申请人提供的材料：其一，当事方对仲裁程序的建议或达成的协议，比如仲裁员的人数和聘任方式、仲裁程序中使用的语言和适用《ICSID 公约》第 12 章规定的快速仲裁的请求；其二，如果申请人是法人，还需要提供拥有或控制该申请人的个人和实体的名称。

根据《ICSID 启动规则》第 4 条之规定，上述书面申请应当提交电子版，可以附加一份事实概要，简要概括有关事实以及对方对相关条约或投资协定的实质性违反。如相关材料并非由 ICISD 的官方语言（英语、法语和西班牙语）写就，应秘书长要求，申请人可能需要提供翻译件。

根据《ICSID 启动规则》第 5—7 条，ICSID 秘书长在收悉上述书面申请后，应首先向申请人发送对仲裁申请的确认；一旦申请人缴纳了申请费，秘书长将会把仲裁申请及相关文件的副本转寄给被申请人；秘书长将作为双方书面沟通的官方渠道。随即，秘书长将根据《ICSID 公约》第 28 条第 3 款（调解）和第 36 条第 3 款（仲裁）之规定，对上述申请进行审查。以仲裁申请为例，若秘书长认为申请材料中明显表明仲裁申请事项不属于 ICSID 管辖范围（比如，一方既不是缔约国又不是缔约国国民，或申请人没有证据证明其与另一方达成了将争端提交 ICSID 仲裁的合意），将会拒绝该申请；除此以外，秘书长将对案件进行登记并通知双方当事人。通知的内容包括：案件登记日期，与仲裁程序有关的联络地址，邀请当事方选任仲裁员，强调该案件登记与管辖权、案件事实、仲裁庭的能力无关，并提醒当事方依照《ICSID 仲裁规则》第 14 条之规定进行信息公开。

2. 组成仲裁庭

（1）仲裁员的资质

《ICSID 公约》第 1 章第 4 节规定了仲裁员名册[①]及仲裁员的资质要求、选任方式（缔约国指派、行政理事会主席指派）和任期。诚如下文所述，组成仲裁庭的成员可以由当事人选定、行政理事会主席指定，也可以不是仲裁员名册中的仲裁员；无论何者，组成仲裁庭的成员必须具备特定的资质。《ICSID 公约》第 14 条明确要求，组成仲裁庭的成员应当具有极高的道德品质，在法律、商务、工业或金融方面具有被认可的素质，可以被信赖并作出独立的判断；其在法律方面的资格或能力尤其重要。

（2）仲裁员的选任

《ICSID 公约》第 37—40 条及《ICSID 仲裁规则》（2022 年）第二章（第 13—21 条）对仲裁庭的组成作了规定，其目的是鼓励当事方在秘书长登记仲

---

① 仲裁员名册可在 ICSID 官网上查询。ICSID. "Database of ICSID Panels". [2023-12-15]. https://icsid. worldbank.org/about/arbitrators-conciliators/database-of-icsid-panels.

裁申请后"尽快"组成仲裁庭。[①]

当事方有选定仲裁员的自由，甚至可以在 ICSID 仲裁员名册以外选定仲裁员。[②] 同时，《ICSID 公约》及《ICSID 仲裁规则》也对选定仲裁员的自由有一定限制：第一，仲裁庭应由一人独任或由单数仲裁员组成。如双方在案件登记后 45 天内仍然无法对仲裁员的人数、任命的方法达成协议，则仲裁庭应由三名仲裁员组成；其中，双方各任命一名仲裁员，第三名仲裁员由双方协议任命并担任首席仲裁员；[③] 第二，仲裁庭中的多数仲裁员应当为投资者母国和东道国以外的第三国国民，但该独任仲裁员或所有仲裁员（非独任仲裁员的情况下）均系经当事双方同意选任的除外；除非对方同意，一方不可指派与案件任何一方当事人拥有相同国籍的人作为仲裁员；[④] 第三，之前已经在同一争议的调解、仲裁程序中担任过调解员或仲裁员的人，不可再被选任为本案的仲裁员，除非双方当事人均同意此选任。[⑤]

如果在案件被登记后的 90 天或当事人同意的其他期限内无法组成仲裁庭，则 ICSID 行政理事会主席可以在一方提出申请并征求双方意见的基础上，在收到该申请后 30 天内指派未确定的仲裁员，并且指派首席仲裁员。这一由 ICSID 主导的缺省制度有利于防止一方当事人阻挠仲裁庭的组成，确保在一方不配合的情形下，并不会阻碍仲裁庭的组成及仲裁程序的进行。需要注意的是，行政理事会主席指派的仲裁员不得为投资者母国或东道国的国民，且必须是仲裁员名册上的仲裁员。[⑥]

上述被指派的仲裁员有权拒绝担任特定案件的仲裁员。如同意担任仲裁员，则应根据 ICSID 要求的格式签署声明，确认其独立性、公正性、时间

---

① 《ICSID 公约》第 37 条，《ICSID 仲裁规则》第 13 条。
② 《ICSID 公约》第 40 条。
③ 《ICSID 公约》第 37 条，《ICSID 仲裁规则》第 15 条、第 16 条。
④ 《ICSID 仲裁规则》第 13 条，《ICSID 公约》第 39 条。
⑤ 《ICSID 仲裁规则》第 13 条。
⑥ 《ICSID 公约》第 38 条、第 40 条，《ICSID 仲裁规则》第 18 条。这与当事人选任仲裁员的情形不同：当事人可以选择仲裁员名册以外的人作为仲裁员，前提是该人员符合《ICSID 公约》第 14 条对仲裁员的基本要求。

可行性，并确保其对仲裁程序保密；需要注意的是，在此类信息发生变动后，同意担任仲裁员的人员应立即予以披露，且该披露义务是持续性义务（continuing obligation），贯穿仲裁全过程。[①]

在秘书长告知双方当事人，所有被选任的仲裁员均同意担任仲裁员且均签署了声明时，仲裁庭正式组成，仲裁程序正式启动。在秘书长发出组庭通知之前，仲裁员仍然是可以调整的。比如，仲裁员撤回担任仲裁员的同意，任何一方当事人要求更换己方选定的仲裁员，或者在双方合意情况下也可更换包括首席仲裁员在内的任何一位仲裁员。随后，将尽快选任更换仲裁员；其确定方式应当按照确定被更换仲裁员的方式选任。[②]

在所有仲裁员均接受指定后，秘书长将向当事方发送正式通知，仲裁庭视为正式组成，仲裁程序正式启动。

（3）仲裁员的更换及取消资格

《ICSID 公约》第 56—58 条规定了仲裁庭组成和程序开始后更换仲裁员及取消仲裁员资格的条件和程序。原则上，在仲裁庭组成和程序开始后，其成员的组成应保持不变；但是，如发生仲裁员死亡、丧失资格或辞职等情况时，其空缺应当按照公约第 56 条、第 58 条规定的程序予以补充。

《ICSID 公约》第 57 条对向仲裁庭建议取消任何仲裁员的资格设定了较高的门槛，即因仲裁员"明显缺乏（a manifest lack of）"第 14 条规定的资质建议取消该仲裁员的资格，或者根据第 37—40 条（仲裁庭的组成）之规定，以某一仲裁员无资格在仲裁庭任职为由建议取消该仲裁员的资格。

需要特别注意的是，取消仲裁员资格的建议必须是基于事实而非推断；且申请更换或取消仲裁员资格是有时间限制的。根据《ICSID 仲裁规则》第 22 条第 1 款之规定，取消仲裁员资格（或以其他方式罢免）的申请必须在仲裁庭组成后提出，且必须在仲裁庭组成之日起 21 天内提出，或是提出取消仲

[①] 《ICSID 仲裁规则》第 19 条。
[②] 《ICSID 仲裁规则》第 20—21 条。

裁员资格的一方在首次知道或应该知道该提议所依据的事实之日起21天内（以两个日期中较晚的日期为准）提出。未能遵守此截止日期将导致申请被拒绝。

3. 仲裁程序的进行

《ICSID公约》第41—48条及《ICSID仲裁规则》第4章（第25—35条）规定了仲裁庭从组成后到作出仲裁裁决的程序。

（1）首次会议

《ICSID仲裁规则》第29条规定了首次会议的具体内容。首次会议主要讨论的是ICSID仲裁的程序性事项，为每个案件制定时间表和具体规则。[1] 原则上，首次会议应在仲裁庭组成后60天或双方同意的其他期限内举行。如果首席仲裁员确定在此期限内无法召集当事人和其他成员，则仲裁庭应决定是否仅在首席仲裁员和当事人之间举行首次会议，或将在没有各方参与的情况下继续进行，但会考虑他们的书面意见。[2]

首次会议可以采用现场会议、通过电话或视频会议等方式举行。[3] 大多数首次会议都是通过视频会议的方式举行的，以减少成本和差旅时间。如果仲裁庭和当事人决定首次会议采用现场会议的方式，则可以在任何地点举行，前提是仲裁庭在同秘书长磋商后批准该地点并且该地点有合适的设施。如果未能就其他开庭地点达成协议，则将在位于美国华盛顿的ICSID总部举行现场会议。[4]

首次会议讨论的是当事人双方和仲裁庭希望在程序开始时确定的任何程序事项，体现了对当事人合理的意思自治的尊重。在首次会议前，仲裁庭应征求当事人对程序事项的意见，包括：（a）适用的仲裁规则；（b）根据《ICSID行政和财务条例》第15条规定应付预付款的划分；（c）仲裁程序中使用的语

---

[1] 《ICSID仲裁规则》第29条第1款。
[2] 《ICSID仲裁规则》第29条第3款。
[3] 《ICSID仲裁规则》第29条第2款。
[4] 《ICSID公约》第63条。

言、翻译和传译；（d）文件的归档和传送方法；（e）书面意见的数量、篇幅、类型和格式；（f）庭审地点及庭审是现场举行还是远程举行；（g）是否有在双方当事人之间交换文件的请求（如有，则需明确此类要求的范围、时间和程序）；（h）程序日程；（i）制作庭审录音和笔录的方式；（j）文件和记录的公布；（k）机密或受保护信息的处理；和（l）任何一方或仲裁庭提出的任何其他程序事项。①

双方达成的协议和仲裁庭作出的程序决定均包含在首次会议后发布的程序令中。该程序令将在首次会议后或首次会议时处理的关于程序事项的最后书面意见后（以后者为准）15天内分发给各方当事人。②

（2）书面意见书

根据《ICSID仲裁规则》第30条的规定，书面意见书通常包括两轮文书交换（即两轮意见的发表）；文书的交换均通过秘书长进行。第一轮文书交换包括申请人提交的诉状（memorial）及被申请人提交的答辩状（counter-memorial）。除非双方当事人另有约定，否则进入第二轮文书的交换，包括申请人对答辩状的回复（reply）和被申请人提交的第二答辩状（rejoinder）。③递交上述文书的时间表通常已在首次会议中予以讨论，并记录在程序令中。

申请人提交的诉状应当包括相关事实、适用法律、申请人的主张和救济请求。被申请人的答辩状应当包括与诉状中所涉事实有关的陈述，包括对事实的承认或否认，对诉状中所列法律、主张和救济请求的答复，也可以包含其他必要的事实。回复和第二答辩书仅限于答复在前文书的内容，强调新的或者在提交回复和第二答辩书前不可能获悉的事实。④它们可能附有相关证据，特别是证人证词、专家报告和证物。⑤

---

① 《ICSID仲裁规则》第29条第4款。
② 《ICSID仲裁规则》第29条第5款。
③ 《ICSID仲裁规则》第30条第1款。
④ 《ICSID仲裁规则》第30条第2款。
⑤ ICSID. "Written Procedure – ICSID Convention Arbitration (2022 Rules)". [2023-12-15]. https://icsid.worldbank.org/procedures/arbitration/convention/written-procedure/2022.

一方当事人只有在获得仲裁庭许可后才可以提交计划外的书面陈述、意见或支持文件，除非《ICSID 公约》或本规则规定提交此类文件。如果考虑到所有相关情况，仲裁庭认为有必要提供此类书面陈述、意见或支持文件，则仲裁庭可以根据及时且合理的申请批准此类许可。[①]

《ICSID 公约》第 46 条和《ICSID 仲裁规则》第 48 条规定，仲裁庭应对争端的主要问题直接引起的附带请求（incidental claim）、附加请求（additional claim）或反请求（counterclaim）作出决定。需要注意的是，被申请人应在提交答辩状前提出反请求，除非仲裁庭另有决定；申请人应在提交回复之前提出附带请求和附加请求。仲裁庭应对提交这些请求的时限作出规定，当事方应遵守这一规定，在规定时限内提交。

（3）非争议方（non-disputing parties）的书面意见

任何非争议方的个人或实体（以下简称非争议方）一般是以"法庭之友"的身份加入争议解决程序。[②]《ICSID 仲裁规则》明确地将"法庭之友"或第三方的参与写入其仲裁规则。该仲裁规则第 67 条规定，仲裁庭在考虑相关因素后，可以允许非争议方在特定条件下向 ICSID 仲裁庭提交书面意见。对此，仲裁庭应当考虑所有相关因素（all relevant circumstances），包括：（a）提交的材料是否涉及争议范围内的事项；（b）提交的材料如何通过提出与当事人不同的观点、特定知识或见解来协助仲裁庭确定与程序相关的事实或法律问题；（c）非争议方是否在诉讼中拥有重大利益；（d）非争议方的身份、活动、组织和所有权，包括非争议方、一方或非争议条约方之间的任何直接或间接关系；（e）是否有任何个人或实体向非争议方提供财务或其他协助以支持其书面意见。

---

① 《ICSID 仲裁规则》第 30 条第 3 款。

② 在一些国际投资仲裁案例如 Methanex 诉美国案（Methanex Corporation v. United States of America, UNCITRAL）、Biwater Gauff 诉坦桑尼亚案（Biwater Gauff（Tanzania）Limited v. United Republic of Tanzania, ICSID Case No. ARB/05/22）中，仲裁庭明确支持第三方以"法庭之友"身份参与仲裁。早在 2006 年，ICSID 就已经将第三方参与明确写入其仲裁规则。陈剑玲：《国际投资仲裁中的"法庭之友"参与问题研究》，《暨南学报（哲学社会科学版）》2012 年第 7 期，第 27—32 页；张庆麟：《国际投资仲裁的第三方参与问题探究》，《暨南学报（哲学社会科学版）》2014 年第 11 期，第 70—82 页。

在允许非争议方提交书面意见后，仲裁庭应确保非争议方的参与不会扰乱仲裁程序或给任何一方造成不当负担或不公平的损害。当事人也有权要求查看该非争议方提交的书面意见。

（4）庭审或口头审理程序（hearing）[1]

《ICSID 仲裁规则》第 32 条规定了庭审或口头审理的程序。除非双方当事人另有约定，仲裁庭应举行一次或多次庭审；庭审耗时通常较短，即使是对复杂案件的事实进行的庭审也极少超过两周。

ICSID 公布了《ICSID 的庭审准备清单》。[2] 庭审可以现场举行，也可以通过电话或视频会议举行。ICSID 还可以举行混合庭审，即部分参与者参加现场庭审，另有部分参与者通过视频会议远程连接到现场庭审中。在庭审过程中，仲裁庭的任何成员均可随时向当事人提出问题并要求当事人作出解释。

庭审过程中处理的事项可能涉及案件的各个方面，或只涉及一些分散的问题（比如请求采取临时措施或对索赔明显没有法律依据提出初步反对意见），也可能在一次庭审上处理管辖权、法律责任和损害赔偿等所有问题或在单独的庭审上解决某个问题。

庭审只允许当事人及其代表、证人和专家参加；且专家在做证前应当宣誓。[3] 此外，现行有效的《ICSID 仲裁规则》第 65 条体现了在仲裁的保密性和日益重要的仲裁透明度问题之间的平衡，即在没有任何当事人提出反对的情况下，仲裁庭可以自行决定允许第三方或公众旁听庭审。仲裁庭应制定程序，以防向旁听庭审者披露第 66 条规定的机密或受保护信息。

（5）证据规则（evidence）

《ICSID 仲裁规则》第 5 章（即第 36—40 条）规定了仲裁程序中的证据规则，包括一般原则（第 36 条）、因要求出示文件而引起的争议（第 37 条）、

---

[1]　ICSID. "Hearings – ICSID Convention Arbitration (2022 Rules)". [2023–12–15]. https://icsid.worldbank. org/procedures/arbitration/convention/hearings/2022.

[2]　ICSID. "Parties' Checklist for Hearing Preparation". [2023–12–15]. https://icsid.worldbank.org/sites/ default/files/documents/Checklist_for_Hearing_Preparation.pdf.

[3]　《ICSID 仲裁规则》第 38 条。

证人和专家（第 38 条）、仲裁庭指定的专家（第 39 条）及勘察和调查（第 40 条）。简言之，当事人有责任证明其主张或者抗辩所依据的事实；仲裁庭有权决定是否接受证据并对其证据价值作出判断，且其在仲裁的任何阶段，如果认为有必要，可以要求当事人提供文件或其他证据。

（6）适用的实体准据法

在审理投资者—国家争端实体问题时应如何适用准据法，是 ICSID 仲裁庭必须考虑的至关重要的问题，这直接决定了国际投资争端的审理结果。关于实体准据法的适用，《ICSID 公约》第 42 条作了明确规定，详述如下。

第一，《ICSID 公约》第 42 条第 1 款规定："仲裁庭应依照双方可能同意的法律规则对争端作出裁决。如无此种协议，仲裁庭应适用作为争端一方的缔约国的法律（包括其冲突法规则）及可能适用的国际法规则。"这一规定强调了"法律适用的意思自治"，同时，明确规定了在当事人未进行准据法选择时，仲裁庭应直接适用的法律，该法律包括东道国的法律（包含其冲突法规则）和国际法。整体而言，该条是一种强制性规定，仲裁庭必须据此适用法律。

按照《ICSID 公约》第 42 条第 1 款规定，仲裁庭首先要遵守当事人的"意思自治"，适用"双方可能同意的法律规则"。至于当事人可以选择适用什么法律，《ICSID 公约》并未作出限制。一般认为，当事人有选择法律的绝对自由，可以选择国内法，也可以选择国际法；选择的国内法可以是东道国法律、投资者母国法律，甚至是第三国法律；选择的国际法可以是双边投资协定，也可以是一般国际法；选择的准据法可以支配整个投资关系，也可以支配部分投资关系。无论当事人如何选择，ICSID 仲裁庭都有义务予以尊重。

但是，如果当事人未作出此种协议，则根据《ICSID 公约》第 42 条第 1 款之规定，仲裁庭应适用东道国国内法（包括其冲突法规则）和可能适用的国际法规则。这是《ICSID 公约》对仲裁法律适用的最具有特色的规则，其优越性体现在：首先，在当事人缺少法律选择的情况下，可以避免一般仲裁机构适用法律的不确定性，有助于帮助当事人预先了解他们的争端将适用的特定法律制度，因而能够鼓励当事人利用 ICSID 解决争端。其次，它一方面提供了适用东道国法律（包括其冲突法规则）的可能性，反映了发展中国家的观点；另一方面又提供了适用国际法的可能性，对外国投资者是一种鼓励。这样，两种法律适用观点在 ICSID 仲裁机制中实现了平衡。①

第二，《ICSID 公约》第 42 条第 2 款规定"仲裁庭不得借口法律无明文规定或含义不清而暂不作出裁决"，即禁止拒绝裁判规则。根据这一规则，仲裁庭对于提交给它的争端，即使在可适用的法律中缺少可适用于某具体案件的法律规范，或者有关规范含糊不清时，也必须作出裁决。此举有助于推进争端的顺利解决，不至于因相关法律的缺位而阻却实质性裁决的作出，对争端解决具有重要意义。

第三，《ICSID 公约》第 42 条第 3 款规定"第 1 款和第 2 款的规定不得损害仲裁庭在双方同意时对争端作出公允及善良（ex aequo et bono）的裁决的权力"。这意味着无论是否有法可依或者法律规定是否明确，当事人均可授权 ICSID 仲裁庭根据公允及善良的原则进行裁决。在实践中，公允及善良的原则与所谓的"国际投资友好仲裁"往往通用。需要说明的是，ICSID 仲裁庭适用公允及善良原则进行裁决，必须建立在双方当事人作出相应授权的基础之上，否则，裁决就会因构成越权行为而无效。

（7）仲裁庭审议

《ICSID 仲裁规则》第 34—35 条及《ICSID 公约》第 48 条规定，仲裁庭审议应当秘密进行并负有保密义务。该审议可在其认为适当的任何地点、以任何方式进行。仲裁庭应以全体成员的多数票作出决定，弃权票视为反对票。在提交书面意见书和庭审程序结束后，仲裁庭应尽快作出裁决。

（8）仲裁费用

根据《ICSID 公约》，在解决争端时，ICSID 及仲裁员提供的服务均需收费。《ICSID 仲裁规则》第 7 章（第 50—53 条）规定了仲裁费用的一般规则。

---

① 余劲松：《国际投资法（第六版）》，法律出版社 2022 年版，第 337—338 页。

第 50 条规定，仲裁费用是指与仲裁程序有关的各种费用，包括双方当事人的法律费用和开支，ICSID 的行政费用和直接费用，仲裁庭、双方当事人批准的仲裁庭助理、仲裁庭指定的专家的费用和开支。第 52 条明确了仲裁庭应对仲裁费用的分担作出决定；在作出该决定时，应考虑仲裁结果、当事方在仲裁中的行为（包括他们以迅速和符合成本效益的方式行事及遵守本仲裁规则和仲裁命令与决定的程度）、争端所涉问题的复杂性及索赔费用的合理性。根据具体情况，仲裁庭可能根据一方当事人的申请要求任何当事人对上述费用提供担保（第 53 条）。

《ICSID 行政和财务条例》第 3 节（第 14—22 条）详细规定了仲裁过程中可能产生的各种费用。对于仲裁庭的成员而言，包括：按小时支付其与仲裁有关工作的报酬，为参加庭审、会议等支出的交通和津贴，以及其他非为庭审、会议等目的，但纯粹为出于仲裁之目的的合理支出（第 14 条）。这些费用的支付均是通过 ICSID 完成的。因此，为了保障 ICSID 支付上述费用，当事方应在首次会议时预估仲裁费用并支付；在组成仲裁庭后，要求预付下一阶段的预估费用；秘书长也可以随时要求当事方支付补充款项（第 15 条）。未能按时支付费用的，有一次补缴的机会；仍未缴纳的，将暂停仲裁程序，甚至终止仲裁程序（第 16 条）。一般而言，各当事人均有义务支付仲裁费用（但是在仲裁裁决的撤销程序中，仲裁费用是由申请撤销仲裁裁决的一方支付的[①]）；各方负担其各自的费用，比如聘请法律顾问的费用。[②]

《ICSID 行政和财务条例》第 18 条要求当事人就各项程序申请缴纳申请费，且该申请费为不可退还款项。具体而言，当事人一方或双方（如该程序申请是由双方当事人共同提出的）在提起仲裁程序、要求对仲裁裁决作出补充、修正、解释、撤销及重新提交仲裁时，均需缴纳申请费。2023 年 7 月 1 日生效的费用表规定了各项申请费的数额。当事人在提起仲裁程序、申请撤

[①] 《ICSID 行政和财务条例》第 15 条第 5 款。

[②] ICSID. "Cost Submissions – ICSID Convention Arbitration (2022 Rules)". [2023-12-15]. https://icsid. worldbank.org/procedures/arbitration/convention/cost-submissions/2022.

销仲裁裁决时，需支付 25 000 美元的申请费；在要求对仲裁裁决作出补充、修正、解释及（在申请撤销仲裁裁决后）重新提起仲裁时，需支付 10 000 美元的申请费。该费用表对 ICSID 的管理费用等其他费用及相应的数额均作了规定。①

由此可见，ICSID 的收费标准并非基于国际投资争端所涉及的标的额，而是取决于 ICSID 实际为处理争端而提供的管理服务及仲裁员为处理案件而付出的时间。比如，仲裁员在从事与仲裁有关的工作时，时薪为 500 美元。

（三）仲裁裁决

《ICSID 仲裁规则》第 9—11 章规定了仲裁裁决的内容、公开和仲裁裁决的解释、修正及撤销。

1. 仲裁裁决的内容

根据第 59 条之规定，仲裁裁决必须以书面形式作出，其内容应包含：各方当事人及其代表的确切名称；仲裁庭依公约组成之陈述，并说明仲裁庭组成方式；仲裁庭各成员的姓名及其委任权之证明；仲裁庭首次会议、案件管理会议和庭审的时间与地点；仲裁程序之概要；仲裁庭查明事实之陈述；双方当事人提交文书之概要；仲裁庭对向其提交的每一问题之裁决，以及裁决所依据之理由；仲裁庭就仲裁费用作出之全部裁定。裁决书应由投赞成票之仲裁员署名；仲裁庭的任何成员均可在裁决书后附加其个人意见或异议陈述。

最后，《ICSID 公约》第 48 条第 5 款和《ICSID 仲裁规则》第 62 条规定，只有在当事人同意的情形下，ICSID 才能公开裁决或决定，且在公开时可以是全文公开，也可以是编辑文本（比如隐去商业信息的文本）的公开。这些案例可以在 ICSID 的官网上查到。② 如果当事人不同意公开，则 ICSID 应依照《ICSID 仲裁规则》第 62 条第 4 款规定的程序公布仲裁庭裁决的摘录。

---

① ICSID. "Schedule of Fees (2023)". (2023-07-01)[2023-12-15]. https://icsid.worldbank.org/services/cost-of-proceedings/schedule-fees/2023, para. I.

② ICSID. "Cases". [2023-12-15]. https://icsid.worldbank.org/cases.

2. 仲裁裁决的补充、更正、解释与修正

仲裁裁决的补充、更正、解释与复核是为了维护仲裁裁决公正性的救济措施，并不是重新考虑争议事实的制度。《ICSID 公约》第 49 条第 2 款规定了仲裁裁决的补充与更正："任何一方当事人在作出裁决之日后 45 天内提出请求的，仲裁庭可以在通知另一方后对裁决中遗漏的任何问题作出决定，并纠正裁决中的任何书写、计算或类似错误。其决定应为裁决的一部分，并应按裁决相同的方式通知双方当事人。第 51 条第 2 款和第 52 条第 2 款规定的期限应从作出决定之日起计算。"[①]

《ICSID 公约》第 50 条第 1 款规定了仲裁裁决的解释："如果双方当事人对裁决的意义或范围发生争议，任何一方可以向秘书长提出书面申请，要求对裁决作出解释。"

《ICSID 公约》第 51 条第 1 款规定了仲裁裁决的修正："任何一方可以根据发现的某项其性质对裁决有决定性影响的事实，向秘书长提出书面申请要求修改裁决，但必须以在作出裁决时仲裁庭和申请人都不了解该事实为条件，而且提出该申请的一方并非因为疏忽才导致其不知道该事实。"

3. 仲裁裁决的撤销

《ICSID 公约》第 52 条对仲裁裁决的撤销作了专门规定。该撤销程序与其他仲裁机构作出的仲裁裁决的撤销程序有很大不同。一般的仲裁裁决可以由仲裁地所在国法院通过行使司法监督权的方式予以撤销，而 ICSID 仲裁裁决的撤销是公约自备的救济措施，只能由 ICSID 为被申请撤销案件成立的专门委员会对裁决进行审查和撤销，且撤销理由严格限定为程序问题。因此，ICSID 仲裁裁决的撤销是 ICSID 的一种内部监督机制。

根据《ICSID 公约》第 52 条之规定，ICSID 裁决的撤销程序具有如下特

[①] 第 51 条第 2 款规定了仲裁裁决的修正，提出修正申请的时间应在发现该事实后 90 天内，无论如何应在裁决作出之日起三年内提出。第 52 条第 2 款规定了仲裁裁决的撤销，提出撤销申请的时间应在裁决作出之日后 120 天内，但以腐败为由请求撤销裁决时，申请应在发现腐败后 120 天内提出，无论如何应在裁决作出之日后三年内提出。根据第 49 条第 2 款的规定，"裁决作出之日"是指仲裁裁决的补充或更正决定作出之日。

《ICSID 公约》将裁决的具体执行问题交由执行地国的法律解决，并且强调该强制执行不得背离该国关于（本国及外国）执行豁免的法律规定（第 55 条）。这就导致 ICSID 仲裁裁决与其他仲裁裁决的承认与执行机制一样，也可能因国家豁免问题而无法得到实际执行。[①] 比如，在 Liberian. E. Timber 公司（以下简称 Liberian 公司）诉利比里亚共和国案中，Liberian 公司在获得仲裁庭支持后，向美国的两个地区法院申请执行利比里亚位于美国的财产。针对在美船舶向利比里亚缴纳的登记费和税费，执行地法院认为这些费用作为利比里亚的收入，其使用目的是支撑和维持利比里亚政府职能的正常运作，属于主权资金而享有执行豁免权。针对利比里亚驻华盛顿特区大使馆银行账户资金，哥伦比亚特区法院则基于外交豁免和主权豁免双重理由驳回了 Liberian 公司对使馆银行账户资金的执行请求。[②] 该特区法院对"商业活动"的范围进行严格解释，确认大使馆的银行账户受到《维也纳外交关系公约》、美国《1976 年外国主权豁免法》的保护，享有外交豁免。在 AIG Capital Partners Inc & Anor 诉哈萨克斯坦共和国案中，英国法院认为，位于伦敦的财产使用均是哈萨克斯坦共和国中央银行行使主权的行为，因此这些财产享有英国法上的豁免权。[③]

需要注意的是，如果作为争端一方的东道国不能自动履行裁决，投资者可以针对东道国政府在第三方缔约国内的、具有商业职能的财产申请强制执

---

① 国内学者业已关注到这一问题并进行了较为深入的研究，黄世席：《国际投资仲裁裁决执行中的国家豁免问题》，《清华法学》2012 年第 6 期，第 95—106 页；银红武：《拒绝履行之 ICSID 裁决的解决路径》，《国际经贸探索》2016 年第 5 期，第 73—86 页；孙南申、孙颖：《论国际投资仲裁裁决在〈纽约公约〉下的执行问题》，《广西师范大学学报（哲学社会科学版）》2020 年第 1 期，第 55—64 页；孙南申、李思敏：《国际投资仲裁裁决执行中的国家豁免适用问题》，《上海对外经贸大学学报》2021 年第 6 期，第 99—110 页；汪蓓：《论承认与执行国际投资仲裁裁决面临的挑战与出路——基于上诉机制改革的分析》，《政法论丛》2021 年第 5 期，第 151—160 页；范晓宇：《投资仲裁裁决执行的国家豁免困境、成因及出路》，《武大国际法评论》2021 年第 3 期，第 118—140 页；张亮、宁昆桦：《国家豁免对国际投资仲裁裁决有效执行的影响及其克服》，《政治与法律》2021 年第 1 期，第 96—106 页。
② Liberian. E. Timber Corp. v. Government of the Liberia, 659 F. Supp. 606—610.
③ AIG Capital Partners Inc & Anor. v. Kazakhstan, ICSID Case No. ARB/01/6, Award, 2003-10-07; AIG Capital Partners Inc v. Kazakhstan, [2005] EWHC 2239 (Comm), Judgment of the English High Court of Justice on Enforcement, 2005-10-20；余劲松：《国际投资法（第六版）》，法律出版社 2022 年版，第 343—346 页。

行。同时，如果东道国不自动履行裁决，就违反了其应遵守裁决的义务，产生了国家责任。此时，投资者母国政府就可以根据《ICSID 公约》第 27 条第 1 款之规定，采取外交保护手段或者提出国际请求。虽然如此，考虑到这种方式会导致法律问题的政治化，在实践中很少采用。采用较多的方式是报复或经济制裁措施。阿根廷近年来的一系列投资争端赔偿案的裁决执行，就是采取报复或经济制裁措施促使东道国履行赔偿义务的典型。毕竟将投资者与东道国之间的投资争端上升为国家之间的争端，其手段还是过于激烈。

三、《UNCITRAL 仲裁规则》

《UNCITRAL 仲裁规则》提供了一套全面的程序规则，当事方可约定按照这些规则开展仲裁程序，这些规则广泛用于临时仲裁和常设机构仲裁。比如，中国香港仲裁中心（HKIAC）在受理 Jin Hae Seo 诉韩国案中[1]，所依据的是《UNCTRIAL 仲裁规则》。

（一）不同版本及其效力[2]

《UNCITRAL 仲裁规则》由 UNCITRAL 于 1976 年制定，当前有以下四个版本：1976 年版、2010 年修订版、包含《联合国国际贸易法委员会投资人与国家间基于条约仲裁透明度规则》（ UNCITRAL Rules on Transparency in Treaty-based Investor-State Arbitration，以下简称《透明度规则》）[3] 的 2013 年版，以及包含《UNCITRAL 快速仲裁规则》的 2021 年版。在 UNCITRAL 的官网上可以查询到这些规则的中文翻译文本。[4]

---

① Jin Hae Seo v. Republic of Korea, HKIAC Case No. 18117.
② 联合国国际贸易法委员会：《贸易法委员会仲裁规则（2010 年修订）》，最后访问时间：2023 年 12 月 15 日，https://uncitral.un.org/zh/texts/arbitration/contractualtexts/arbitration.
③ 国际商事仲裁一贯秉承秘密不公开审理的保密原则，但就国际投资仲裁而言，仲裁透明度问题正日益引起关注。在这一背景下，联合国国际贸易法委员会（UNCITRAL）仲裁与调解工作组将此列入工作内容，制定了《联合国国际贸易法委员会投资人与国家间基于条约仲裁透明度规则》。于健龙：《论国际投资仲裁的透明度原则》，《暨南学报（哲学社会科学版）》2012 年第 9 期，第 63—69 页。
④ 联合国国际贸易法委员会：《贸易法委员会仲裁规则（2021 年）》《贸易法委员会快速仲裁规则》《贸易法委员会投资人与国家间基于条约仲裁透明度规则》，最后访问时间：2023 年 12 月 15 日，https://uncitral.un.org/sites/uncitral.un.org/files/media-documents/uncitral/zh/21-07995_ebook_c.pdf.

条）的适用法律、友好和解人①（第 35 条）、和解或其他终止程序的理由（第 36 条）、裁决书的解释（第 37 条）、裁决书的更正（第 38 条）、补充裁决（第 39 条）、费用定义（第 40 条）、仲裁员的收费和开支（第 41 条）、费用分担（第 42 条）和费用交存（第 43 条）。

附录中包含了《UNCITRAL 快速仲裁规则》《透明度规则》和《UNCITRAL 快速仲裁规则解释性说明》。

由此可见，《UNCITRAL 仲裁规则》的程序性设计与《ICSID 仲裁规则》大致相同。其最大的区别在于仲裁裁决的承认和执行方面。详言之，基于《UNCITRAL 仲裁规则》作出的仲裁裁决，其承认和执行的依据是《纽约公约》。据此，申请执行地的国内法院有权依据《纽约公约》第 5 条所规定的理由拒绝承认与执行，包括五种法院被动审查与两种法院可依职权主动审查的理由。② 比如，我国最高人民法院曾明确指出，只有《纽约公约》第 5 条第 2 款规定的违反可仲裁性和公共政策情形是法院可以依职权主动审查的理由。其在回复 1999 年上海市高级人民法院就"麦考·奈浦敦有限公司申请承认和执行苏黎士商会仲裁庭仲裁裁决案"的请示及在（2016）最高法民他 11 号《关于保罗·赖因哈特公司向湖北省宜昌市中级人民法院申请承认和执行国际棉花协会在英国作出的仲裁裁决案给湖北省高级人民法院的复函》中也坚持了这一主张。③ 因此，对于进入执行阶段的非 ICSID 仲裁裁决而言，执行地国内法院有权对裁决结果予以进一步审查，以判断其是否契合法院可依职权或被动审查的理由，继而决定是否执行该仲裁裁决。

四、《ICSID 附加便利仲裁规则》

在《ICSID 公约》之外，ICSID 还可以借助其与 ICSID 仲裁共用的人员、

---

① 友好和解人是指只有在各方当事人明确授权的情况下，仲裁庭才应作为友好和解或按照公平合理的原则作出裁决。
② 《纽约公约》第 5 条第 1 款和第 2 款。
③ 高晓力：《谈中国法院承认和执行外国仲裁裁决的积极实践》，《法律适用》2018 年第 5 期，第 4 页。

设施等资源，受理非公约缔约国或非公约缔约国的投资者作为一方当事人的投资者—东道国投资争端仲裁案件。该类案件采用的是不同于《ICSID 仲裁规则》的一套独立规则，即《ICSID 附加便利仲裁规则》（*ICSID Additional Facility Arbitration Rules*）。该规则首次制定于 1978 年，最新一版于 2022 年修订。① 《ICSID 附加便利行政和财务条例》（*ICSID Additional Facility Administrative and Financial Regulations*）也是规范附加便利仲裁程序运行的规则。② 该仲裁规则虽然适用频率不及《ICSID 仲裁规则》和《UNCITRAL 仲裁规则》，但已知案件中仍有 5.8% 的案件选择了该仲裁规则。

依据现行有效的《ICSID 附加便利仲裁规则》的相关规定，ICSID 附加便利仲裁庭对案件管辖权的行使需要建立在双方当事人均表示同意的前提下，主要管辖以下三种情形中的因投资而引起的法律争端（需要注意的是，ICSID 管辖的案件须为"直接"因投资引起的法律争端，因而此处与 ICSID 管辖范围略有不同）：投资者母国与东道国都不是《ICSID 公约》的缔约国；投资者母国或东道国中有且仅有一个国家是《ICSID 公约》的缔约国；争端的被申请人是区域经济一体化组织（Regional Economic International Organization）。③ 比如，2022 年 11 月 29 日，中国电建华东工程总公司、中国中铁十八局集团有限公司诉越南社会主义共和国案便是依据《ICSID 附加便利仲裁规则》组成的仲裁庭。④ 在本案中，中国系《ICSID 公约》的缔约国，越南并非缔约国，甚至并未签署《ICSID 公约》（详见附录一）。由于东道国不是 ICSID 缔约国，故而不能适用 ICSID 仲裁程序。

对依据《ICSID 附加便利仲裁规则》进行的仲裁，其程序在很大程度上与《ICSID 仲裁规则》相似，但也有很多差异。比如，在未能按期组成仲裁庭时，

---

① ICSID. "ICSID Additional Facility Rules". [2023–12–15]. https://icsid.worldbank.org/sites/default/files/Additional_Facility_Rules.pdf.

② ICSID. "ICSID Additional Facility Administrative and Financial Regulations". [2023–12–15]. https://icsid.worldbank.org/sites/default/files/Additional_Facility_Administrative_Financial_Regulations.pdf.

③ 《ICSID 附加便利仲裁规则》第 2 条。

④ PowerChina HuaDong Engineering Corporation and China Railway 18th Bureau Group Company Ltd v. Socialist Republic of Viet Nam, ICSID Case No. ARB（AF）/22/7.

根据《ICSID 公约》及《ICSID 仲裁规则》，将由行政理事会主席委派仲裁员名册上的仲裁员并确定首席仲裁员；而在《ICSID 附加便利仲裁规则》之下，该委派将由秘书长实施并确定首席仲裁员，且该仲裁员无须从仲裁员名册中指定。

当然，二者最大的差异在于仲裁裁决承认、执行和撤销上。根据《ICSID 附加便利仲裁规则》形成的仲裁裁决的承认与执行，原则上需要依赖《纽约公约》；此外，此类仲裁并不能适用《ICSID 公约》下的撤销程序。

第三节　全球视野下国际投资仲裁制度的适用情况

随着全球经济一体化的进程，国际投资仲裁案件的数量不断增加。通过国际投资仲裁，投资者和国家可以在公正、透明的环境中解决争端，促进国际投资的稳定和可持续发展。因此，国际投资争端解决机制的重要性也不断凸显。通过分析联合国贸易和发展会议公开的信息可知，这些案件的特点包括跨行业广泛、耗时较长等，体现了国际投资仲裁案件的复杂性。

一、公开可查的案件概况

国际投资仲裁案例在过去几十年中呈现快速增长的趋势。根据 UNCTAD 的数据，从 1987 年开始，至 2022 年 12 月 31 日，这 35 年来，已知的基于国际投资协定的投资者—国家争端有 1257 起。其中，近年来的增长速度更加迅猛，近 10 年的案例数量已占总案件数量的 59%，如图 1-4 所示。

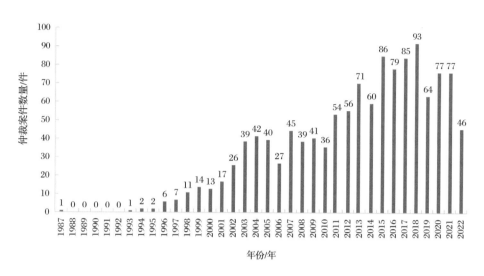

图 1-4　已知的基于国际投资协定的投资者—国家争端案件的登记年份及数量

国际投资仲裁案例数量不断增加，主要归因于全球化和投资自由化的推动。越来越多的国家通过签订双边和区域性投资协定，为投资者提供了更多的保护和便利；同时，一些国家的政策和法律环境的不稳定性也导致了更多的投资纠纷，反映了国际投资争端的多变性和紧迫性。

在上述 1257 起案件中，除 24 起审理情况不可知外，有 890 起已经审结，有 343 起仍在审理之中。由图 1-4 可知，近 5 年登记的案件共有 357 起，与仍在审理中的案件数量相当，大致反映出国际投资仲裁案件的审理具有耗时较长这一特点。

二、已知案件审理情况分析

联合国贸易和发展会议对上述 1257 起案件的具体情况进行了详细的分析，反映了国际投资仲裁案件的多元化。

（一）投资者母国与东道国的分布

根据联合国贸易和发展会议的统计，已知的提起国际投资仲裁的投资者来自 83 个国家。其中，美国（214 起）、荷兰（130 起）、英国（101 起）、德国（80 起）、西班牙（68 起）、加拿大（65 起）、法国（64 起）、土耳其（48 起）、意大利（48 起）、瑞士（45 起）和卢森堡（45 起）位列前 11 位，占所有已知国际投资仲裁案件的 72.2%。由此可见，发达国家的投资者占据了国际投资仲裁提起方（申请人）的绝大部分，这与他们在国际投资中的参与程度高不无关系。

相较而言，被提起国际投资仲裁的东道国（被申请人）则较为分散。目前，已有 133 个国家作为东道国（被申请人）被提起国际投资仲裁。其中，阿根廷（62 起）、委内瑞拉（59 起）、西班牙（56 起）、埃及（46 起）、捷克（42 起）、墨西哥（41 起）、波兰（36 起）、秘鲁（33 起）、加拿大（32 起）和乌克兰（31 起）位列前十，占所有已知国际投资仲裁案件的 34.8%；位列前 20 位的国家，其被提起的国际投资仲裁案件的总数为 670 起，占所有已知国际投资仲裁案件的 53.3%，且这 20 个国家中绝大多数为发展中国家。这些国家及其被提起的国际投资仲裁案件数量如表 1-1 所示：

表 1-1　已知被提起国际投资仲裁的东道国（前 20 位）及其案件数量

阿根廷	委内瑞拉	西班牙	埃及	捷克	墨西哥	波兰	秘鲁	加拿大	乌克兰
62 起	59 起	56 起	46 起	42 起	41 起	36 起	33 起	32 起	31 起
印度	厄瓜多尔	俄罗斯	罗马尼亚	美国	利比亚	哥伦比亚	玻利维亚	哈萨克斯坦	克罗地亚
29 起	28 起	27 起	26 起	23 起	22 起	20 起	19 起	19 起	19 起

以上两组数据的对比，也体现了发达国家与发展中国家在国际投资仲裁中的地位，即发达国家更多地作为申请人出现，而发展中国家更多地作为被申请人出现。

（二）投资行业分布

在已知国际投资仲裁案件中，投资争端分布于三大产业，包括第一产业 243 起、第二产业 174 起和第三产业 891 起，在未知领域的投资有 24 起。由此可知，部分投资跨越了两个以上产业。第三产业的投资数量最多，占所有已知国际投资仲裁案件的 2/3 以上。

在第一产业中，投资争端位列前三的为原油和天然气的开采（80 起）、金属矿石开采（79 起）及农作物和动物生产、狩猎及相关服务活动（23 起）。在第二产业中，投资争端位列前三的为食品制造业（35 起）、基本金属制造（23 起）及其他非金属矿产品制造业（22 起）。在第三产业中，投资争端位列前三的为电力、燃气、蒸汽和空调供应（230 起）、金融服务活动（保险和养老基金除外）（104 起）和土木工程（74 起），其次为建筑物建造（70 起）、房地产活动（69 起）和电信（69 起）。

由此可知，投资上述产业的风险较高，在开展投资的全过程中需要注意法律风险的防范。

（三）适用的国际条约情况

截至 2022 年 12 月 31 日，已经签署（含未生效）的国际投资协定共有 3257 个。被援引适用于国际投资仲裁案件的国际投资协定共 548 个，其中双边投资协定有 513 个，包含投资条款的协定（Treaties with Investment Provisions，TIPs）有 35 个。最频繁被援引适用的 BIT 是阿根廷—美国 BIT（1991 年）、荷兰—委内瑞拉 BIT（1991 年）和西班牙—委内瑞拉 BIT（1995 年），分别被援引适用 21 次、19 次和 16 次。最频繁被援引适用的 TIPs 是《能源宪章条约》（1994 年签署）、《北美自由贸易协定》（1992 年签署，*North America Free Trade Agreement*，NAFTA）和《伊斯兰会议组织会员国之间投资促进、保护和担保协定》（1981 年签署），分别被援引适用 157 次、79 次和 19 次。

结合被主张适用的国际投资协定签订区间，如表 1-2 所示，绝大多数国际投资争端针对的国际投资协定签订于 1990—1999 年间。

表 1-2　被主张适用的国际投资协定签订的时间区间及数量

被援引适用的国际投资协定的签订时间（年）	1950—1989	1990—1999	2000—2009	2010 及之后
争端数量（件）	152	879	239	30

（四）适用的仲裁规则

在已知的 1257 起国际投资仲裁案件中，主要适用的仲裁规则是《ICSID 仲裁规则》（53.5%），其次是《UNCITRAL 仲裁规则》（30.8%），接下来是《ICSID 附加便利仲裁规则》（5.8%）和《SCC 仲裁规则》（4.5%）。本书第一章第二节已经详细阐述了《ICSID 仲裁规则》《UNCITRAL 仲裁规则》和《ICSID 附加便利仲裁规则》，此不赘述。

（五）被任命的仲裁员信息

在国际投资仲裁中，有一些仲裁员的专业素质和公信力得到了较为普遍的认可，从而频繁地参与国际投资仲裁，不论是被申请人、被申请人任命，还是被行政理事会主席任命。经常被任命为仲裁员的名单如表 1-3 所示：

表 1-3　被任命的仲裁员及其被任命次数（前 30 位）

Stern, B.	Alexandrov, S. A.	Kaufmann-Kohler, G.	Thomas, J. C.	Hanotiau, B.	Van den Berg, A. J.
125 次	73 次	71 次	58 次	57 次	55 次
Fortier, L. Y.	Brower, C. N.	Orrego Vicuña, F.	Douglas, Z.	Fernández-Armesto, J.	Sands, P.
54 次	50 次	49 次	46 次	44 次	42 次
Cremades, B. M.	Grigera Naón, H. A.	Veeder, V. V.	Lalonde, M.	Paulsson, J.	Beechey, J.
41 次	37 次	36 次	34 次	34 次	33 次
Böckstiegel, K.-H.	Landau, T.	Mourre, A.	Vinuesa, R. E.	Greenwood, C.	Kalicki, J. E.
32 次	32 次	30 次	30 次	29 次	29 次
Lowe, V.	Tawil, G. S.	Tercier, P.	Hobér, K.	Bernardini, P.	Oreamuno Blanco, R.
29 次	29 次	29 次	28 次	27 次	27 次

（六）赔偿金额

根据已知数据，申请人主张的赔偿金额往往数额较大，而实际获得的赔偿金额则相对较少。在实践中，申请人主张的赔偿金额往往是公开可查的：联合国贸易和发展会议在收集信息后获知了869起案件的信息；而仲裁庭裁定的赔偿金额和调解商定的赔偿金额则较为保密，分别只有240起和41起案件的信息是可知悉的。这些可查的信息提供了一些具象的认识，如图1-5所示，比如，仲裁庭裁定的赔偿金额多在1000万到9990万美元之间（即113起，占已知裁决的47%）。然而，由于已知裁决相较于所有已知案件而言的比例较少，因此并不能得出有太大价值的信息。

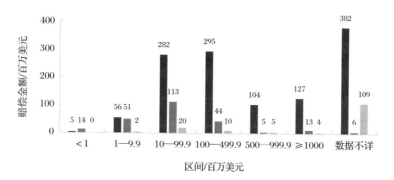

图1-5　申请人主张的赔偿金额与裁决的赔偿金额

（七）裁定违反的投资保护义务

案件审理的结果及其裁定违反的投资保护义务（如有）如图1-6所示。由此可知，在已知案件中，绝大多数案件并未裁定违反某一特定的投资保护义务，而是在作出裁决前已调解或终止，在案件审理阶段被驳回全部诉请或者因无管辖权而未作出裁决。

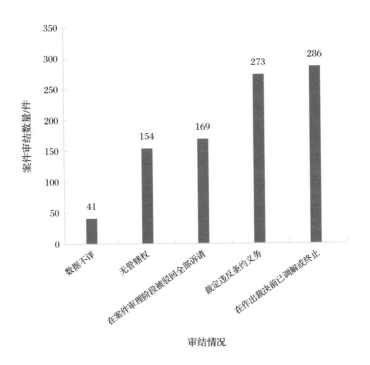

图 1-6　已知案件的审结情况

　　真正裁决违反投资保护义务的案件是比较少的。其中，公平公正待遇／最低待遇标准（包括拒绝司法要求）、间接征收和直接征收位列前三。违反习惯国际法及因叛乱、战争或类似事件造成的损失排名后两位，如图 1-7 所示。由此可见，公平公正待遇／最低待遇标准（包括拒绝司法要求）在实践中得到了最广泛的运用，一些西方学者甚至将其尊奉为国际投资法中的"帝王条款"。

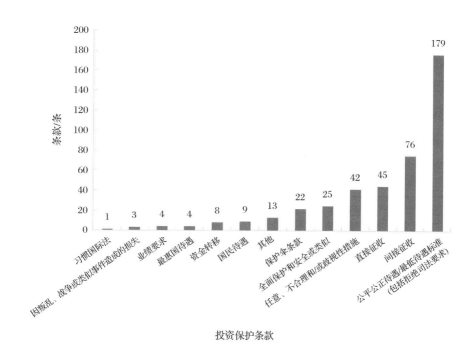

图 1-7　裁定违反的投资保护条款

（八）裁决的撤销与国内审查

前已述及，当事人对依据《ICSID 仲裁规则》作出的仲裁裁决不服的，可以申请撤销仲裁裁决。在已经作出裁决的 890 起案件中，有 151 起提起了撤销申请，有 116 起已审结；其中，15 起部分或全部撤销了原仲裁裁决，绝大多数案件还是支持原仲裁裁决，如表 1-4 所示。在已知案件中，仅有 7 起重新递交 ICSID 审理。

表 1-4　ICSID 仲裁裁决的撤销程序及审理结果

支持 原仲裁裁决	全部撤销 原仲裁裁决	部分撤销 原仲裁裁决	案件终止	未审结	案件总量
75 件	5 件	10 件	26 件	35 件	151 件

续 表

序号	案件登记时间（年）	案件名称缩写	适用的国际投资协定（签署时间）	适用的仲裁规则	审理结果/进程①	被申请人（东道国）	投资者母国
9	2019	Jetion and T-Hertz 诉希腊	China – Greece BIT (1992)	《UNCITRAL 仲裁规则》	案件终止	希腊	中国
10	2020	Wang and others 诉乌克兰	China – Ukraine BIT (1992)	数据不详	未审结	乌克兰	中国
11	2020	Shift Energy 诉日本	Hong Kong, China SAR – Japan BIT (1997)	《UNCITRAL 仲裁规则》	未审结	日本	中国
12	2020	Min 诉韩国	China – Korea, Republic of BIT (2007)	《ICSID 仲裁规则》	未审结	韩国	中国
13	2021	Wang 诉芬兰	China – Finland BIT (2004)	《UNCITRAL 仲裁规则》	未审结	芬兰	中国
14	2021	Qiong Ye and Jianping Yang 诉柬埔寨	ASEAN – China Investment Agreement (2009)	《ICSID 仲裁规则》	未审结	柬埔寨	中国
15	2021	Everyway 诉加纳	China – Ghana BIT (1989)	临时仲裁	未审结	加纳	中国
16	2021	Alpene 诉马耳他	China – Malta BIT (2009)	《ICSID 仲裁规则》	未审结	马耳他	中国
17	2022	PowerChina and China Railway 诉越南（I）	ASEAN – China Investment Agreement (2009)	《ICSID 附加便利仲裁规则》	未审结	越南	中国
18	2022	PCCW 诉沙特阿拉伯	China – Saudi Arabia BIT (1996)	《ICSID 仲裁规则》	未审结	沙特阿拉伯	中国
19	2022	Junefield 诉厄瓜多尔	China – Ecuador BIT (1994)	数据不详	未审结	厄瓜多尔	中国

续　表

序号	案件登记时间（年）	案件名称缩写	适用的国际投资协定（签署时间）	适用的仲裁规则	审理结果/进程①	被申请人（东道国）	投资者母国
20	2022	Huawei 诉瑞典	China – Sweden BIT (1982)	《ICSID 仲裁规则》	未审结	瑞典	中国

通过对表 2-1 的拆解分析，可绘制图 2-1、图 2-2 和图 2-3。由图 2-1 可知，在已知的案例中，近几年中国投资者提起国际投资仲裁的案件数量大幅上升，仅 2020—2022 年 3 年间中国投资者提起的仲裁案件数量已占全部已提起国际投资仲裁案件数量的 55%。由图 2-2 可知，中国投资者在已知案例中更加倾向于适用《ICSID 仲裁规则》（40%）和《UNCITRAL 仲裁规则》（30%）。图 2-3 呈现了已知仲裁案件的审理结果，60% 的案件尚未审结，中国投资者败诉的案件占 20%、胜诉的案件占 10%、和解结案或案件因故终止的各占 5%。

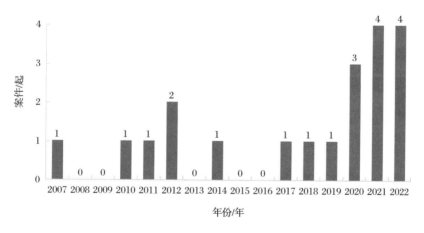

图 2-1　中国投资者提起国际投资仲裁的案件数量（分年度）

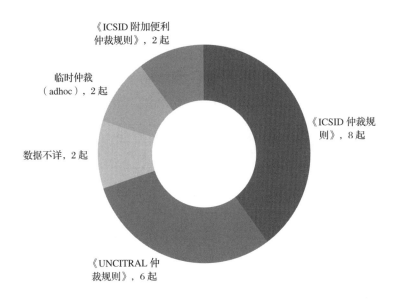

图2-2　中国投资者选用国际投资仲裁规则的情况

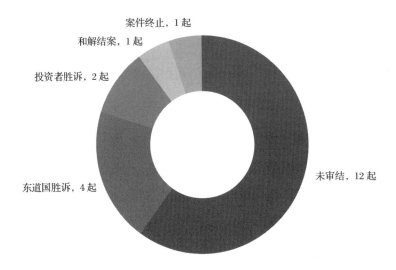

图2-3　中国投资者提起的国际投资仲裁案件审理结果／进程

二、个案分析

现对上述案例的主要内容加以梳理。结合本书的关注重点（即投资者权益保护）及大量案件尚未审结的情况，本部分主要探讨投资者在此类案件中的诉请，未来的投资者可以结合其个案实际情况予以参考。此外，由于未审结案件存在较大不确定性，因此，本部分将重点介绍已审结的案件。

（一）谢业深诉秘鲁案[①]

谢业深诉秘鲁案是一起由中国香港居民谢业深（申请人）向秘鲁共和国政府（被申请人）提起的国际投资仲裁案件。案件所涉经济领域为食品制造。本案所依据的国际投资协定为1994年签订的《中华人民共和国政府和秘鲁共和国政府关于鼓励和相互保护投资协定》（以下简称《中秘双边投资协定》）。

该案于2007年2月12日在ICSID登记。依据《ICSID仲裁规则》，2007年10月1日组成3人仲裁庭；仲裁庭于2011年7月7日作出仲裁裁决，支持了投资者的申请。而后，2011年11月9日，秘鲁政府向ICSID秘书长提出撤销仲裁裁决的申请并登记；撤销仲裁庭于2015年2月12日作出裁决，支持了原仲裁裁决。

本案是中国在ICSID的第一案，自2007年2月12日在ICSID登记至2015年2月12日撤销仲裁庭作出裁决，历时8年之久。

1. 基本案情[②]

申请人谢业深为中国香港居民，在2005年2月前间接持有在秘鲁设立的一家公司TSG Perú S.A.C.（以下简称TSG公司）90%的股权。2005年2月27日，谢业深直接收购了TSG公司90%的股份，由原先的间接持股转为直接持股。

TSG公司成立于2001年，自2002年起在秘鲁从事鱼粉的采购和出口活动。2004年，秘鲁国家税收监督管理总局（the National Superintendence of Tax

---

① Señor Tza Yap Shum v. Republic of Peru, ICSID Case No. ARB/07/6；龚柏华、伍穗龙：《涉华投资者—东道国仲裁案述评》，上海人民出版社2020年版，第121—136页。

② Señor Tza Yap Shum v. The Republic of Peru, ICSID Case No. ARB/07/6, Decision on Jurisdiction and Competence (Spanish), 2009–06–19; Señor Tza Yap Shum v. The Republic of Peru, ICSID Case No. ARB/07/6, Award (Spanish), 2011–07–07; Señor Tza Yap Shum v. The Republic of Peru, ICSID Case No. ARB/07/6, Decision on Annulment, 2015–02–12.

Administration，SUNAT）对 TSG 公司进行审计，并在 2005 年发布了 95 项具有追溯力的税收决定和罚款，认为 TSG 公司违反了所得税和营业税法且金额达 4 500 万美元。SUNAT 在 TSG 公司提起行政申诉后减少了 13.5% 的税收债务。后 TSG 公司上诉，秘鲁税收法庭（the Peruvian Tax Court）减少了 TSG 公司 31.3% 的税收债务。

2005 年 1 月 28 日，SUNAT 发布三份执行令，分别冻结了 TSG 公司银行账户约 353.6 万索尔（约合 673.27 万元人民币）的资金，扣押了 3 辆汽车，并以第三方扣缴税款的形式冻结了 TSG 公司 800 万索尔（约合 1523.23 万元人民币）的资金。SUNAT 和秘鲁税收法庭分别在 TSG 公司行政申诉与上诉过程中拒绝了 TSG 公司针对这三份执行令的诉求。

2005 年 2 月 27 日，谢业深直接收购了 TSG 公司 90% 的股份，由原先的间接持股转为直接持股。2005 年 3 月，TSG 公司申请重整宣告。

2006 年 9 月 29 日，谢业深和 TSG 公司不满秘鲁政府的行为，依据《中秘双边投资协定》向 ICSID 提出仲裁请求，认为秘鲁政府违反了《中秘双边投资协定》下的提供公平公正待遇义务、保护投资义务、征收补偿义务和允许投资收益转移义务，索赔 2580 万美元。2007 年 10 月 1 日，仲裁庭最终组成。

2009 年 6 月 19 日，仲裁庭作出管辖权裁定，认定仲裁庭享有对征收事项的管辖权。2011 年 7 月 7 日，仲裁庭针对实体问题作出最终裁决，宣布秘鲁政府存在违反《中秘双边投资协定》第 4 条的征收行为，裁定秘鲁政府应当支付谢业深征收补偿额共计 786 306.24 美元及从 2005 年 1 月 28 日起至有效支付日止的利息，截至裁定作出日共计 227 201.30 美元。本案仲裁费用由双方均摊，对争议双方提出的其他请求仲裁庭均不予支持。

2011 年 11 月 3 日，秘鲁政府不服仲裁庭对管辖权问题和实体问题作出的裁决，依据仲裁庭明显超越职权、严重背离基本程序规则及裁决未陈述其所依据的理由向 ICSID 提出撤销全部裁决的申请；随后，秘鲁政府澄清其仅寻求撤销部分管辖权裁决。同年 11 月 9 日，ICSID 秘书长决定中止原裁决的执行。2015 年 2 月 12 日，ICSID 撤销仲裁庭最终作出不予撤销仲裁裁决的决定，驳回了秘鲁政府的全部申请理由并恢复了对原裁决的执行。秘鲁政府和谢业深分别承担撤销裁决阶段 80% 与 20% 的费用。

2. 程序性事项：管辖权问题[①]

申请人和被申请人就 ICSID 对本案是否具有管辖权存在争议。针对此问题，仲裁庭从属人管辖权、属时管辖权和属物管辖权三个角度展开了论述。

第一，从属人管辖权角度出发，仲裁庭回答了谢业深是否属于《中秘双边投资协定》项下的投资者这一问题。首先，仲裁庭认为，根据国际法，各国有权依据本国法决定国籍问题。中国国籍的取得和丧失由《中华人民共和国国籍法》决定，且该法适用于中国香港，谢业深提供的证据足以证明其具有中国国籍。既然谢业深具有中国国籍，那么应当认定其符合双边投资协定项下有关投资者的规定。其次，《ICSID 公约》第 25 条和《中秘双边投资协定》第 1 条第 2 款均未排除对中国籍香港居民的适用，若《中秘双边投资协定》有排除对中国香港居民适用的意图，应当在协定的条文中明示。因此，仲裁庭认为，由于《ICSID 公约》和《中秘双边投资协定》并没有对中国籍香港居民的权利施加明确的限制，谢业深符合《中秘双边投资协定》项下的投资者要求，符合属人管辖权的要求。

第二，从属时管辖权角度出发，仲裁庭分析了谢业深是否在争端发生前作出过投资这一问题。仲裁庭认为，谢业深在争端发生前已在秘鲁进行投资，没有必要再考虑其在 2005 年 2 月 27 日直接收购 TSG 公司的行为。谢业深从一开始就是其在秘鲁投资项目的发起人，TSG 公司先在秘鲁开始经营活动，随后 Linkvest 国际公司作为谢业深控制 TSG 公司和向公司注资的渠道（即间接投资）在英属维京群岛设立。此外，谢业深作为 TSG 公司的发起人和 Linkvest 国际公司的股东，的确行使了对 TSG 公司的所有权和控制。尽管在 2005 年 2 月前，谢业深是通过 Linkvest 国际公司对 TSG 注资的方式对 TSG

---

① 龚柏华、伍穗龙：《涉华投资者—东道国仲裁案述评》，上海人民出版社 2020 年版，第 121—136 页；Señor Tza Yap Shum v. The Republic of Peru, ICSID Case No. ARB/07/6, Decision on Jurisdiction and Competence (Spanish), 2009-06-19.

实施了间接控制，但《ICSID 公约》和国际投资法均表明间接投资同样受到保护。对此，仲裁庭列举了大量与投资相关的国际仲裁案例以论证就认定投资性质而言，注资方式并非关注重点，重点在于符合《ICSID 公约》和相关双边投资协定国籍要求的投资者与投资之间是否具备有效联系。此外，仲裁庭根据《维也纳条约法公约》（Vienna Convention on the Law of Treaties, VCLT）第31 条的解释方法，指出《中秘双边投资协定》的序言体现了缔约双方促进和保护投资的意图，没有任何证据表明间接投资被排除在双边投资协定保护范围外。因此，谢业深在争端发生前已在秘鲁进行投资，且《中秘双边投资协定》并未明确排除对间接投资的保护，谢业深对 TSG 公司的投资符合属时管辖权的要求。

第三，从属物管辖权角度出发，仲裁庭分析了谢业深提出的涉及征收的诉请是否属于《中秘双边投资协定》第 8 条争端解决条款范围这一问题。对此，仲裁庭主要依据的是《维也纳条约法公约》第 31 条和第 32 条。从第 31 条（上下文解释、目的和宗旨解释）的角度出发，仲裁庭指出，争议双方的关注重点是对《中秘双边投资协定》第 8 条第 3 款"涉及征收补偿款额"这一表述的理解，而本案中最广义的解释恰恰是最合适的解释。就"涉及"一词，仲裁庭认为，其应当被解释为"包括"而非"限于"，且给予投资者就特定事项提起 ICSID 仲裁的权利是为了促进投资，与《中秘双边投资协定》所表达的目的相符。从第 32 条（解释之补充资料）的角度出发，仲裁庭回应了秘鲁政府提出的中国在 1993 年 1 月 7 日向 ICSID 交存批准公约的文件时，曾作出中国政府依据《ICSID 公约》第 25 条第 4 款仅考虑向 ICSID 提交涉及征收和国有化补偿额争端的通知，但仲裁庭认为，第 25 条第 4 款不构成中国对 ICSID 仲裁的同意，相应地也无法影响《中秘双边投资协定》第 8 条依据《维也纳条约法公约》第 31 条得出的解释结论。此外，双边投资协定协商过程中中国所表现出的拒绝将所有争端提交 ICSID 仲裁的意图也不能作为结论性的证据证明《中秘双边投资协定》第 8 条第 3 款包括的范围。因此，仲裁庭认为，为了赋予第 8 条各款以意义，"涉及征收补偿款额"一词必须被解释为不仅包括对数额的确定，还包括其他与征收有内在联系的事项，如财产是否依据双边投资协定的要求被实际征收等。因此，仲裁庭对谢业深提出的有关征收的诉请有管辖权。综上，仲裁庭在对属人管辖权、属时管辖权和属物管辖权进行考量后，最终裁定对谢业深提出的与征收相关的诉请具有管辖权。

3. 实体性事项：间接征收问题

在实体审查阶段，仲裁庭的裁决主要围绕秘鲁政府的行为是否构成征收及征收补偿额的确定问题展开。

第一，仲裁庭认为，2004 年 SUNAT 对 TSG 公司的审计是例行工作。本着尊重一国的规制和管理权的立场，仲裁庭认定 SUNAT 的审计行为不构成征收。

第二，SUNAT 采取的临时措施对谢业深的投资构成间接征收。其理由包括：SUNAT 的临时措施（如冻结银行资金）对 TSG 公司的经营造成了严重且有实质性的影响；施加该临时措施的行为是任意的，仲裁庭作出该认定所依据的事实是 SUNAT 在采取临时措施时没能遵守其内部的准则和程序，亦未在采取临时措施前收集更多的信息；临时措施冻结的资金数额与审计得出的 TSG 公司的税收债务额相距甚远，故该临时措施是无效的；秘鲁政府未向 TSG 公司提供有效且正当的程序加以救济；秘鲁政府所列举的其他救济措施并非有效，因此期待 TSG 公司穷尽所有救济措施是不合理的。综合上述五点理由，仲裁庭认定 SUNAT 实施的临时措施在本质上是任意的，已经构成了对谢业深投资的征收。

第三，在确定 SUNAT 的临时措施构成征收后，仲裁庭分析确定了征收补偿额。仲裁庭认为，确定损害的标准是考虑在没有发生征收行为的情况下，TSG 公司的价值是多少。在计算 TSG 公司的价值时，谢业深主张依据贴现现金流进行计算，而秘鲁政府则认为合适的标准是公司调整后的账面值。对此，仲裁庭拒绝了谢业深的主张，理由如下：TSG 公司仅经营了两年，其间的贴现现金流是负的；TSG 公司系高举债经营；TSG 公司所在的水产捕捞业具有高风险；TSG 公司在 SUNAT 采取临时措施的时候市场份额已开始减少。据此，仲裁庭依据秘鲁政府提出的计算方法裁定补偿额应当为 786 306.24 美元，并以美国 10 年期债券的平均月息为标准确定了秘鲁政府应当支付的利息，即截至裁定作出日为 227 201.30 美元。

综上，本案仲裁庭从属人管辖权、属时管辖权及属物管辖权层面均得出仲裁庭具有管辖权。仲裁庭认为，《中华人民共和国国籍法》是确定作为自然人的中国香港居民谢业深是否具有中国国籍的依据。由于《中秘双边投资协定》并未作出明示排除，因而谢业深是协定中界定的中国投资者。谢业深通过 Linkvest 国际投资公司对 TSG 的注资和间接控制行为构成投资，故而该投资是在争端发生前作出的。对于"涉及征收补偿款额"争端的内涵，仲裁庭认为应作广义解释，包含与征收具有内在联系的事项（如是否构成征收等）。在确认仲裁庭具有管辖权的基础上，仲裁庭认定 SUNSAT 采取的冻结银行资金等行为构成对该投资的间接征收，并根据公司调整后的账面值确定了秘鲁政府的赔偿额。有学者对本案仲裁庭对管辖权的裁定提出了批评，认为仲裁庭采用了其惯用的手段，以看似合理实则无理的借口达到其扩大管辖权的目的。[①] 然而，仲裁庭在确认其管辖权时的考量因素及其在依据《维也纳条约法公约》对国际投资协定进行解释的方法值得中国投资者关注。

（二）北京首钢等诉蒙古国案[②]

北京首钢等诉蒙古国案是一起由北京首钢矿业投资有限责任公司、黑龙江国际经济技术合作有限公司和秦皇岛秦龙国际实业有限公司 3 家中国企业（申请人）对蒙古人民共和国政府（被申请人）提起的国际投资仲裁案件。案件所涉经济领域为金属矿石开采。本案所依据的国际投资协定为 1991 年签订、1993 年生效的《中华人民共和国政府和蒙古人民共和国政府关于鼓励和相互

---

① 黄月明：《ICSID 仲裁庭扩大管辖权的途径及其应对——从"谢业深案"切入》，《华东政法大学学报》2013 年第 5 期，第 64—75 页；徐树：《国际投资仲裁庭管辖权扩张的路径、成因及应对》，《清华法学》2017 年第 3 期，第 185—207 页。

② Beijing Shougang Mining Investment Company Ltd., China Heilongjiang International Economic & Technical Cooperative Corp., and Qinhuangdaoshi Qinlong International Industrial Co. Ltd. v. Mongolia, PCA Case No. 2010-20；龚柏华、伍穗龙：《涉华投资者—东道国仲裁案述评》，上海人民出版社 2020 年版，第 173—188 页。

保护投资协定》（以下简称《中蒙双边投资协定》）。

该案于 2010 年在海牙常设仲裁法院（以下简称 PCA）登记。依据《UNCITRAL 仲裁规则》组成 3 人仲裁庭。仲裁庭于 2017 年 6 月 30 日作出仲裁裁决，裁定对本案无管辖权。2017 年 9 月 28 日，申请人向仲裁地法院提出撤销仲裁裁决的申请。该申请于 2019 年 11 月 25 日被驳回；申请人于 2019 年 12 月 17 日提出上诉后，又被驳回上诉。从案件登记至作出裁决，已耗时 6 年有余；加之后续的撤销和上诉程序，耗时 8 年以上。

1. 基本案情

1997 年 6 月 21 日，蒙古国 BLT 公司（以下简称 BLT）从蒙古国工业部取得开采木尔台铁矿床的特别许可证。此后，黑龙江国际经济技术合作有限公司与 BLT 协议共同开发木尔台铁矿床。以此为目的，黑龙江国际经济技术合作有限公司于 1997 年 12 月设立秦皇岛秦龙国际实业有限公司。2002 年 7 月，秦皇岛秦龙国际实业有限公司与 BLT 在蒙古国合资设立 Tumurtei Khuder 公司（以下简称 TK 公司）。

2004 年，秦皇岛秦龙国际实业有限公司将其所持 TK 公司 30% 的股份转让给北京首钢矿业投资有限责任公司、11% 的股份转让给黑龙江国际经济技术合作有限公司。2005 年 2 月 17 日，BLT 申请将许可证转让给 TK 公司；同年 12 月，TK 公司取得许可证。2006 年 9 月 8 日，蒙古国地理及矿产地籍部作出决议，以 TK 公司严重且重复违反许可证条件为由，将许可证撤销。

此后，BLT 及 TK 公司向蒙古国法院提起数次诉讼，但无一成功。2010 年 2 月 12 日，3 家公司（即申请人）就其与蒙古国政府的矿业投资争端，根据《中蒙双边投资协定》第 8 条、《蒙古国外国投资法》（1993 年制定、2002 年修订），请求依照《UNCITRAL 仲裁规则》设立临时仲裁庭。2010 年 7 月 19 日，正式组成 3 人仲裁庭，后于 2013 年 12 月 16 日更换了首席仲裁员。①

---

① 2013 年 1 月 7 日，首席仲裁员致函各方当事人披露：其所任职的纽约德普律师事务所已经作为当事人代理律师参与了一项国际投资仲裁案件；该案所涉 BIT 中包含与 1993 年《中蒙双边投资协定》第 8 条第 3 款类似的条款；同年 2 月 6 日，首席仲裁员宣布辞任。

在此期间，仲裁庭、双方当事人主要处理证据文件提交事宜。

2015 年 9 月 14 日至 18 日，仲裁庭开庭审理了本案。2017 年 6 月 30 日，仲裁庭作出裁决，裁定仲裁庭对本案无管辖权。2017 年 9 月 28 日，申请人不满仲裁庭认定无管辖权的裁决，提出撤销仲裁裁决的申请，并于 2019 年 11 月 25 日被驳回。2019 年 12 月 17 日，作为申请人之一的黑龙江国际经济技术合作有限公司提出上诉，再次被驳回。

2. 程序性事项：管辖权问题

在本案中，申请人和被申请人就仲裁庭是否具有管辖权问题产生了激烈对抗。根据双方的主张，仲裁庭从属人管辖权和属物管辖权两个方面进行了详细分析，并作出裁决，认为仲裁庭对本案无管辖权。

第一，从属人管辖权的角度出发，仲裁庭着重审查了三位申请人是否属于《中蒙双边投资协定》第 1 条第 2 款所述的"投资者"。该协定第 1 条第 2 款（b）项规定，作为中国的投资者，必须符合三项要求，即必须是经济实体，必须依照中华人民共和国的法律设立，住所地必须位于中华人民共和国领土内。双方当事人均认可三位申请人符合后面两个条件。但是，被申请人认为黑龙江国际经济技术合作有限公司和北京首钢矿业投资有限责任公司不是"经济实体"，理由是这两家公司系中国的国有企业，并非商业实体，其在蒙古国的政府活动在性质上不是经济性的，这两家公司完全受控于中国政府，不具备足够的独立性，其性质是"中国政府的准机构"，服务于中国政府的外交政策，用以实现中国政府的外交目的，因此不符合《中蒙双边投资协定》第 1 条中关于"投资者"的三点要求中的"经济实体"这一要求。[1]

仲裁庭结合《维也纳条约法公约》第 31 条对"投资者"的含义进行解释。仲裁庭认为，《中蒙双边投资协定》第 1 条第 2 款所谓的经济实体是广泛的，是指从事经济或商业活动的任何一种法律实体，不以组织目的、商业形式、

---

[1] Beijing Shougang Mining Investment Company Ltd., China Heilongjiang International Economic & Technical Cooperative Corp., and Qinhuangdaoshi Qinlong International Industrial Co. Ltd. v. Mongolia, PCA Case No. 2010-20, Award, 2017-06-30, paras. 269-276, 408.

所有权或是控制权为基础进行区分，且没有任何迹象表明条约的起草者有意通过上述条件对经济实体这一概念进行限制。因此，中国的上述国有企业符合《中蒙双边投资协定》第 1 条第 2 款的规定。另外，仲裁庭否定了被申请人所谓的"中国政府的准机构"这一主张，认为并无证据显示上述中国的国有企业是以服务中国外交政策目的进行海外投资的，也并无证据显示秦皇岛秦龙国际实业有限公司的控股股东受中国政府控制或接受政府指令。综上，在属人管辖权这一问题上，仲裁庭认为，三申请人都是根据中华人民共和国法律成立的经济实体，并在所有相关时期在中华人民共和国境内居住。因此，它们是受保护的"中国投资者"。被申请人对仲裁庭属人管辖权的反对意见被驳回。①

第二，从属物管辖权的角度出发，仲裁庭分析了《中蒙双边投资协定》第 8 条第 3 款。该条规定："如涉及征收补偿款额的争议，在诉诸本条第一款的程序后六个月内仍未能解决，可应任何一方的要求，将争议提交专设仲裁庭。如有关的投资者诉诸了本条第二款所规定的程序，本款规定不应适用。"仲裁庭认为，对条约的解释应适用《维也纳条约法公约》第 31 条第 1 款确立的善意解释原则，即"条约应依其用语按其上下文并参照条约之目的及宗旨所具有之通常意义，善意解释之"。结合上下文，仲裁庭分析了《中蒙双边投资协定》第 8 条第 3 款，其中最为关键的是对"涉及征收补偿款额的争议"的理解。仲裁庭注意到，《中蒙双边投资协定》第 8 条第 3 款的措辞是"涉及征收补偿款额的争议（a dispute involving the amount of compensation for expropriation）"，而非"涉及征收补偿的争议"。这两者显然有很大的区别，前者重点突出"补偿款额"，具体特指投资被征收的投资者应当向东道国支付的赔偿金额及支付方式。仲裁庭认为中国和蒙古国在签订双边投资协定时明确在第 8 条第 3 款中写出"涉及征收补偿款额的争议"，就表明两国已经明确

---

① Beijing Shougang Mining Investment Company Ltd., China Heilongjiang International Economic & Technical Cooperative Corp., and Qinhuangdaoshi Qinlong International Industrial Co. Ltd. v. Mongolia, PCA Case No. 2010–20, Award, 2017–06–30, paras. 451–452.

将仲裁庭的管辖权限定在这一狭窄的问题上，其他的纠纷只能通过东道国的国内司法程序进行救济。同时，仲裁庭还指出，中国和蒙古国的这一安排不应令人惊讶，因为两国当时具有类似的政治和经济制度，没有任何理由质疑另一条约缔约方的司法制度，而更加倾向通过国际仲裁解决投资争端。最后，仲裁庭得出结论认为，其对申请人关于被申请人在非法征用的投资中违反条约第4条的主张缺乏属物管辖权。[①]

综上，本案的特殊之处在于三个申请人中有两个申请人为中国的国有企业。仲裁庭从属人管辖权的角度、依据《维也纳条约法公约》对"投资者"的定义作出解释，认为《中蒙双边投资协定》并未将"投资者"限于私有企业，且并无事实证明这两个国有企业接受了中国政府的控制或指令，因而，这两个国有企业符合《中蒙双边投资协定》中的投资者定义。在分析属物管辖权时，仲裁庭同样面临着对"涉及征收补偿款额的争议"进行解释的议题。但是，仲裁庭却采用了狭义解释的方法，得出了与前述谢业深诉秘鲁政府案截然不同的结论。仲裁庭认为，中国和蒙古国明确地将仲裁庭的管辖权限定为"征收款额"这一狭窄的问题上，其他问题（如是否构成征收）只能依据东道国的国内司法程序进行救济。因此，仲裁庭没有属物管辖权，该案件未能进入实体审理阶段。

在仲裁裁决作出后，本案并未宣告结束。由于本案是基于《UNCITRAL仲裁规则》审理的，因此，PCA作出的仲裁裁决是可以接受司法审查甚至可以被仲裁地法院撤销的。申请人提出了撤销申请，但申请人的撤销申请并未得到支持，而是被相关法院驳回了撤销申请，维持了PCA的仲裁裁决。

[①] Beijing Shougang Mining Investment Company Ltd., China Heilongjiang International Economic & Technical Cooperative Corp., and Qinhuangdaoshi Qinlong International Industrial Co. Ltd. v. Mongolia, PCA Case No. 2010-20, Award, 2017-06-30, paras. 451-452.

（三）澳门世能诉老挝案 [①]

澳门世能诉老挝案是一起由澳门世能公司（以下简称世能公司，申请人）向老挝人民民主共和国政府（被申请人）提起的国际投资仲裁案件。世能公司注册并成立于中华人民共和国澳门特别行政区，是老挝控股公司（Lao Holdings N.V.）设立于中国澳门的子公司，案件所涉经济领域为住宿及赌博和博彩活动。本案所依据的国际投资协定为 1993 年签订的《中华人民共和国政府和老挝人民民主共和国政府关于鼓励和相互保护投资协定》（以下简称《中老双边投资协定》）。

该案于 2013 年在 PCA 登记。依据《UNCITRAL 仲裁规则》组成 3 人仲裁庭，仲裁地为新加坡。仲裁庭于 2013 年 12 月 13 日裁定《中老双边投资协定》适用于中国澳门，并且对因该协定第 8 条第 3 款引发的征收争议享有管辖权，对世能公司提出的其他请求不具有管辖权。被申请人不服，遂向新加坡最高法院提出审查仲裁裁决的申请。新加坡最高法院支持了被申请人的主张。之后，申请人不服，向新加坡最高法院上诉法庭上诉并获得支持。至此，管辖权争议以世能公司的胜利宣告结束。

2019 年 8 月 6 日，仲裁庭作出仲裁裁决，以证据不足为由，全部驳回世能公司提出的有关征收的仲裁请求，支持了东道国的主张。此后，申请人两次向新加坡国内法院提出司法审查要求并两次被驳回，其中，最近一次被驳回发生于 2022 年 11 月 24 日。从案件登记至作出裁决，耗时近 6 年；加之后续的司法审查程序，耗时近 10 年。

1. 基本案情

2005 年，申请人世能公司依据中国澳门法律成立。自 2007 年始，世能公司在老挝通过与当地企业 ST 集团合资的方式开展博彩与酒店业投资。在投资

[①]　Sanum Investments Limited v. Lao People's Democratic Republic, PCA Case No. 2013-13；龚柏华、伍穗龙：《涉华投资者—东道国仲裁案述评》，上海人民出版社 2020 年版，第 189—203 页；戴瑞君：《中国缔结的双边条约在特别行政区的适用问题——兼评"世能诉老挝案"上诉判决》，《环球法律评论》2017 年第 5 期，第 162—176 页。

过程中，世能公司与老挝政府发生争议。

2012 年 8 月 14 日，世能公司依据《中老双边投资协定》向 PCA 提出临时仲裁申请，主张老挝政府违反了协定下的公平公正待遇条款、征收条款、投资和收益转移承诺条款及最惠国待遇条款。2013 年 5 月 21 日，仲裁庭发布程序令确定了仲裁地（新加坡）、仲裁机构（PCA）和仲裁程序规则（《UNCITRAL 仲裁规则》）。

2013 年 12 月 13 日，仲裁庭作出管辖权裁定，认定《中老双边投资协定》适用于中国澳门，并且对因该协定第 8 条第 3 款引发的征收争议享有管辖权，对世能公司提出的其他请求不具有管辖权。老挝政府不服该仲裁庭裁决，于 2014 年 1 月 10 日向新加坡最高法院提出审查仲裁裁决的申请。新加坡最高法院支持了老挝政府的主张，裁定认为《中老双边投资协定》不能适用于中国澳门，仲裁庭对世能公司有关征收的请求不具有管辖权。世能公司不服此裁定，于 2015 年 8 月 27 日向新加坡最高法院上诉法庭上诉。2016 年 9 月 29 日，新加坡最高法院上诉法庭支持了世能公司的主张，推翻了新加坡最高法院的裁定，最终认定《中老双边投资协定》适用于中国澳门，仲裁庭对世能公司的仲裁请求享有管辖权。本案管辖权问题经过 PCA 仲裁庭审理、新加坡最高法院和新加坡最高法院上诉法庭司法审查，最终以世能公司取得胜利告终。

2019 年 8 月 6 日，常设国际仲裁院仲裁庭对本案实体问题作出最终裁决，以证据不足为由，驳回了世能公司提出的有关征收的全部仲裁请求。世能公司不服该仲裁裁决，于 2019 年 11 月 6 日向新加坡最高法院提出撤销仲裁裁决的请求。后此案交由新加坡国际商事法庭审理。2022 年 4 月 13 日，新加坡国际商事法庭驳回了世能公司撤销仲裁裁决的请求。[1] 世能公司不服，向新加坡

---

[1] Sanum Investments Limited v. Lao People's Democratic Republic, PCA Case No. 2013-13, Judgement of the Singapore International Commercial Court, 2022-04-13.

最高法院上诉法庭提出上诉，于 2022 年 11 月 24 日再次被驳回。[①] 因此，本案世能公司在管辖权阶段获得了胜诉，却因证据不足未获得实体性胜诉。

2. 程序性事项：管辖权问题

在 PCA 仲裁阶段，仲裁庭深入分析了管辖权问题。

第一，《中老双边投资协定》应当延伸适用于中国澳门。支持仲裁庭作出这一认定的主要依据是《维也纳条约法公约》第 29 条[②] 和《关于国家在条约方面的继承的维也纳公约》(*Vienna Convention on Succession of States in Respect of Treaties*)第 15 条[③]。仲裁庭认为，这两个条约均构成习惯国际法，依据这两个条约，中国签订的条约应当适用于中国的全部领土，除非出现了这两个条款中规定的例外情形；而结合本案情况，两个条款中规定的例外情形并不存在，因此，《中老双边投资协定》应当延伸适用于中国的全部领土，包括

[①] Sanum Investments Limited v. Lao People's Democratic Republic, PCA Case No. 2013-13, Singapore Court of Appeal Decision, 2022-11-24. 新加坡最高法院上诉法庭在作出判决时涉及对相关国际投资仲裁裁决进行司法审查过程中的投资条约的解释问题。本案仲裁地法院在司法审查过程中对相关投资条约的解释遵循的是传统的条约解释原则，但因多种原因，实践中对相同或类似问题的解释意见并不一致。因此，如何完善对国际投资条约的解释值得关注。黄世席：《国际投资仲裁裁决的司法审查及投资条约解释的公正性——基于"Sanum 案"和"Yukos 案"判决的考察》，《法学》2017 年第 3 期，第 130—145 页。

[②] 《维也纳条约法公约》第 29 条规定："除条约表示不同意思，或另经确定外，条约对每一当事国之拘束力及于其全部领土。"由此可见，中国签订的条约对中国的"全部领土"均具有约束力，除非存在"条约表示不同意思"或"另经确定"这两种例外情形。对此，仲裁庭在对比 2006 年《中国—俄罗斯双边投资协定》后认为，《中老双边投资协定》没有像前者那样明确排除协定适用于中国澳门。仲裁庭还指出，中国和葡萄牙两国在 1993 年《中老双边投资协定》签订前已进行过多次协商并发布《中葡联合声明》，因此中国恢复对澳门行使主权并非不可预见的事件。龚柏华、伍穗龙：《涉华投资者—东道国仲裁案述评》，上海人民出版社 2020 年版，第 192 页。

[③] 《关于国家在条约方面的继承的维也纳公约》第 15 条规定："一国领土的一部分，或虽非一国领土的一部分但其国际关系由该国负责的任何领土，成为另一国领土的一部分时：(a)被继承国的条约，自国家继承日期起，停止对国家继承所涉领土生效；(b)继承国的条约，自国家继承日期起，对国家继承所涉领土生效，但从条约可知或另经确定该条约对该领土的适用不合条约的目的和宗旨或者根本改变实施条约的条件时，不在此限。"由此可见，自 1999 年 12 月 20 日澳门回归之日起，中国的条约对中国澳门产生效力，除非存在"条约可知或另经确定"该条约对该领土的适用不合条约的目的和宗旨或者根本改变实施条约的条件这两种例外情形。仲裁庭认为，《中老双边投资协定》适用于中国澳门不存在不符合条约目的或宗旨的情形，且《中老双边投资协定》的适用不会根本改变实施条约的条件。龚柏华、伍穗龙：《涉华投资者—东道国仲裁案述评》，上海人民出版社 2020 年版，第 191—192 页。

中国澳门。[1]

第二，世能公司符合《中老双边投资协定》第1条第2款（b）项的"投资者"定义。该协定第1条第2款规定，投资者指"依照缔约国任何一方法律、法规设立的经济组织"。被申请人主张，本条约不适用于中国澳门，理由是内地和澳门的法律体系不同。仲裁庭认为，本案的核心在于在解释"投资者"的定义时，是否应当对中国这一缔约国进行地域上的限制。仲裁庭认为，中国对中国澳门拥有主权，若仲裁庭认为中国澳门制定的法律不是中国制定的，便是不尊重中国主权。因此，仲裁庭得出结论认为，该条仅要求经济实体依据中国的法律设立，包括依据中国澳门的法律设立，未对"经济实体"作出其他要求，因此，世能公司属于《中老双边投资协定》规定的投资者。[2]

第三，世能公司在老挝作出了《中老双边投资协定》列明的投资行为。该协定第1条第1款对投资采用了"以资产为基础"的定义，认为投资是指"缔约国一方投资者依照缔约国另一方的法律和法规在后者领土内投资的各种财产"，包括动产和不动产的所有权及其他财产权利、金钱请求权等。贷款属于"金钱请求权"的范畴，因此，世能公司在老挝存在投资行为。[3]

第四，世能公司可以依据《中老双边投资协定》对老挝提出涉及征收补偿款额的争议。该协定第8条第3款规定："如涉及征收补偿款额的争议，在诉诸本条第一款的程序后六个月内仍未能解决，可应任何一方的要求，将争议提交专设仲裁庭。如有关的投资者诉诸了本条第二款所规定的程序（即提交接受投资的缔约国一方有管辖权的法院——笔者注），本款规定不应适用。"第一，依据《维也纳条约法公约》中的条约解释规则，仲裁庭认为第8条第3

---

[1]　Sanum Investments Limited v. Lao People's Democratic Republic, PCA Case No. 2013-13, Award on Jurisdiction, 2013-12-13, paras. 229-300.

[2]　Sanum Investments Limited v. Lao People's Democratic Republic, PCA Case No. 2013-13, Award on Jurisdiction, 2013-12-13, paras. 301-315.

[3]　Sanum Investments Limited v. Lao People's Democratic Republic, PCA Case No. 2013-13, Award on Jurisdiction, 2013-12-13, paras. 318-321.

款中"涉及"一词的含义相较"限于"更宽泛，包含征收的认定问题。第二，此条规定了"岔路口条款"，即投资者一旦诉诸国内法院来决定征收行为是否成立，就被排除了就补偿款额问题寻求国际仲裁的机会。这是因为，国内法院在判断征收行为是否成立的同时，应当考虑该征收是否是为了公共利益、依照国内法律程序、所采取的措施是非歧视性的且给予适当和有效的补偿；如果按照被申请人的主张对仲裁庭的管辖范围进行限缩解释（即仲裁庭仅对补偿额有管辖权，但对是否存在征收这一问题无管辖权），则第 8 条第 3 款的设置就毫无意义。在进行条约解释时，仲裁庭应当遵循有效性原则（principle of effet utile）。据此，仲裁庭认为世能公司有权申请仲裁庭审理有关征收的问题。[①]

第五，世能公司母公司老挝控股公司对老挝政府提起的另一仲裁程序，虽然在某些方面存在交叉，但是两案的申请人和提起仲裁所依据的双边投资协定均不相同，不属于平行诉讼，不属于程序滥用，对本案的审理没有影响。[②]被申请人所指的另一仲裁程序是老挝控股公司诉老挝案[③]，该案是世能公司的母公司对老挝政府提起的国际投资仲裁案件，案件所涉经济领域为赌博行业。所依据的国际投资协定为 2003 年签订的《老挝人民民主共和国政府关于鼓励和荷兰王国政府相互保护投资协定》。该案于 2012 年 9 月 12 日在 ICSID 登记，所依据的是《ICSID 附加便利仲裁规则》。

综上，本案的特殊之处在于世能公司是中国澳门投资者，提起仲裁依据的投资协定为 1993 年签订生效的《中老双边投资协定》。该协定签订于中国政府对中国澳门恢复行使主权之前，故而双方当事人对该协定能否适用于世能公司产生争议。仲裁庭在对《维也纳条约法公约》和《关于国家在条约方面的继承的维也纳公约》进行解释后认为，《中老双边投资协定》适用于世

---

① Sanum Investments Limited v. Lao People's Democratic Republic, PCA Case No. 2013−13, Award on Jurisdiction, 2013−12−13, paras. 329−333.

② Sanum Investments Limited v. Lao People's Democratic Republic, PCA Case No. 2013−13, Award on Jurisdiction, 2013−12−13, paras. 366−367.

③ Lao Holdings N.V. v. Lao People's Democratic Republic, ICSID Case No. ARB（AF）/12/6.

能公司。该案与前述谢业深诉秘鲁政府案一样，也涉及申请人（即世能公司）的国籍问题。双方争议的焦点是，依据中国澳门的法律成立的世能公司是否是依据中国法律成立的公司？仲裁庭认为，从尊重中国主权的立场出发，中国澳门制定的法律也是中国的法律，世能公司符合协定有关投资者的定义。在投资的定义上，《中老双边投资协定》采取了宽泛的定义，即"金钱请求权"也属于投资。对"涉及征收补偿款额的争议"的内涵，该案仲裁庭采取了与前述谢业深诉秘鲁政府案一样的立场，对其作广义解释，认为应包含与征收具有内在联系的事项（如是否构成征收等）。本案还涉及平行诉讼的问题。对此，仲裁庭认为两案的申请人不同、提起仲裁依据的协定不同，最终驳回了被申请人主张两案构成平行诉讼的诉请。

前已述及，老挝政府对仲裁庭具有管辖权的裁决不服，于 2014 年 1 月 10 日向新加坡最高法院提出审查仲裁裁决的申请。老挝政府提交了中国大使馆回复老挝政府寻求中国政府意见的函件，中国大使馆回复，除非中国和老挝在未来作出另行安排，否则《中老双边投资协定》不适用于中国澳门。新加坡最高法院采纳了该函件，裁定认为《中老双边投资协定》不能适用于中国澳门，仲裁庭对世能公司有关征收的请求不具有管辖权。后世能公司不服此裁定，向新加坡最高法院上诉法庭上诉。上诉法庭否认了 2014 年函件的效力，且认为即使赋予 2014 年函件以嗣后协议的效力，其也不应具有追溯力。此外，上诉法庭认可了 PCA 仲裁庭对《维也纳条约法公约》第 29 条和《关于国家在条约方面的继承的维也纳公约》第 15 条的适用，认可了 PCA 仲裁庭对"涉及征收补偿款额的争议"及岔路口条款的理解。最终，上诉法庭认定 PCA 仲裁庭对本案具有管辖权。

3. 实体性事项：证据问题[①]

2019 年 8 月 6 日，仲裁庭作出仲裁裁决，基于证据不足以支撑其主

---

① Sanum Investments Limited v. Lao People's Democratic Republic, PCA Case No. 2013–13, Award, 2019–08–06.

张而驳回了申请人有关征收的指控。申请人的指控涉及四项投资，分别是 Thanaleng 老虎机俱乐部、Paksong Vegas 赌场、Paksan 老虎机俱乐部及 Thakhet 赌场和酒店度假村。双方当事人分别围绕各自的主张进行举证和反驳。最终，仲裁庭基于不同的事实驳回了申请人有关老挝政府征收其投资的全部主张。

第一，在 Thanaleng 老虎机俱乐部的投资中，仲裁庭认为申请人世能公司关于 Thanaleng 投资被征用的主张没有任何依据。[①] 有关该项索赔的基础是世能公司与老挝当地公司 ST 控股公司（ST Holdings）这两个私主体之间的合同争议；针对这两个私主体签订的相关合同的效力问题，双方无法达成共识遂诉诸老挝当地法院。世能公司认为，从老挝司法部部长发布命令开始，到警方驱逐世能公司，最后 2012 年老挝当地法院作出有利于 ST 控股公司的判决，这一判决剥夺了世能公司在 Thanaleng 的投资。在用尽对老挝法院的追索权后，世能公司于 2015 年向新加坡国际仲裁中心（Singapore International Arbitration Centre，SIAC）提起仲裁，并于 2016 年获得了 2 亿美元的仲裁裁决。[②]

在当前国际投资仲裁案（即澳门世能诉老挝案）中，申请人世能公司声称其未能执行 SIAC 的裁决，且将无法执行 SIAC 的裁决与被申请人 2012 年干预老挝法院判决的行为联系起来。申请人提出，老挝上诉法院（作为执行程序中的最高层级）在未来不会允许执行 SIAC 裁决；申请人指出，从老挝政府最初促使法院于 2012 年作出有利于 ST 控股公司的判决、迫使申请人不得不进入 SIAC 索赔程序、使得 ST 控股公司有时间转移资产等整体情况来看，同样的事情甚至更糟糕的事情都有可能发生，老挝政府在 2012 年的干预行为仍

---

① Sanum Investments Limited v. Lao People's Democratic Republic, PCA Case No. 2013−13, Award, 2019−08−06, para. 196.

② Sanum Investments Limited v. Lao People's Democratic Republic, PCA Case No. 2013−13, Award, 2019−08−06, para. 178−181, 191.

然会对 SIAC 裁决的执行存在明显后果。[①]

然而，仲裁庭认为，有关 Thanaleng 的索赔涉及世能公司和 ST 控股公司之间的合同纠纷，该合同纠纷仅在世能公司声称的老挝政府干预法院程序部分且该干预构成违反国际法的前提下，才与老挝政府有关。世能公司试图将无法执行 SIAC 的裁决与 2012 年的干预行为联系起来，但是，申请人并未向本案仲裁庭证明其声称的无法执行 SIAC 裁决的行为已经发生，未证明老挝政府 2012 年的干预行为对 SIAC 裁决的执行会产生明显影响，根本没有令人信服的证据表明老挝政府对老挝法院诉讼程序的所谓干预在事实上干预了申请人诉诸 SIAC 仲裁的步骤。[②]

第二，在 Paksong Vegas 赌场有限公司的投资中，仲裁庭认为世能公司在该投资中的损失源于该公司违约造成的合同终止，不构成征收。2007 年 8 月 10 日，老挝政府与世能公司、老挝 Nouansavanh 建筑公司和 Sittixay Xaysana 先生签订了开发 Paksong 赌场的项目开发协议，并据此成立了 Paksong Vegas 赌场有限公司。2010 年 4 月 27 日，老挝计划投资部（Ministry of Planning and Investment）终止了该项目开发协议，理由是 Paksong Vegas 未根据项目开发协议第 4 条签署土地特许协议且项目建设推迟了两年多，影响了当地的社会经济发展计划；2012 年 4 月 10 日，老挝政府再次确认终止该项目开发协议。[③]

申请人认为，老挝政府终止项目开发协议的行为和随之而来的撤销土地特许权的行为构成了《中老双边投资协定》第 4 条的征用。申请人主张，老挝政府在终止项目开发协议前，并未进行事先通知。被申请人对此进

① Sanum Investments Limited v. Lao People's Democratic Republic, PCA Case No. 2013-13, Award, 2019-08-06, para. 192.

② Sanum Investments Limited v. Lao People's Democratic Republic, PCA Case No. 2013-13, Award, 2019-08-06, paras. 188, 193.

③ Sanum Investments Limited v. Lao People's Democratic Republic, PCA Case No. 2013-13, Award, 2019-08-06, paras. 197, 205.

行了反驳。①

　　根据案件事实，仲裁庭认为，本案的关键在于终止项目开发协议的行为是构成了征用，还是构成了老挝政府行使其在项目开发协议下合同权利的行为，以及关于老挝政府未按照项目开发协议第 19 条的规定进行事先通知而终止项目开发协议这一主张，对于本案有何种程度的影响。②

　　仲裁庭注意到，世能公司在 2009 年 1 月 30 日的会议上承认，它没有按照项目开发协议中的时间表及提交给 Champasak 省的时间表实施 Paksong Vegas 项目。世能公司的股东 Baldwin 先生还在庭审会上做证说，从未签署过一份建造一座价值 2500 万美元的、带有赌场和夜总会的五星级酒店的合同。③

　　项目开发协议第 19 条规定，被申请人老挝政府在终止该协议前应当发出通知，说明不履行义务的情况并给予 90 天的期限予以纠正。无可争议的是，被申请人没有向 Paksong Vegas 发出不履行项目开发协议项下义务的通知。但正如 Paksong Vegas 所承认的那样，它并没有在其预设的时间表内开展项目开发协议下承诺的投资。该公司还在 2009 年 1 月 30 日的会议上表示，"对于 Paksong Vegas 项目，该公司很高兴遵循政府的指导"，而老挝政府的指导方针是将土地归还老挝政府。在这种情况下，仲裁庭认为老挝政府没有必要再次通知 Paksong Vegas。申请人世能公司未能遵守项目开发协议下的义务，不能合理地无限期保持其对土地的垄断权，且申请人还认为开发 Paksong Vegas 项目是一项赔本买卖，不值得投资 2500 万美元。基于上述证据和事实，仲裁庭认为，申请人违反了项目开发协议规定的合同义务，自己也承认无法开发该项目，因而丧失了其在项目开发协议下的权利，并不是申请人所主张的开发工作正在进行或由于老挝政府下令停止工作而无法开展开发工作。综上，

---

① Sanum Investments Limited v. Lao People's Democratic Republic, PCA Case No. 2013-13, Award, 2019-08-06, paras. 206-209.

② Sanum Investments Limited v. Lao People's Democratic Republic, PCA Case No. 2013-13, Award, 2019-08-06, para. 210.

③ Sanum Investments Limited v. Lao People's Democratic Republic, PCA Case No. 2013-13, Award, 2019-08-06, para. 216.

Paksong Vegas 项目的终止是由于申请人世能公司违反项目开发协议中的义务，不构成征收。世能公司所主张的土地垄断权是伴随着投资义务的，但该公司承认它没有履行这一投资义务。[①]

第三，在 Paksan 老虎机俱乐部的投资中，申请人声称，老挝政府终止 Paksan 老虎机俱乐部的行为构成非法征用。被申请人则主张，申请人的许可证已经到期，其在许可和特许协议条款之外的经营是非法经营，不能主张该非法经营被非法征收。[②]

结合案件事实，仲裁庭认为，申请人及其合作方 ST 控股公司均认识到有必要获得 Paksan 项目的许可证，并且已经年复一年地申请续期。2009 年颁发的许可证于 2010 年 10 月到期且并未续期，申请人并未证明它有权获得续期。据此，仲裁庭裁定，在 2011 年 3 月老挝政府关闭 Paksan 项目时，该项目属于无照经营，且不存在许可证将被续期或可以像拥有许可证一样经营的合理预期，关闭该项目的行为不构成征收。[③]

第四，在 Thakhet 赌场和酒店度假村这一投资中，仲裁庭认为，双方并未就投资达成合意，因此不构成对投资的征收。2010 年，申请人世能公司开始与老挝—泰国友谊大桥三期经济区开发委员会就一项计划中的跨湄公河大桥脚下的土地特许权进行谈判，并在 2010 年 10 月 20 日签署了谅解备忘录。但是，后续事实表明，案涉土地特许权协议并未签署，该协议仍在谈判阶段；申请人世能公司与该开发委员会尚未确定最后的项目开发协议条款，包括土地特许权事项。最后，仲裁庭裁定，并没有足够证据证明任何一方对该项目

---

① Sanum Investments Limited v. Lao People's Democratic Republic, PCA Case No. 2013-13, Award, 2019-08-06, paras. 217-218.

② Sanum Investments Limited v. Lao People's Democratic Republic, PCA Case No. 2013-13, Award, 2019-08-06, paras. 224, 229.

③ Sanum Investments Limited v. Lao People's Democratic Republic, PCA Case No. 2013-13, Award, 2019-08-06, paras. 232-233.

存在恶意，该投资仅仅是一种商业可能性，双方并未就投资达成合意。①

综上，世能公司的四项征收主张均未能获得仲裁庭的支持。从仲裁庭裁决的考量因素来看，世能公司的主张未能获得支持的原因主要包括：没有证据证明老挝政府此前的干预行为将对其他投资产生明显影响，不存在合法有效的投资协议及未取得并续展相关许可证。这些考量因素对其他投资者开展投资活动同样具有参考价值。

（四）菲利普莫里斯诉澳大利亚案 ②

菲利普莫里斯诉澳大利亚案是一起由菲利普莫里斯亚洲公司（位于中国香港，申请人）对澳大利亚联邦政府（被申请人）提起的国际投资仲裁案件，案件所涉经济领域为烟草产品的制造。本案所依据的是 1993 年签订的《香港政府和澳大利亚联邦政府关于促进和保护投资的协定》（以下简称《双边投资协定》，已于 2019 年 3 月 26 日终止）。③

2011 年 6 月 22 日，申请人向澳大利亚提出索赔申请，2011 年 11 月 21 日，申请人依据《UNCITRAL 仲裁规则》向被申请人提出仲裁通知，正式启动仲裁程序。2012 年 5 月 15 日，3 人仲裁庭正式成立，后在程序阶段确定仲裁地为新加坡。2015 年 12 月 17 日，仲裁庭裁定对本案无管辖权，驳回了申请人的诉讼请求。2017 年 7 月 8 日，仲裁庭对费用问题作出最终裁定。

本案从案件登记至作出无管辖权的裁决耗时约 4 年。本案涉及"国籍规划"这一问题——仲裁庭否定了申请人利用国籍规划行为获得条约保护的主张，裁定仲裁庭对本案无管辖权。

1. 基本案情 ④

菲利普莫里斯亚洲公司（Philip Morris Asia Limited，以下简称 PM Asia）

---

① Sanum Investments Limited v. Lao People's Democratic Republic, PCA Case No. 2013–13, Award, 2019–08–06, paras. 234, 244, 250.

② Philip Morris Asia Limited v. The Commonwealth of Australia, PCA Case No. 2012–12.

③ 注：2019 年 3 月 26 日，澳大利亚与中国香港在悉尼签署《澳大利亚—香港自由贸易协定》和相关投资协定，取代了《双边投资协定》。

④ Philip Morris Asia Limited v. The Commonwealth of Australia, PCA Case No. 2012–12, Award on Jurisdiction and Admissibility, 2015–12–17, paras. 5–8.

是世界烟草巨头菲利普莫里斯国际公司（Philip Morris International，以下简称 PM International）在中国香港成立的全资子公司。PM Asia 拥有在澳大利亚成立的澳大利亚菲利普莫里斯公司（Philip Morris Australia Limited，以下简称 PM Australia）100% 股权。PM Australia 拥有在澳大利亚注册成立的贸易公司菲利普莫里斯有限公司（Philip Morris Limited，以下简称 PM Limited）100% 的股份。需要注意的是，PM Asia 是在 2011 年借助公司重组的方式，获得了 PM Australia 100% 的股权。这一重组时间点，在仲裁庭确认其并无管辖权时具有至关重要的作用。

上述持股关系如图 2-4 所示：

图 2-4　菲利普莫里斯（PM）控股关系

2011 年，澳大利亚颁布《烟草平装法案》(*Tobacco Plain Packaging Act 2011*) 及其实施条例，要求自 2012 年 12 月起，所有在澳大利亚销售的香烟必须采用统一包装，包装上不得印制品牌标识，只能采用统一的颜色和相关警示吸烟有害健康的图案。申请人 PM Asia 认为，《烟草平装法案》禁止在烟草制品和包装上使用品牌标识，将其在澳大利亚的子公司 PM Limited 从一个知名烟草生产商变成普通烟草生产商，其效果在实质上减损了申请人在澳大利亚投资的价值，构成间接征收。

为此，申请人依照《双边投资协定》向海牙常设仲裁法院提出仲裁申请，要求澳大利亚政府采取适当措施停止执行《烟草平装法案》，赔偿申请人因履行平装立法所遭受的损失；如果继续推行《烟草平装法案》，则应赔偿申请人已经遭受的及持续遭受的损失。

2. 程序性事项：管辖权问题

仲裁庭在否定其对本案具有管辖权时，主要依据有二：其一，申请人 PM Asia 对澳大利亚子公司 PM Limited 并无控制权；其二，申请人 PM Asia 在

2011 年的公司重组行为，构成对国籍规划权利的滥用。

第一，申请人和被申请人对 PM Asia 是否控制其澳大利亚子公司 PM Limited 存在争议，仲裁庭支持了澳大利亚政府的主张，即 PM Asia 对 PM Limited 并无控制权。《双边投资协定》第 1 条第 e 款规定："投资是指由缔约一方投资者拥有或控制，并由缔约另一方根据其适用的法律和投资政策承认的各种资产……如果一个自然人或公司在公司或投资中拥有实质性利益，则其应被视为控制该公司或投资。"

仲裁庭肯定了被申请人对"控制"与"实质性利益"的说理，即该协定是通过"实质性利益"这一概念来界定对投资的"控制"的，拥有实质性利益意味着投资者必须对源自法律安排的资产拥有权利或权力，并且能够以某种重大方式行使该权利或权力，从而影响资产的经济回报和处置；对投资的控制必须包含经济关系。仲裁庭结合证据认定，PM Asia 在 2001 年至 2011 年期间没有任何从其声称的对 PM Australia 和 PM Limited 的"控制"中获得"经济回报"的期望。因此，仲裁庭认为，申请人在 2011 年重组之前不可能对 PM Australia 持有实质利益。由于申请人未能证明在 2011 年重组之前，按照《双边投资协定》第 1 条第 e 款规定对 PM Limited 拥有"控制权"，因此，仲裁庭裁决 PM Asia 在重组前并没有控制 PM Limited。[①]

第二，申请人和被申请人对 PM Asia 是否存在滥用国籍规划权利以获得国际投资协定保护的目的和事实存在争议。申请人认为其重组是正常的商业行为，被申请人则认为申请人在存在争议或可预见到足够程度的争议时操纵公司国籍构成对权利的滥用，其动机是取得《双边投资协定》的保护，从而获得大量赔偿。

仲裁庭认为，滥用权利原则的法律标准，大致上是围绕"可预见性"概念而展开的。关于"可预见性"，仲裁庭认为，投资者为了获取投资条约保护

---

① Philip Morris Asia Limited v. The Commonwealth of Australia, PCA Case No. 2012-12, Award on Jurisdiction and Adminisibility, 2015-12-17, paras. 501-509.

而改变公司结构时，如果特定争议已经是可预见的，那么通过公司重组的方式获得条约保护的行为就构成权利滥用。在本案中，时任澳大利亚总理陆克文（Kevin Rudd）和卫生部部长罗克森（Roxon）于 2010 年 4 月 29 日明确宣布，澳大利亚政府打算推出平装措施。仲裁庭认为，从那一天起，至少有一个合理的预期，即平装立法会在不久的将来颁布。鉴于此，仲裁庭认为，PM Asia 在收购 PM Australia 以实现公司结构重组时，申请人已经可以合理预期澳大利亚即将颁布平装立法且该立法将损害 PM Limited 的投资利益。[①] 因此，仲裁庭裁定申请人的诉求不可受理，对本争议不享有管辖权。

综上，本案仲裁庭重点分析了 2011 年前后申请人是否"控制"澳大利亚子公司。在 2011 年前，申请人没有从 PM Australia 获得"经济回报"的预期，因此，不享有"实质性利益"。2011 年，申请人进行了公司结构的重组，以期实现对澳大利亚子公司的控制，达到适用《双边投资协定》保护其投资的目的。鉴于申请人在彼时已经能够合理地预见到澳大利亚即将颁布平装立法且该立法将损害 PM Australia 的投资利益，因此，仲裁庭认为申请人的重组行为构成一种"权利滥用"。在排除投资者滥用投资仲裁这一问题上，仲裁庭的立场体现了善意原则在国际投资仲裁实践中的运用，即滥用权利的行为违反了善意原则。[②]

（五）中国平安诉比利时案 [③]

中国平安诉比利时案是一起由中国投资者中国平安人寿保险股份有限公司和中国平安保险（集团）股份有限公司（以下简称中国平安，申请人）对比利时王国政府（被申请人）提起的国际投资仲裁案件。案件所涉经济领域为金融服务活动（保险和养老基金除外）。本案涉及两个国际投资协定，即

---

① Philip Morris Asia Limited v. The Commonwealth of Australia, PCA Case No. 2012-12, Award on Jurisdiction and Admissibility, 2015-12-17, paras. 585-588.
② 张庆麟、黄幽梦：《论善意原则对国际投资协定公私利益平衡的调节——以投资仲裁中善意原则的适用为视角》，《时代法学》2023 年第 5 期，第 107—116 页。
③ Ping An Life Insurance Company of China, Limited and Ping An Insurance（Group）Company of China, Limited v. Kingdom of Belgium, ICSID Case No. ARB/12/29；龚柏华、伍穗龙：《涉华投资者—东道国仲裁案述评》，上海人民出版社 2020 年版，第 137—154 页。

1984 年签订、1986 年生效的《中华人民共和国政府和比利时—卢森堡经济联盟关于相互鼓励和保护投资协定》（以下简称《1986 年双边投资协定》）和 2005 年签订、2009 年生效的《中华人民共和国政府和比利时—卢森堡经济联盟关于相互促进和保护投资的协定》（以下简称《2009 年双边投资协定》），后者取代了前者。因此，本案涉及的新约与旧约的过渡或衔接问题决定了仲裁结果。

该案于 2012 年 9 月 19 日在 ICSID 登记。依据《ICSID 仲裁规则》，2013 年 2 月 26 日组成 3 人仲裁庭。2015 年 4 月 30 日，仲裁庭裁决中国平安的诉求因缺乏管辖权而被驳回，宣布仲裁程序结束。

1. 基本案情

富通集团（Fortis）是一家从事银行业和保险业的跨国金融公司。为布局海外金融平台，申请人于 2007 年 10 月至 2008 年 7 月在公开市场以超过 20 亿欧元的总金额收购了富通集团近 5% 的已发行股份，成为富通集团的单一最大股东。

2008 年全球金融危机爆发，富通集团旗下子公司的经营出现困难。由于富通集团的子公司和分支机构遍及比利时、荷兰和卢森堡等国，因此，三国的金融监管部门采取了一系列干预措施。

2008 年 10 月 14 日，申请人通过中国驻布鲁塞尔领事馆向比利时政府发函，对比利时政府通过干预方式征收富通集团、采取不透明程序以极低的价格将股份出售给法国巴黎银行、未能给予申请人关于富通集团重大决策及资产处置计划的充分信息、未给予申请人经济补偿等行为表示强烈不满。投资者（申请人）的这一发函行为，已经构成《1986 年双边投资协定》下对东道国（比利时）的通知。

2009 年 12 月 1 日，《2009 年双边投资协定》生效。这一时间点对仲裁庭认定其有无管辖权具有重要意义。在交涉无果后，2012 年 9 月 7 日，中国平安针对比利时向 ICSID 提出了仲裁申请；2013 年 2 月 26 日，仲裁庭组成完毕。仲裁庭经审理认为，比利时的管辖权异议成立，并于 2015 年 4 月 30 日发布仲裁裁决书，认定仲裁庭对本案无管辖权。

2. 程序性事项：管辖权问题

比利时从属时管辖权、属物管辖权、仲裁合意、不存在初步证据纠纷和司法礼让原则五个角度对仲裁庭管辖权提出了抗辩理由。[1] 其中，仲裁庭认为属时管辖权是首要的也是最具决定性的问题，因此，只对本案争议是否适用《2009 年双边投资协定》进行分析，并据此作出裁决。

从属时管辖权出发，仲裁庭支持了比利时政府的管辖权异议，并阐明了理由。《2009 年双边投资协定》第 10 条第 1 款规定："本协定替代并取代了1984 年 6 月 4 日在布鲁塞尔签署的《中华人民共和国和比利时—卢森堡经济联盟关于相互鼓励和保护投资协定》。"第 10 条第 2 款规定："本协定应适用于缔约任何一方投资者在缔约另一方领土内的所有投资，不论其是在本协定生效之前还是之后作出的。但是，本协定不得适用于在本协定生效前已进入司法或仲裁程序的与投资有关的任何争议或索偿。此等争议和索偿应继续按本条第一款提及的 1984 年 6 月 4 日的协定的规定解决。"

就本案而言，申请人已经于 2008 年 10 月 14 日发函通知比利时政府，表达其对比利时政府干预行为的不满，因此，构成依据《1986 年双边投资协定》就有关争议的通知；换言之，该法律争议在《2009 年双边投资协定》生效前已经产生且已经基于《1986 年双边投资协定》通知了比利时政府。然而，案件并未进入司法或仲裁程序。申请人于 2012 年才向 ICSID 提出仲裁申请，2013 年本案才进入仲裁程序。值得注意的是，《2009 年双边投资协定》第 10条第 2 款仅规定"本协定不得适用于在本协议生效前已进入司法或仲裁程序的与投资有关的任何争议或索偿"，却没有明确如何处理 2009 年 12 月 1 日之前产生且已经基于《1986 年双边投资协定》作出通知但未进入司法或仲裁程序的争议。也就是说，《2009 年双边投资协定》并未明确规定其是否适用于

---

[1] Ping An Life Insurance Company, Limited and Ping An Insurance (Group) Company, Limited v. The Government of Belgium, ICSID Case No. ARB/12/29, Award 2015-04-30, paras. 112-128.

本案，故而仲裁庭需要在审理过程中对这种情况进行解释。[1]

申请人之所以主张依据《2009年双边投资协定》，而非依据《1986年双边投资协定》提起仲裁，是因为《1986年双边投资协定》第10条将可以提交国际仲裁的案件限于"有关征收、国有化或其他类似措施的补偿额的争议"，而《2009年双边投资协定》第8条则规定"缔约一方投资者和缔约另一方产生法律争议"可以提交ICSID仲裁。通过对比可知，后者允许提交国际仲裁的争议范围更广。[2]

对于《2009年双边投资协定》是否适用于本案这一问题，仲裁庭引用了一系列案例如Impregilo诉巴基斯坦案，认为条约没有明确说明具有追溯力时，应推定"条约不溯及既往"，因此，《2009年双边投资协定》不能适用于双边投资协定生效前产生的争议。[3]

仲裁庭在对条约进行文义解释、分析缔约方意图后，认为无论是根据《2009年双边投资协定》中的明文规定还是对其用语的推论，均不能证明《2009年双边投资协定》下的救济措施可适用于发生在其生效前且根据《1986年双边投资协定》已经通知但尚未进入仲裁或司法程序的争议。仲裁庭反对扩大解释的重要原因在于，允许《2009年双边投资协定》适用于本案及类似情形，将扩大可根据《1986年双边投资协定》提交国际投资仲裁的争议范围，而这些争议本应由国内法院解决。[4]

2015年4月30日，仲裁庭裁决中国平安的诉求因缺乏管辖权而被驳回，宣布仲裁程序结束[5]，并且未对申请人能否通过比利时国内法院寻求救济发表

---

[1] Ping An Life Insurance Company, Limited and Ping An Insurance (Group) Company, Limited v. The Government of Belgium, ICSID Case No. ARB/12/29, Award 2015-04-30, para. 205.

[2] Ping An Life Insurance Company, Limited and Ping An Insurance (Group) Company, Limited v. The Government of Belgium, ICSID Case No. ARB/12/29, Award 2015-04-30, para. 204.

[3] Ping An Life Insurance Company, Limited and Ping An Insurance (Group) Company, Limited v. The Government of Belgium, ICSID Case No. ARB/12/29, Award 2015-04-30, para. 190.

[4] Ping An Life Insurance Company, Limited and Ping An Insurance (Group) Company, Limited v. The Government of Belgium, ICSID Case No. ARB/12/29, Award 2015-04-30, paras. 206-232.

[5] Ping An Life Insurance Company, Limited and Ping An Insurance (Group) Company, Limited v. The Government of Belgium, ICSID Case No. ARB/12/29, Award 2015-04-30, para. 233.

意见。在本案中，仲裁庭在解释条约上的做法存在争议，但申请人未能重视第 10 条（过渡条款）①、存在申诉策略失误等也是其败诉的重要原因。

（六）北京城建诉也门案 ②

北京城建诉也门案是一起由中国投资者北京城市建设集团有限责任公司（以下简称北京城建，申请人）对也门共和国政府（被申请人）提起的国际投资仲裁案件。案件所涉经济领域为建筑物的建造。本案依据的国际投资协定是 1998 年签订的《中华人民共和国政府和也门共和国政府关于鼓励和相互保护投资协定》（以下简称《中也双边投资协定》）。

该案于 2014 年 12 月 3 日在 ICSID 登记。依据《ICSID 仲裁规则》，2015 年 7 月 10 日组成 3 人仲裁庭。2018 年 6 月 7 日，仲裁庭发布程序令，终止了本仲裁程序。

1. 基本案情

2006 年，申请人中标也门政府招标的萨那国际机场二期工程建设项目（为机场新建一座国际航站楼），并于 2006 年 2 月 28 日与也门民航气象局签署了一份总额约 1.15 亿美元的建设合同。

2009 年 7 月，申请人称，被申请人利用其军事力量和安保设施，骚扰、拘禁申请人工作人员，强制禁止申请人员工进入项目场地，阻碍申请人履行其合同义务，从而非法地剥夺了申请人在也门的投资。也门政府反驳称，证据显示，申请人在诸多方面都未能按要求履行合同义务，诸如未经授权将设施搬离项目建设现场，未经海关授权进口设施，主要项目施工人员长期不在项目现场，以及与分包方长期以来存在的问题。2009 年 9 月 22 日，也门民航气象局正式向申请人发出通知，以申请人无法返回施工现场完成工程为由，要求终止合同。

---

① 关于对过渡期间协定适用问题的研究，详见梁咏：《国际投资仲裁中的涉华案例研究——中国经验和完善建议》，《国际法研究》2017 年第 5 期，第 98—116 页。

② Beijing Urban Construction Group Co. Ltd. v. Republic of Yemen, ICSID Case No. ARB/14/30；龚柏华、伍穗龙：《涉华投资者—东道国仲裁案述评》，上海人民出版社 2020 年版，第 155—172 页。

2014 年 11 月 4 日，申请人依据《中也双边投资协定》向 ICSID 提出仲裁申请。2014 年 12 月 3 日，ICSID 正式登记受理此案。2017 年 5 月 31 日，仲裁程序结束，仲裁庭裁定仲裁庭对此争端具有管辖权。2018 年 1 月 29 日，仲裁庭根据当事双方的要求，暂时中止该案仲裁程序。2018 年 6 月 7 日，ICSID 宣布申请人诉也门政府仲裁案结案。

2. 程序性事项：管辖权问题

双方当事人就管辖权问题存在五大争议，仲裁庭对此分别作了回应。

第一，北京城建作为中国国有企业，是否是一国的私人投资者？如将北京城建定性为政府代理人或定性为其行使政府基本职能，则其不属于"另一缔约国之国民"，不能适用投资者—国家争端解决机制。对此，申请人和被申请人共同选择了 ICSID 第一届秘书长及《ICSID 公约》的主要起草者 Aron Broches 于 1972 年提出的 Broches 检验标准，即若国有企业作为政府代理人或行使政府基本职能，则不应当为"另一缔约国之国民"。[①] 仲裁庭根据事实分析认定，北京城建在也门机场建造过程中并未作为中国政府的代理人，其在公开竞争的前提下竞标成功的原因也是基于其商业价值。此外，没有任何证据显示北京城建是在履行政府职能而非商业职能。因此，仲裁庭认为，北京城建是中国的私人投资者，符合属人管辖权要求。[②]

第二，征收补偿款额争端是否包括征收补偿争端本身？对此，仲裁庭根据《维也纳条约法公约》第 31 条之规定，对《中也双边投资协定》第 10 条第 2 款做了解释。第 10 条第 2 款写明："如果争议在书面提出解决之日起 6 个月内不能由争议双方通过直接安排友好解决，该争议应按投资者的选择提交：（一）投资所在的缔约一方有管辖权的法院，或者（二）1965 年 3 月 18 日在华盛顿开放签字的《ICSID 公约》下设的'国际投资争端解决中心'仲

[①]　关于国有企业在 ICSID 中的仲裁申请资格问题，详见梁一新：《论国有企业在 ICSID 的仲裁申请资格》，《法学杂志》2017 年第 10 期，第 103—110 页；刘雪红：《论国有企业私人投资者身份认定及启示——以 ICSID 仲裁申请人资格为视角》，《上海对外经贸大学学报》2017 年第 3 期，第 5—16 页。

[②]　Beijing Urban Construction Group Co. Ltd. v. Republic of Yemen, ICSID Case No. ARB/14/30, Decision on Jurisdiction, 2017-05-31, paras. 31-47.

裁。为此目的，缔约任何一方对有关征收补偿款额的争议提交该仲裁程序均给予不可撤销的同意……"

仲裁庭结合双方的主张，根据《维也纳条约法公约》解释如下：其一，仲裁条款同样适用于非法征收，否则，若仅适用合法征收，则结果是一国的不端行为将会愈发严重，投资者依照双边投资协定获得的保护将会越来越少，这与鼓励对外投资的双边投资协定的目的是不相符的。其二，《维也纳条约法公约》第10条第2款在两种争端解决方式间设置了"岔路口条款"，即投资者可以选择将争议提交东道国有管辖权的法院或者ICSID仲裁。根据条约解释之惯例，投资者任何一次的选择均应当有实质意义；若一项解释导致投资者的选择毫无意义的话，则应当避免该类解释。换言之，若对该条款进行狭义解释，则意味着ICSID仅能审理"与补偿款额有关的争端"，对于征收补偿争端本身无管辖权，这意味着投资者提交至ICSID仲裁这一选择是没有任何意义的。因此，ICSID有权审查征收补偿争端本身。其三，这一广义解释契合了《中也双边投资协定》的上下文和协定之目的及宗旨。[①]综上，仲裁庭认为，ICSID对征收补偿争端具有属物管辖权。

第三，北京城建的索赔是基于商业合同还是《中也双边投资协定》？ICSID仅能受理条约索赔，不能受理普通的商业合同纠纷。仲裁庭注意到，《中也双边投资协定》中并未包含保护伞条款，因此，假设投资者主张的是合同纠纷，则仲裁庭无管辖权。但是，本案申请人无法履行合同的原因是也门政府通过军队干预的方式，将北京城建工人排除在建筑工地之外，因此，这并不是普通的商业合同纠纷。据此，仲裁庭援引了Bayindir诉巴基斯坦案（ICSID Case No. ARB/03/29）中的观点，条约索赔和违约索赔不同，即使它们基于相同的事实；当投资者根据合同和条约都有索赔的权利时，它就拥有寻求条约救济的独立权利。因此，本仲裁庭有权审理北京城建根据条约提

---

① Beijing Urban Construction Group Co. Ltd. v. Republic of Yemen, ICSID Case No. ARB/14/30, Decision on Jurisdiction, 2017-05-31, paras. 55-58, 78-109.

出的索赔。①

此外，本案仲裁庭也回应了北京城建的工程承包是否属于合格投资及最惠国待遇能否涵盖争端解决条款这两个争议。不同的仲裁庭在这两个问题上的立场是有差别的。本案结合条约实际情况，认为北京城建的工程承包根据Salini标准（国际投资中用于判断投资性质的一个重要标准来认定）属于合格投资。同时，根据《维也纳条约法公约》第31条，仲裁庭从最惠国条款的普通含义着手，对最惠国待遇进行了解释并得出结论，最惠国待遇不能扩展至争端解决条款。但是，这一结论并没有影响ICSID对本案的管辖权。因为，仲裁庭对《中也双边投资协定》属人管辖权、属物管辖权及条约索赔的认定，已经使ICSID具有对本案的管辖权，无须再借助最惠国待遇支持其管辖权。

综上，在认定管辖权的过程中，本案与北京首钢等诉蒙古国案一样，也涉及投资者为国有企业的问题。本案援引了Broches检验标准，以判断国有企业是否是政府代理人或其是否行使行政政府基本职能。在解释征收补偿款额这一争端范围时，仲裁庭分析了"岔路口条款"，即如果仲裁庭采用狭义解释，认为其仅对征收补偿款额有管辖权而对是否构成征收等问题没有管辖权，那么，投资者选择这种争端解决方式就是没有意义的。换言之，这种解释方法不符合岔路口条款的目的。本案还区分了以条约为基础的索赔和以合同为基础的索赔：后者只有在符合条约规定的保护伞条款（如有）时，才可以诉诸国际投资仲裁。本案以当事人申请终止仲裁程序结束，故而仲裁庭无须对是否构成征收及征收补偿款额作出裁定。

3. 实体性问题：因程序终止而未审查

在实体性问题上，本案已进行到申请人北京城建向仲裁庭提交了针对被申请人也门政府关于实体的答辩状的回复，而被申请人也门政府尚未提交第二答辩状的阶段。此后，仲裁庭于2018年6月7日依双方当事人申请签发程

---

① Beijing Urban Construction Group Co. Ltd. v. Republic of Yemen, ICSID Case No. ARB/14/30, Decision on Jurisdiction, 2017-05-31, paras. 141-145.

序令指令本案仲裁程序终止，很大可能是双方当事人已达成和解协议，了结了本案争议事项。

（七）中山富诚诉尼日利亚案①

中山富诚诉尼日利亚案是一起由中国投资者中山富诚实业投资有限公司（申请人）向尼日利亚联邦共和国政府（被申请人）提起的国际投资仲裁案件。案件所涉经济领域为土木工程。本案涉及的国际投资协定是 2001 年签订的《中华人民共和国政府和尼日利亚联邦共和国政府相互促进和保护投资协定》（以下简称《中尼双边投资协定》）。

本案涉及申请人在奥贡广东自由贸易区（以下简称奥贡自贸区）的投资，该自贸区位于尼日利亚西南部的奥贡州。2016 年 4 月至 8 月间，奥贡州政府终止了与申请人及其子公司的协议，并将申请人子公司及其员工驱逐出奥贡自贸区。在此过程中，奥贡州政府和当地警方还骚扰与威胁了申请人子公司的员工。

2017 年 9 月 21 日，申请人向被申请人发出争议及协商请求通知，表示愿意讨论奥贡州政府在 2016 年 4 月至 8 月期间采取的行动及作出的声明而产生的争议，但是没有收到任何答复。

2018 年 8 月 30 日，申请人提出仲裁请求，认为奥贡州政府于 2016 年 4 月至 8 月期间采取的行动违反了被申请人在条约项下的义务，主张赔偿。2018 年 1 月 5 日，3 人组成的临时仲裁庭宣告组成，仲裁地在英国伦敦。

在对程序性事项和实体性事项进行审查后，仲裁庭于 2021 年 3 月 26 日作出仲裁裁决，裁定尼日利亚联邦共和国政府违反条约义务，应当向申请人赔偿征收补偿金额 5560 万美元、精神损失费 7.5 万美元，并支付相关的利息。特别需要注意的是，在国际投资仲裁案件中，仲裁庭极少支持赔偿投资者精神损失的主张。现本案已经进入执行阶段。

---

① Zhongshan Fucheng Industrial Investment Co. Ltd. v. Federal Republic of Nigeria.

1. 基本案情

本案涉及三家公司，如图 2-5 所示，分别是珠海中富实业股份有限公司（即申请人的母公司）、中山富诚实业投资有限公司（即申请人）和中富国际投资有限公司（即申请人在尼日利亚的子公司）。

图 2-5 中富集团公司关系图

2010 年 6 月 29 日，珠海中富实业股份有限公司与一家尼日利亚公司奥贡广东自由贸易区有限公司（以下简称奥贡自贸区公司）签订了框架协议，取得了奥贡自贸区 100 平方千米富诚工业园的开发和运营权。奥贡州政府是奥贡自贸区公司的股东之一。据此，2011 年 1 月 24 日，申请人在奥贡自贸区内成立了一家子公司即中富国际投资有限公司，用于奥贡自贸区的建设，包括开发基础设施、营销和出租富诚工业园内的土地供开发，以及在开发和占用富诚工业园的过程中对其进行管理。

2012 年 3 月，奥贡州政府任命申请人为自贸区（不仅仅是富诚工业园）的临时管理者。2013 年 9 月，奥贡州政府、申请人与另一家公司签署了一份合资协议，任命申请人为自贸区的正式管理者，并确认了申请人在奥贡广东自由贸易区有限公司的股东资格，拥有奥贡自贸区公司 60% 的股份，奥贡州政府和另一家公司各拥有 20% 的股份。

2016 年 4 月至 8 月，奥贡州政府终止了与申请人及其子公司的协议，并将申请人的子公司及其员工驱逐出奥贡自贸区。在该过程中，奥贡州政府和当地警方还骚扰与威胁了申请人子公司的员工。比如，2016 年 7 月 27 日，尼日利亚出口加工区管理局写信给尼日利亚移民局，要求移民局从所有外国工作人员那里收集移民证件（特别是工作许可证）的原件；2016 年 8 月 4 日，向中山富诚实业投资有限公司的大股东和总经理韩博士及奥贡自贸区公司的 CFO（首席财务官）赵先生签发逮捕令；2016 年 8 月 17 日，赵先生在枪口的威胁下被逮捕，随后被警察剥夺了食物和水，受到恐吓和殴打，被拘留 10 天。

2018 年 8 月 30 日，申请人对尼日利亚联邦共和国政府提起仲裁，声称其违反了《中尼双边投资协定》。2021 年 3 月 26 日，仲裁庭作出仲裁裁决，裁定尼日利亚联邦共和国政府违反了《中尼双边投资协定》第 2 条第 3 款、第 3 条第 1 款和第 4 条第 1 款的义务，应当向申请人赔偿征收补偿金额 5560 万美元、精神损失费 7.5 万美元，并支付相关的利息。

2. 程序性事项：管辖权问题

对于本案，被申请人尼日利亚联邦共和国政府提出了诸多反驳，仲裁庭进行了一一回应。简述如下：

第一，被申请人主张，申请人的仲裁申请针对的是奥贡州政府的行为，而非尼日利亚联邦共和国政府的行为，因此，申请人不能向尼日利亚联邦共和国政府提出索赔申请。对此，仲裁庭认为，尽管案涉行为主要是由奥贡州政府而不是联邦共和国政府作出的，但是，所有国家机关（包括在国内法中独立存在的机关），都应被视为国家的一部分。这是习惯国际法中所认可的，从 2001 年联合国国际法委员会通过的《国家对国际不法行为的责任条款草案》第 4 条第 1 款即可得出此结论，其规定，"任何国家机关，不论行使立法、行政、司法职能，还是任何其他职能，不论在国家组织中具有何种地位，也不论作为该国中央政府机关或一领土单位机关而具有何种特性，其行为应视为国际法所指的国家行为"。仲裁庭还援引其他案例进一步支持了这一认定。这意味着投资条约不仅可以保护投资者免受东道国政府的侵害，还可以保护投资者免受东道国地方权力机构和其他获得国家授权以行使政府权力的机构的侵害。[1]

---

[1] Zhongshan Fucheng Industrial Investment Co. Ltd. v. Federal Republic of Nigeria, Award, 2021-03-26, paras. 72-76.

其二，被申请人认为，本案申请人在尼日利亚不存在《中尼双边投资协定》第1条第1款所列的"投资"，因此，它没有索赔权。仲裁庭认为，被申请人的这一主张是站不住脚的，并结合案情进行了分析。①

其三，被申请人认为，仲裁庭没有管辖权，因为申请人在提起仲裁时，《中尼双边投资协定》第9条第3款规定的6个月期限尚未到期。该协定第9条第3款规定，如果一项争端在寻求协商解决后6个月内未能达成和解，则投资者可以要求提交仲裁。仲裁庭认为，申请人于2017年9月21日向尼日利亚联邦共和国政府发出了争议及协商请求通知，表示愿意讨论奥贡州政府在2016年4月至8月期间采取的行动及作出的声明而产生的争议。这一时间点应作为6个月期限的起算时间，因此，申请者在2018年8月30日提交仲裁时，已经超过了6个月的期限要求。②

其四，被申请人认为，鉴于第9条第3款的岔路口条款，申请人的子公司已经将争端提交尼日利亚法院诉讼解决，因此，仲裁庭无管辖权。仲裁庭认为，国内诉讼与本仲裁存在三点不同，继而否认了被申请人的这一主张。仲裁庭认为，首先，该国内诉讼的原告是申请人的子公司，而非本案的申请人；其次，该国内诉讼所依据的是尼日利亚国内公法，而本案所依据的是《中尼双边投资协定》；最后，该国内诉讼寻求的是宣告性和禁令性的救济，而本案所寻求的是补偿。因此，仲裁庭驳回了被申请人有关岔路口条款的主张。③

其五，被申请人认为，2016年3月11日中国驻拉各斯领事馆经济商务处曾经给奥贡州政府发出了一份普通照会，其内容会对申请人是否享有奥贡自贸区管理权产生实质性影响；鉴于中国政府未出庭，申请人的主张不应得到

---

① Zhongshan Fucheng Industrial Investment Co. Ltd. v. Federal Republic of Nigeria, Award, 2021-03-26, paras. 77-79.

② Zhongshan Fucheng Industrial Investment Co. Ltd. v. Federal Republic of Nigeria, Award, 2021-03-26, paras. 80-81.

③ Zhongshan Fucheng Industrial Investment Co. Ltd. v. Federal Republic of Nigeria, Award, 2021-03-26, paras. 82-91.

支持。仲裁庭认为，被申请人如果有此主张，应当传唤中国政府的相关雇员或者代理人作为证人出庭做证，或者提供证人证言。但是，被申请人并未这样做。因此，仲裁庭不接受被申请人的这一论点。[①]

3. 实体性事项：征收补偿和精神损失赔偿

第一，关于尼日利亚违反的投资保护义务，仲裁庭在审查相关证据后认为，申请人或其子公司与奥贡州政府签订的一系列协议均是真实、有效的，奥贡州政府及尼日利亚出口加工区管理局的行为目的显然是让申请人的子公司及其工作人员撤出该领域并放弃其投资。警方的行为也是为了阻止申请人的子公司捍卫其合法权利，逮捕令的发布也缺少合理的理由。这些行为显然旨在剥夺并实际上成功剥夺了申请人子公司的投资权利，且这些行为没有国内法依据，涉及非法使用国家权力实现这一目的。因此，尼日利亚违反了《中尼双边投资协定》第2条第2款（给予持续保护的义务）、第2条第3款（禁止不合理或歧视性措施）、第3条第1款（给予公平公正待遇的义务）及第4条（征收）。事实上，尼日利亚的行为未符合合法征收的任何一项要求。据此，申请人有权要求获得补偿。[②]

第二，关于征收的补偿额问题，仲裁庭是根据现金流贴现的方式计算得出的"充分补偿"，即补偿可以扩大到利润损失，而不仅仅限于收回已投资的成本。[③]

第三，关于精神损害赔偿问题，仲裁庭特别提到了奥贡州政府及其警方对申请人子公司员工的虐待，认为该行为是不可原谅的严重侵犯，是一次羞辱和可怕的经历，严重违反了人权，故而裁定其赔偿精神损失。此种赔偿至少可以追溯至1923年卢西塔尼亚号案（美国诉德国），该仲裁庭认为，"造

[①] Zhongshan Fucheng Industrial Investment Co. Ltd. v. Federal Republic of Nigeria, Award, 2021-03-26, paras. 92-95.

[②] Zhongshan Fucheng Industrial Investment Co. Ltd. v. Federal Republic of Nigeria, Award, 2021-03-26, paras. 125-132.

[③] Zhongshan Fucheng Industrial Investment Co. Ltd. v. Federal Republic of Nigeria, Award, 2021-03-26, paras. 139-176.

成精神痛苦、感情伤害、羞辱、羞耻、堕落的伤害……这种赔偿应该与它的伤害相称"。[1]ICSID 仲裁庭在审理 Desert Line Projects LLC 诉也门案[2] 中也裁定赔偿精神损害（包括名誉损失）。此后，仲裁庭在参考专家证人的意见后，确定了赔偿数额。对精神损害予以赔偿，也是本案最具特殊性之处。

（八）浚鑫太阳能诉希腊案[3]

浚鑫太阳能诉希腊案是一起由中国投资者浚鑫太阳能有限公司和无锡T-Hertz 有限公司（申请人）对希腊共和国政府（被申请人）提起的国际投资仲裁案件。案件所涉经济领域为电力、燃气、蒸汽和空调供应。本案涉及的国际投资协定为 1992 年签订的《中华人民共和国政府和希腊共和国政府相互促进和保护投资协定》。本案由临时仲裁庭依据《UNCITRAL 仲裁规则》审理。据悉，由于希腊政府提出将制定新的法律以保证投资项目正常进行，两个中方投资者遂撤回仲裁申请，案件终结。[4]关于此案的公开信息极少，因此，本书不作详细阐释。

第二节　外国投资者诉中国政府的国际投资仲裁案件

一、案件概览

截至 2022 年底，我国作为东道国被提起的国际投资仲裁案件共 9 起，这

---

① Zhongshan Fucheng Industrial Investment Co. Ltd. v. Federal Republic of Nigeria, Award, 2021-03-26, para. 136.
② Desert Line Projects LLC v. The Republic of Yemen, ICSID Case No. ARB/05/17, Award, 2008-02-06.
③ Jetion Solar Co. Ltd and Wuxi T-Hertz Co. Ltd. v. Hellenic Republic.
④ 王丽华、牟春颖：《鼓励中小企业适用投资者—国家争端解决机制的改革与中国因应》，《上海财经大学学报》2022 年第 2 期，第 137—152 页。

些案件的基本信息如表 2-2 所示。

表 2-2　外国投资者诉中国政府的国际投资仲裁案件汇总表（已知案例）

序号	案件登记时间（年）	案件名称缩写	适用的国际投资协定（签署时间）	适用的仲裁规则	审理结果/进程[①]	被申请人（东道国）	投资者母国
1	2011	Ekran 诉中国	China – Malaysia BIT (1988); China – Israel BIT (1995)	《ICSID 仲裁规则》	和解结案	中国	马来西亚
2	2014	Ansung Housing 诉中国	China – Republic of Korea BIT (2007)	《ICSID 仲裁规则》	东道国胜诉	中国	韩国
3	2017	Surfeit 诉中国（中国台湾）	Singapore – Taiwan Province of China EPA (2013)	《UNCITRAL 仲裁规则》	未审结	中国	新加坡
4	2017	Hela Schwarz 诉中国	China – Germany BIT (2003)	《ICSID 仲裁规则》	未审结	中国	德国
5	2019	Yu Song 诉中国	China – United Kingdom BIT (1986)	数据不详	未审结	中国	英国
6	2020	Macro Trading 诉中国	China – Japan BIT (1988)	《ICSID 仲裁规则》	案件终止	中国	日本
7	2020	Goh 诉中国	China – Singapore BIT (1985)	《UNCITRAL 仲裁规则》	未审结	中国	新加坡
8	2020	AsiaPhos and Norwest 诉中国	China – Singapore BIT (1985)	临时仲裁	未审结	中国	新加坡
9	2021	Montenero 诉中国	China – Switzerland BIT (2009)	《UNCITRAL 仲裁规则》	未审结	中国	瑞士

---

① 注：本表未区分管辖权阶段与实体审理阶段。

二、个案分析

（一）宏大通商诉中国案 [1]

宏大通商诉中国案是一起由日本投资者宏大通商株式会社（申请人）对中华人民共和国政府（被申请人）提起的国际投资仲裁案件。案件所涉经济领域为建筑物的建造，系大型房地产开发项目的投资。本案所依据的国际投资协定为 1988 年签订的《中华人民共和国和日本国关于鼓励和相互保护投资协定》。值得注意的是，两国也是 2012 年签订的《中华人民共和国政府、日本国政府及大韩民国政府关于促进、便利及保护投资的协定》的缔约国。在两个协定同时有效的情况下，日本投资者选择了依据前者提起仲裁。

该案于 2020 年 6 月 29 日在 ICSID 登记。依据《ICSID 仲裁规则》，2020 年 11 月 16 日组成 3 人仲裁庭，分别是：申请人指定的美国籍 Miriam Sapiro、中国政府指定的斯洛伐克籍 Peter Tomka（即北京首钢等诉蒙古国案首席仲裁员）及由两名仲裁员指定的瑞士籍 Gabrielle Kaufmann-Kohler。2021 年 2 月 6 日，中国政府指定的仲裁员 Peter Tomka 因故卸任 [2]，案件中止。2021 年 3 月 19 日，中国政府另指定德国籍 Rolf Knieper 担任仲裁员；该仲裁员于 2021 年 3 月 22 日接受任命，组成新的仲裁庭。

但是，由于申请人迟迟未支付仲裁相关费用，仲裁庭于 2021 年 9 月 10 日根据《ICSID 行政和财务条例》（2006 年版）第 14 条第 3 款（d）项终止了仲裁程序。

---

[1]　Macro Trading Co., Ltd. v. People's Republic of China, ICSID Case No. ARB/20/22.

[2]　ICSID 公开信息中并未提及 Peter Tomka 辞任的原因。一些报道将其辞任一事与国际法院关于现任法官兼任投资仲裁案仲裁员的限制相联系。即 Peter Tomka 在接受该案指定时，其在国际法院的任期即将结束；而在接受该案指定后，在联合国安全理事会选举中再次连任国际法院法官。国际法院随后也明确地公开表示，国际法院任期内的法官"仅能参与国家间仲裁"。Peter Tomka 法官应是在上述背景下从该案仲裁庭辞任，而辞任的日期也恰好是其在国际法院第三任期开始的日期（2021 年 2 月 6 日）。池漫郊、任清：《中国国际投资仲裁年度观察（2021）》，《北京仲裁》2021 年第 3 期，第 1—56 页。

（二）安城诉中国案 [①]

安城诉中国案是一起由韩国安城公司（申请人）对中华人民共和国政府（被申请人）提起的国际投资仲裁案件。案件所涉经济领域为建筑物的建造和房地产活动。本案所依据的国际投资协定为 2007 年签订的《中华人民共和国政府和大韩民国政府关于促进和保护投资的协定》（以下简称《中韩双边投资协定》）。

该案于 2014 年 11 月 4 日在 ICSID 登记。依据《ICSID 仲裁规则》，2016年 9 月 2 日组成 3 人仲裁庭；仲裁庭于 2017 年 3 月 9 日作出裁决，以超过仲裁时效为由驳回仲裁请求，裁定其对本案无管辖权，本案以东道国（即中国）胜诉结案。

1. 基本案情

该案缘起于申请人韩国安城公司在中国江苏省盐城市射阳县就高尔夫球场和高级公寓项目所进行的投资。申请人韩国安城公司是一家依据韩国法律注册成立的私营公司。2006 年 11 月，韩国安城公司收购了射阳海滨国际高尔夫球场有限公司，并打算在射阳海滨国际高尔夫球场有限公司已有 1500 亩（1亩 ≈ 666.67 平方米）土地的基础上再增加 1500 亩土地，在射阳县建造 27 洞高尔夫球场及相关设施。为此，韩国安城公司向射阳港工业区管理委员会递交了相关的发展计划。

2006 年 12 月，韩国安城公司与射阳港工业区管理委员会签订投资协议。协议载明，射阳港工业区管理委员会确认韩国安城公司的发展计划分为两个阶段。第一阶段为 1500 亩土地开发，其中 1200 亩土地用于 18 洞高尔夫球场建设，剩余 300 亩土地用于配套设施开发。为此，射阳港工业区管理委员会为第一阶段的工程开发保留 1500 亩用地。第一阶段工程结束后，政府将提供额外 1500 亩地，此为第二阶段。

[①] Ansung Housing Co., Ltd. v. People's Republic of China, ICSID Case No. ARB/14/25；龚柏华、伍穗龙：《涉华投资者—东道国仲裁案述评》，上海人民出版社 2020 年版，第 221—235 页。

　　然而，在申请人开展投资的过程中，江苏省射阳县政府未按照投资协议约定向申请人提供项目土地使用权。特别是在 2011 年 3 月，申请人韩国安城公司要求江苏省射阳县政府提供第二期发展用地，但未成功。2011 年 10 月，为避免进一步的损失，申请人对其在射阳县所做的投资进行处理，将其名下投资及其子公司（射阳幻境领地公司）的资产以显著低于市场价的价格出售给了中国购买方。2011 年 12 月 17 日，韩国安城公司与中方买方就最后成交价格及财产过户与转移达成协议。

　　2014 年 5 月 19 日，根据《中韩双边投资协定》第 9 条第 5 款，申请人向被申请人送达了书面意向仲裁通知。2014 年 10 月 7 日，ICSID 秘书处收到了申请人针对中国政府的仲裁请求的电子副本。2016 年 9 月 2 日，仲裁庭成立。此后，争议双方就该案的属时管辖权存有异议，这也是仲裁庭裁定其没有管辖权的根本原因：该争议已经超过 3 年的仲裁时效，故应驳回申请人的全部仲裁请求。

2. 程序性事项：仲裁时效

　　《中韩双边投资协定》第 9 条第 7 款规定："如果从投资者首次知道或者应该知道其已经受到损失或损害之日起已经超过三年，则投资者不能根据本条第三款提起请求。"因此，本案的关键在于明确韩国安城公司首次知道其利益受到侵害或损失的时间及其何时基于投资损失提起相应的仲裁请求。双方也正是对仲裁时效的起始及终止时间存有争议。

　　申请人主张其在提起仲裁请求时未超过 3 年的仲裁时效；而被申请人则认为，韩国安城公司在首次知道或应该知道其权益遭到损害之日起，已届 3 年，超过了《中韩双边投资协定》第 9 条第 7 款规定的仲裁时效。

　　就仲裁时效的起始时间，申请人主张起始时间应是 2011 年 12 月 17 日，即申请人确切知道利益遭到侵害或损失的时间。而被申请人则主张起始时间应为 2011 年 10 月前，即知道或应该知道已经发生损失，而并非知道具体的损失金额的时间。换言之，申请人在 2011 年 10 月以低价转让权益前就应当已经首次知道或应当知道受到损失或侵害。

仲裁庭认为，申请人韩国安城公司在 2011 年 10 月前就已经首次知道或者应该知道其已经遭受损失或侵害的事实。仲裁庭认为，申请人忽视了第 9 条第 7 款中"首次"及"损失或损害"的字面意思。仲裁时效的有效期间起始于投资者首次知道其已经遭受损失或侵害的事实之日，而并非知道损失或侵害具体数量之日。2011 年 12 月 17 日，申请人决定出售其投资企业，表明在该时间其已经确切知道其遭受的损失或侵害的具体数额，而在 2011 年 10 月前其就已经首次知道其遭受的损失或侵害的事实。①

就仲裁时效的终止时间而言，申请人认为，由于《中韩双边投资协定》第 9 条第 7 款并未定义何为"提起仲裁"（即终止时间），故"提起仲裁的时间"应为"作出意向通知的时间"或"提交仲裁请求"的时间，也就是 2014 年 5 月 19 日或 2014 年 10 月 7 日。被申请人则主张，终止时间应为 2014 年 11 月 4 日，也就是 ICSID 对申请人的仲裁请求进行登记的时间。

仲裁庭认为，基于第 9 条第 7 款的字面意思，终止时间为投资者提起仲裁请求的时间。仲裁庭认为，ICSID 仲裁庭必须查明争议是何时提交的，以及确定相应打断了仲裁时效期间的任何文件，这些文件就是仲裁申请。在仲裁庭看来，申请人于 2014 年 5 月 19 日向被申请人发出的书面意向仲裁通知并不是提交给 ICSID 的，因此，不能构成终止时间。基于基本相同的原因，ICSID 登记的时间也是晚于提交仲裁请求的时间的，即仲裁时效的终止时间不应该取决于 ICSID 何时对仲裁请求作出登记，因为仲裁庭是否登记还需要取决于其他很多原因，而不管仲裁庭的工作是多么高效。在本案中，申请人向仲裁庭提交电子版仲裁请求的时间是 2014 年 10 月 7 日，距离知道或应该知道已经发生损失（即 2011 年 10 月之前），已逾三年，超过了仲裁时效。②

进一步地，申请人试图通过《中韩双边投资协定》第 3 条（最惠国待遇）

---

① Ansung Housing Co., Ltd. v. People's Republic of China, ICSID Case No. ARB/14/25, Award, 2017-03-09, paras. 107-114.

② Ansung Housing Co., Ltd. v. People's Republic of China, ICSID Case No. ARB/14/25, Award, 2017-03-09, paras. 115-122.

摆脱仲裁时效的限制。其理由是，中国与其他国家签订的双边投资协定中，大部分都没有对仲裁时效作出规定；据此，根据最惠国待遇条款，其可以摆脱仲裁时效的限制。但是，仲裁庭在对第 3 条第 3 款和第 3 条第 5 款进行文本解释后认为，其内容相当清楚及明晰，并未将最惠国待遇延展至仲裁时效内容。①

综上，本案主要涉及仲裁时效问题。根据《中韩双边投资协定》第 9 条第 7 款规定，仲裁时效的起始时间为"投资者首次知道或者应该知道其受到损失或损害之日"，终止时间为"提起国际仲裁请求之日"。就起始时间而言，仲裁庭认为，协定强调的是对受到损失或损害这一事实的知悉（即 2011 年10 月前），而非对具体损失或损害数额的知悉（即 2011 年 12 月 17 日）。就终止时间而言，应以 ICSID 收到仲裁请求之日（即 2014 年 10 月 7 日）为准，而非投资者向中国政府发出意向仲裁通知之日（即 2014 年 5 月 19 日），亦非 ICSID 登记案件之日（即 2014 年 11 月 4 日）。由此可知，投资者在 2011年 10 月前既已知悉受到损失或损害的事实，但是直至 2014 年 10 月 7 日才向ICSID 发出仲裁请求，超过了三年的仲裁时效。在此基础上，仲裁庭于 2017年 3 月 9 日作出决定，裁定本案已超过仲裁时效，驳回申请人的所有仲裁请求。这也提醒我国投资者，未来在发生投资争议后，应注意条约有关仲裁时效的规定，尽快提起仲裁。

（三）伊佳兰诉中国案②

伊佳兰诉中国案是一起由马来西亚伊佳兰公司（申请人）向中华人民共和国政府（被申请人）提起的国际投资仲裁案件。案件所涉经济领域为房地产活动。本案所依据的国际投资协定为 1988 年签订的《中华人民共和国政府和马来西亚政府关于相互鼓励和保护投资协定》及 1995 年签订的《中华人民共和国政府和以色列国政府关于促进和相互保护投资协定》。

---

① Ansung Housing Co., Ltd. v. People's Republic of China, ICSID Case No. ARB/14/25, Award, 2017-03-09, paras. 123-144.

② Ekran Berhad v. People's Republic of China, ICSID Case No. ARB/11/15.

　　该案于 2011 年 5 月 24 日在 ICSID 登记。2011 年 7 月 22 日，根据双方当事人的协议，仲裁程序中止。2013 年 5 月 16 日，双方当事人根据《ICSID 仲裁规则》第 43 条第 1 款提出终止程序的请求。秘书长据此发出程序令，终止了仲裁程序。在 ICSID 网站上，本案仅公布了时间轴等基本信息，公开可查的信息极少，本书在此不作评述。

第三章　其他国家投资者运用国际投资仲裁制度的实践

在和平解决外国投资者与东道国政府间国际投资争端的各类方法中，国际投资仲裁具有独特的制度优势，其对保护外国投资者、促进跨国投资发挥了重要作用，也有利于推动国际投资治理的法治化。

第二章详细分析了中国投资者运用国际投资仲裁制度维护其合法权益的情况，从中可知，中国投资者自 2007 年开始运用国际投资仲裁制度以来，已对外国政府提出 20 起仲裁请求；其中，8 起已经审结或终止，尚有 12 起并未审结（60%）。在已经审结或终止的案件中，仲裁庭裁决中国投资者败诉的案件有 4 起（20%），胜诉的案件有 2 起（10%），和解结案的有 1 起（5%），以及因其他原因终止的案件有 1 起（5%）。由此可见，中国投资者在国际投资仲裁案件当中的经验尚且不足，可以参考其他国家投资者运用国际投资仲裁制度的实践。这也是本书的中心线索，即为中国投资者在国际投资仲裁过程中维护自身合法权益提供方法库。

本章共包括四节，按照国际投资仲裁程序发生的时间顺序进行排列。第一节为仲裁程序的启动，包含当事人提交仲裁的合意、仲裁庭组成过程中的指定与更换仲裁员、仲裁流程的确定与变更，以及仲裁费用的缴纳及借助第三方资助提起仲裁的可行性。第二节为管辖权的认定，即明确仲裁庭对当事人之间的特定争端是否具有管辖权，包含属人管辖权、属物管辖权、属地管辖权和属时管辖权的认定。第三节为仲裁裁决的作出，包含投资者可以主张获得的实体性权利保护类型，以及在庭审中可以主张获得的程序性权利保护类型。第四节为仲裁裁决的承认、执行与撤销，区分依据《ICSID 仲裁规则》与非依据《ICSID 仲裁规则》作出的仲裁裁决的承认、执行与撤销问题。

在阐述中，本书将尽可能地结合案例予以分析。尽管国际投资仲裁中各仲裁庭作出的裁定并不构成后续仲裁庭所必须遵守的先例，但在实践中，后续仲裁庭却经常引用在先仲裁庭对相同或相似问题的分析与论证。因此，对其他国家投资者运用国际投资仲裁制度的分析，至少可以为投资者的仲裁策略建立方法库，助力中国投资者在国际投资仲裁中维护自身的合法权益。

第一节　仲裁程序的启动

本节将借助案例深入研究投资者在仲裁程序启动阶段如何保护自身的合法权益，以期为投资者提供参考。第一，外国投资者和东道国同意提交仲裁是仲裁庭具有管辖权的一个重要前提。需要注意的是，东道国的同意可能由于最惠国待遇条款或投资条约升级而产生扩张解释的可能。第二，仲裁庭是管辖权与实体事项的裁决者，在国际投资仲裁中发挥着关键作用。因此，合理指定和排除仲裁员，有利于确保仲裁的公平性和公正性。第三，仲裁的特殊性在于其对当事人意思自治的尊重，当事人可以就仲裁流程（包括仲裁语言、仲裁地点、仲裁材料的提交日期等）进行协商，特殊情况下还可以申请变更，如申请推迟仲裁材料的提交日期等。第四，仲裁是一种有偿服务，因此，当事人必须按照仲裁规则缴纳仲裁费用。近年来，第三方资助制度兴起，对国际投资仲裁的启动也产生了影响。

一、当事人的合意

双方当事人的仲裁合意是启动仲裁程序的前提。所谓仲裁合意，是指双方当事人对于争端解决方式的明确意思表示。如果不存在仲裁合意或仲裁合意存在瑕疵，则仲裁庭对争端无审理权和裁决权；即使作出仲裁裁决，该裁决也有可能因当事人提出异议而被撤销，而后被拒绝执行。

（一）合意的表现形式

第一章第二节已经介绍了投资者与东道国达成合意（或同意）的四种途径，在此不再赘述。以 ICSID 仲裁制度为例，投资者和东道国可以参考 ICSID 提供的仲裁条款范本，在投资协定中作出同意将争端提交仲裁的合意。该条款的范本为：缔约国政府或其组成部分或机构（以下简称东道国）和投资者特此同意将本协定引起的或与本协定有关的任何争端提交 ICSID，根据《ICSID 公约》之规定，通过调解／仲裁／如果争端在调解委员会向各方发送报告的时限内仍未解决则通过仲裁的方式解决争端。[①] 由此可见，该条款的范本提供了三种争端解决方式的合意范本，即提交 ICSID 根据《ICSID 公约》规定进行调解、仲裁或者在调解不成后提交仲裁。由于投资协定具有合同相对性，因此，仲裁协定中包含仲裁条款可以使得仲裁合意限于当事人双方，原则上不适用于第三人。

相较而言，东道国以第二种或第三种方式作出单方要约时，可以适用于潜在的、不特定的投资者。1984 年 ICSID 受理的 Southern Pacific Properties（Middle East）Limited 诉阿拉伯埃及共和国（ICSID Case No. ARB/84/3）案是已知最早的一起由投资者依据东道国外资立法中的仲裁要约提起仲裁并被仲裁庭认可的案件。[②] 在该案中，投资者根据埃及于 1974 年颁布的关于阿拉伯与外国投资和自由区的第 43 号法令第 8 条，主张埃及政府给予了投资者将争

---

① ICSID. "Model Clauses".[2023-12-31]. https://icsidfiles.worldbank.org/icsid/icsid/staticfiles/model-clauses-en/7.htm, clause 1.

② 张建：《国际投资仲裁管辖权研究》，中国政法大学出版社 2019 年版，第 107 页。

端提交 ICSID 仲裁的要约，因此，投资者递交仲裁的行为表明双方当事人已经形成了仲裁合意，仲裁庭有权审理此案。[1]

截至目前，绝大多数国际投资协定的争端解决条款中，都允许投资者将特定的投资争端提交国际仲裁。现如今，依据国际投资协定中的争端解决条款启动仲裁程序已经成为国际投资仲裁实践的主流。根据联合国贸易和发展会议的统计数据，在国际投资仲裁中最为频繁引用的 TIPs 是《能源宪章条约》，其次是《北美自由贸易协定》（详见第一章第三节）。这两个协定中均包含有允许将投资争端提交仲裁的规定，且均授予了投资者选择仲裁机构的权利。《能源宪章条约》第 19 条规定，如果来自另一缔约方的投资者认为一国政府没有履行其在投资保护条款下的义务，则投资者可以选择将争端提交国内法院解决，提交先前与该国政府商定的任何争端解决程序解决，或者提交国际仲裁机构（包括 ICSID、UNCTRIAL 和 SCC）解决；对此，该缔约方给予无条件的同意。《北美自由贸易协定》第 1120 条也授予了投资者依据《ICSID 公约》《ICSID 附加便利仲裁规则》或《UNCITRAL 仲裁规则》提起国际仲裁的选择权。

此外，需要注意的是，一国批准《ICSID 公约》，只是其同意接受 ICSID 管辖的前提条件，并不等于其同意所有具体争端都接受 ICSID 管辖；接受管辖的案件范围仍然需要东道国明示作出。

（二）最惠国待遇能否扩及争端解决机制

在双边投资协定中，最惠国待遇条款一般是指一个缔约国给予另一缔约国投资者的待遇，不低于其在相似情形下给予任何第三国投资者的待遇。这意味着如果一个国家在与某一国家签订的国际投资协定中承诺给予对方国家的投资者某些特定的优惠或保护，根据最惠国待遇原则，该国必须将同样的优惠或保护扩展给与之签订了国际投资协定的其他国家的投资者。最惠国待

---

[1] Southern Pacific Properties (Middle East) Limited v. Arab Republic of Egypt, ICSID Case No. ARB/84/3, Award of the Tribunal, 1992–05–20, paras. 22, 24, 70.

遇原则旨在消除歧视，促进平等和公平竞争。它确保了各国投资者在与其他国家投资者受到同等对待的基础上开展跨国投资活动。

然而，最惠国待遇条款的适用范围和具体界定在不同的国际投资协定中可能存在一些差异。以本书重点研究的国际投资仲裁制度为例，在国际投资协定和仲裁实践中，存在着最惠国待遇条款能否适用于争端解决机制的不同立场。详言之，在国际投资协定中，《全面与进步跨太平洋伙伴关系协定》（*Comprehensive and Progressive Agreement for Trans-Pacific Partnership*，以下简称 CPTPP）和《美国—墨西哥—加拿大协定》（*United States-Mexico-Canada Agreement*，以下简称 USMCA，也称《美墨加协定》）这两大区域贸易协定（含投资章节）对此议题就采取了不同的立场。CPTPP 第 9 条第 5 款（最惠国待遇）中规定："为进一步明确，本条中所指的待遇不包括国际争端解决程序或机制，如本章 B 节（投资者—国家间争端解决）所包括的程序或机制。"由此可见，CPTPP 明确排除了最惠国待遇对争端解决机制的适用。而 USMCA 第 14 条第 5 款（最惠国待遇）则并未明确排除最惠国待遇适用于争端解决机制的情形。

在仲裁实践中，对最惠国待遇条款是否可以适用于投资争端解决程序，仲裁庭的立场也有分歧。[1] 在 Maffezini 诉西班牙[2]案中，投资者主张最惠国待遇条款应当适用于争端解决这一程序性事项。这也是 ICSID 裁决中第一个允许外国投资者基于最惠国待遇条款将第三方条约（西班牙与智利的双边投资协定）中的争端解决条款引入基础条约（《阿根廷共和国与西班牙王国相互促进和保护投资协定》）的案例。[3]

在本案中，Maffezini 是阿根廷国民，其在西班牙设立了一家生产和销售化学品的企业；本次争端也是与该企业无法继续运转有关。西班牙与智利、

---

[1]　梁丹妮：《国际投资条约最惠国待遇条款适用问题研究——以"伊佳兰公司诉中国案"为中心的分析》，《法商研究》2012 年第 2 期，第 98—103 页；刘颖、封筠：《国际投资争端中最惠国待遇条款适用范围的扩展——由实体性问题向程序性问题的转变》，《法学评论》2013 年第 4 期，第 45—51 页；朱明新：《最惠国待遇条款适用投资争端解决程序的表象与实质——基于条约解释的视角》，《法商研究》2015 年第 3 期，第 171—183 页。

[2]　Emilio Agustín Maffezini v. Kingdom of Spain, ICSID Case No. ARB/97/7.

[3]　焦洪宝：《国际投资仲裁案例选读》，南开大学出版社 2021 年版，第 24 页。

阿根廷分别缔结的双边投资协定中均允许投资者将争端提交国际仲裁，但提交国际仲裁的前置程序不同。西班牙与阿根廷的双边投资协定要求投资者首先将争端提交给东道国国内法院，只有国内法院在 18 个月内未作出任何裁决时，投资者才能将该争端提交国际仲裁；换言之，西班牙与阿根廷的双边投资协定中规定了诉诸当地法院的前置程序要求，并对该前置程序设置了具体要求。但是，西班牙与智利的双边投资协定仅要求 6 个月的冷静期，并不要求投资者在提交国际仲裁前必须诉诸东道国国内法院。由此可见，西班牙与智利之间的双边投资协定规定的提交国际仲裁的前置条件更为宽松。

因此，Maffezini 声称，西班牙在西班牙与阿根廷的双边投资协定中具有最惠国待遇义务，据此，投资者可以要求西班牙给予其获得不低于第三国投资者（即智利投资者）的待遇，即 Maffezini 可以利用西班牙与智利的双边投资协定，在提交国际仲裁之前无须诉诸西班牙法院。仲裁庭支持了 Maffezini 的主张，认为，当今国际投资领域的争议解决安排与外国投资者的保护存在密不可分的关联，国际投资仲裁和其他争议解决方式对于维护相关投资条约所赋予的权利具有根本性作用，并且与投资条约所给予的实体方面的待遇存在紧密的联系。由此，仲裁庭裁定：当第三方条约中的争议解决条款对于外国投资者的权益保护更为有利时，此类条款可为基础条约最惠国条款的受惠国所援引，这完全符合"同类原则（ejusdem generis principle）"。自该案裁决作出后，又有其他几起案件的裁决遵循了这一立场。[①]

但在国际投资仲裁中也有些案例是对最惠国条款进行从严解释的，认为不能将最惠国待遇条款扩大适用于投资争端解决程序事项。在 Plama 诉巴拉圭案中，仲裁庭认为，Maffezini 案的仲裁庭所作的"争议解决安排与外国投资者的保护存在密不可分的关联"这一论断，在法律上并不能充分地表明双边投资协定的缔约双方意图使最惠国条款的适用范围扩及争议解决事项；仲裁的基本前提是双方当事人提请仲裁的合意，该合意必须明确无误，这是

---

① 焦洪宝：《国际投资仲裁案例选读》，南开大学出版社 2021 年版，第 29—31 页。

一项公认的原则；通过最惠国条款援引第三方条约中的争议解决条款来提请ICSID 仲裁，很容易使人们质疑仲裁合意的明确性和无误性，争议当事国（即东道国）必须明确和无误地表达出将最惠国待遇适用于争端解决事项的意图。[1]此后，也有仲裁庭采取了 Plama 诉巴拉圭案的立场。[2]

综上所述，具体的最惠国待遇条款的界定需要根据具体的国际投资协定文本，由相关国际仲裁庭进行具体分析和解释。

二、仲裁员的指定与资格取消

在国际投资仲裁程序中，投资者和东道国均有权参与仲裁员的选择。从投资者的角度出发，投资者应选择具有专业知识、经验丰富和公正无私的仲裁员，以确保仲裁过程的公正性。如发现仲裁员存在利益冲突（包含在整个仲裁过程中），可以主张排除该仲裁员继续参加仲裁程序。

（一）仲裁员的指定

在国际投资仲裁中，仲裁庭的组成是一个关键环节，它决定了案件的审理和裁决过程。前文已对如何按照《ICSID 仲裁规则》组成仲裁庭作了说明。简言之，国际投资仲裁可以由一人独任裁判或由单数仲裁员组成的仲裁庭裁判。比如，如果仲裁庭由 3 名仲裁员组成，则其中 1 名由投资者提名，1 名由东道国提名，第 3 名（即首席仲裁员）由双方协商确定，或在协商不成时由ICSID 行政理事会主席依照仲裁规则指派首席仲裁员任命。这种组成方式确保了仲裁庭的公正和中立。

仲裁员的品格和专业素养对于仲裁结果的公正性与客观性至关重要。在仲裁员的提名过程中，投资者应当对拟提名的仲裁员做详细的背景调查，以挑选公正、独立且具有丰富经验和专业知识的仲裁员。比如，投资者可以查

---

[1]　Plama Consortium Limited v. Republic of Bulgaria (ICSID Case No. ARB/03/24), Decision on Jurisdiction, 2005–02–08, para. 218.

[2]　余劲松：《国际投资条约仲裁中投资者与东道国权益保护平衡问题研究》，《中国法学》2011 年第2 期，第 132—143 页。

阅仲裁员的个人简历和历史仲裁案件的裁决记录，以了解其专业背景和仲裁经验。投资者还可以了解仲裁员是否曾涉及与投资者或被申请人（即东道国）相关的利益冲突，以确保其独立性和公正性。当然，投资者也可以通过咨询专业律师或国际仲裁专家，获取关于特定仲裁员的评价和建议。这些步骤有助于投资者挑选出具备公正、独立、丰富经验和专业知识的仲裁员，从而为他们的投资争端解决提供最佳的法律保障。

（二）仲裁员资格的取消

在仲裁庭组成后，仲裁员在整个仲裁过程中均应保证其独立性、公正性及时间可行，如此类信息发生变动，该仲裁员应予以披露。由此可知，投资过程中，投资者也应当密切关注仲裁员的资质变化；当投资者发现仲裁员在仲裁过程中"明显缺乏"《ICSID 公约》第 14 条规定的资质时，也可以提议更换仲裁员或取消该仲裁员的资格。但是，在实践中，取消仲裁员的资格是非常困难的。

在 Joseph C. Lemire 诉乌克兰[①]案中，3 人仲裁庭于 2007 年 6 月组庭完成。其中，申请人指定的仲裁员是法国籍 Jan Paulsson，被申请人指定的仲裁员是德国籍 Jürgen Voss，首席仲裁员是由行政理事会主席依据仲裁规则指定的西班牙籍 Juan Fernández-Armesto。2008 年 8 月 29 日，乌克兰提交了取消 Jan Paulsson 仲裁员资格的提议，仲裁因此中止。2008 年 9 月 23 日，其他两名仲裁员驳回了该提议，仲裁于当日恢复。本案最终以乌克兰败诉告终。仲裁庭认为乌克兰违反了《乌克兰—美国双边投资协定》中的公平公正待遇标准，裁定其支付申请人 871.785 万美元作为违反条约义务的赔偿。本案并未公开申请取消仲裁员资格的提议内容，因此本书不做进一步评述。

值得注意的是，在 Joseph C. Lemire 诉乌克兰案中，仲裁庭援引了 CDC 诉塞舌尔共和国案[②]撤销仲裁庭对取消仲裁员资格的认定。CDC 诉塞舌尔共和国

---

① Joseph C. Lemire v. Ukraine, ICSID Case No. ARB/06/18.

② CDC Group plc v. Republic of Seychelles, ICSID Case No. ARB/02/14.

案的仲裁庭认为，提议取消仲裁员资格的一方即塞舌尔共和国应当立即或至迟在仲裁程序宣布结束之前提出。在衡量提议是否及时时，必须考虑提议方第一次知悉可能取消仲裁员资格这一事由的时间。如果提议方知悉这一事由的时间太晚，以至于在仲裁程序宣布结束之前无法提出该提议，那么，其补救办法是根据《ICSID 公约》的撤销程序。本案于 2003 年 7 月 23 日宣布庭审结束，于 2003 年 12 月 17 日发布仲裁裁决，在这 147 天内，提议方均未质疑仲裁员的资格，应当认为其已经放弃了提出反对的权利。[①]

　　下文将要阐述的 Orazul 诉阿根廷共和国案也涉及仲裁员资格的取消问题。该案仲裁庭在当事人同意的基础上，全面公开了申请人、被申请人的主张及仲裁庭对该问题的分析；尽管当事人申请剥夺仲裁员资格的请求未获得支持，但从公开的信息中可以看出在实践中要求取消仲裁员资格的难度较大。本案按照 ICSID 仲裁规则组成了 3 人仲裁庭。在庭审过程中，申请人提议取消首席仲裁员 Inka Hanefeld 博士的仲裁员资格，理由是 Hanefeld 博士缺乏担任首席仲裁员所需的独立性和公正性。申请人认为，Hanefeld 博士未能披露与被申请人邀请的法律专家 Jorge Viñuales 教授的关系，二人都是 SCC 正在审理的另一仲裁案的仲裁员，且在申请人已经撤回了对 Jorge Viñuales 教授的交叉指证请求时仍然允许 Jorge Viñuales 教授出庭做证，等等。仲裁程序因故中止。被申请人逐一进行反驳。被申请人辩称，根据国际律师协会准则，二人共同担任另一仲裁案仲裁员的事实并不属于需要披露的事实，且申请人关于法律专家待遇不平衡的说法也不能成立，等等。此后，被质疑的仲裁员 Hanefeld 博士出具了解释意见，比如，她用事实说明了其与 Jorge Viñuales 教授在 SCC 仲裁案中的互动非常少，仅限于三个听证日、仲裁庭成员之间偶尔的电子邮件及仲裁庭的审议等。据此，Hanefeld 博士确认其对所有参与此次仲裁的人的公正性和独立性，且可以行使独立的判断。最后，其他未被质疑的仲裁员

---

① Joseph C. Lemire v. Ukraine, ICSID Case No. ARB/06/18, Decision on Ukraine's Application for Annulment of the Award, 2013-07-08, para. 214.

就此发表意见，最终驳回了申请人的提议，仲裁程序得以恢复。[①]

三、仲裁流程及其变更

在仲裁过程中，当事人对于仲裁流程具有较大的自主权。本书第一章第二节已经对 ICSID 于 2022 年修订的仲裁程序及流程作了细致阐释，充分体现了仲裁程序对当事人意思自治的尊重。由于其开始适用的时间不久且国际投资仲裁案件具有耗时较长的特点，即便适用该规则也不可能有较为详尽的案件作为例证。

（一）仲裁流程举例

本书选择了 Orazul 诉阿根廷共和国案[②] 作为例证，其原因是该案于 2023 年 12 月作出裁决，在 ICSID 近年审理的案件中，该案公开的资料体现了相当全面的仲裁流程，包括双方当事人在协商仲裁程序安排、任命与罢免仲裁员、提出管辖权异议、提交各类文书、出示证据、提交新证据、参加庭审等方面的权利，有助于明晰国际投资仲裁的实际运作流程。

该案申请人 Orazul International España Holdings S.L. 公司是一家西班牙公司，被申请人为阿根廷共和国。涉及的经济领域为对水力发电厂和火力发电厂的投资。申请人提出仲裁请求所依据的国际投资协定为 1991 年签订的《阿根廷共和国与西班牙王国相互促进和保护投资协定》。

在本案中，仲裁庭详细公开了仲裁的全部流程。在本案中，仲裁庭共发布了 6 个程序令，且这些内容均根据当事人的同意予以公开。现将该仲裁流程及各仲裁令的内容阐述如下：

2019 年 9 月 11 日，秘书长登记了申请人提起仲裁程序的请求。

2020 年 6 月 10 日，依据《ICSID 公约》第 37 条第 2 款（a）项组成 3 人仲裁庭。其成员是：申请人指定的加拿大籍 David R. Haigh 先生、被申请

[①]   Orazul International España Holdings S.L. v. Argentine Republic, ICSID Case No. ARB/19/25, Decision on Disqualification of Dr. Inka Hanefeld, 2022-09-11.

[②]   Orazul International España Holdings S.L. v. Argentine Republic, ICSID Case No. ARB/19/25.

人指定的法国籍 Alain Pellet 教授，以及当事人双方共同指定的德国籍 Inka Hanefeld 博士（首席仲裁员）。2020 年 6 月 19 日，仲裁庭秘书将程序令草案分发给双方当事人；2020 年 7 月 23 日，仲裁庭收到了双方当事人对仲裁令草案的意见，以及双方当事人各自出具的对于仲裁时间安排的提议。

2020 年 8 月 7 日，仲裁庭通过视频会议进行了首次会议。

2020 年 8 月 24 日，仲裁庭发布了关于程序事项的第 1 号程序令（以下简称 1 号程序令）。1 号程序令包含如下信息：① 适用的仲裁规则为 2006 年《ICSID 仲裁规则》；② 仲裁庭的组成及其声明；③ 仲裁庭成员的费用和开支情况；④ 出庭情况及人数要求；⑤ 仲裁庭的裁决规则（含多数决、紧急情况下由首席仲裁员决定等）；⑥ 仲裁庭确定时限的权力（含多数决、紧急情况下由首席仲裁员决定等）；⑦ 仲裁庭的秘书及联系方式；⑧ 仲裁庭助理的任命、费用及联系方式；⑨ 双方的代理律师及联系方式；⑩ 向 ICSID 支付的费用和预付款的分摊；⑪ 仲裁地点；⑫ 仲裁过程中使用的语言、翻译和传译；⑬ 通信方式（含书面通信的传递者、形式要求等）；⑭ 各方提交书状的副本数量和提交方法；⑮ 书状的数量、顺序及其主要内容；⑯ 证据的提交；⑰ 证人证言和专家报告的提交要求；⑱ 有关询问证人的具体程序安排；⑲ 有关专家证人做证的具体程序安排；⑳ 证据规则（可参考《国际律师协会取证规则》，即 IBA 取证规则）；㉑ 庭前组织会议的开会时间及讨论内容；㉒ 有关庭审的具体程序安排；㉓ 所有庭审和会议的记录；㉔ 庭审后的记录和有关费用的陈述；㉕ 双方当事人关于公开所有仲裁命令、仲裁裁决的同意。附件 A 列举了程序时间表，主要包括两种场景：场景 1 为没有初步反对意见或初步反对意见没有提出分步仲裁（bifuration）的请求；场景 2 为提出初步反对意见和分步仲裁请求。在场景 2 下还进一步区分了分步仲裁请求获准（场景 2.1）及分步请求被驳回（场景 2.2）的情况下的时间表。[1]

---

[1] Orazul International España Holdings S.L. v. Argentine Republic, ICSID Case No. ARB/19/25, Procedural Order No. 1, 2020-08-24.

2020 年 9 月 15 日，申请人提交了一份关于管辖权、赔偿责任和金额的诉状。2020 年 11 月 16 日，被申请人提交了将管辖权异议等作为初步问题处理的请求及分步仲裁的请求，即将仲裁程序划分为两个阶段，分别处理初步问题和申请人主张的事实问题。2020 年 12 月 14 日，申请人对分步仲裁的请求提出了意见。2021 年 1 月 7 日，仲裁庭就被申请人提出的、将管辖权异议作为初步问题处理的分步仲裁请求作出裁决（以下简称分步裁决书）。该裁决书驳回了被申请人的请求，并指示当事人根据 1 号程序令附件中所列场景 2.2 的时间表。①

2021 年 4 月 27 日，被申请人就案情提交答辩状。2021 年 5 月 13 日，申请人提出排除证据的请求，并请求仲裁庭就出示文件作出决定。2021 年 5 月 26 日，被申请人就申请人于 2021 年 5 月 13 日的请求提交了意见。2021 年 6 月 1 日，仲裁庭就申请人 2021 年 5 月 13 日的请求作出裁决。

2021 年 7 月 26 日，申请人就被申请人的初步反对意见（即有关管辖权的异议）提交答辩状，并就实体问题提交回复。2021 年 10 月 25 日，被申请人就初步反对意见提交回复，就实体问题提交第二答辩状。2021 年 12 月 9 日，申请人对初步反对意见提出第二答辩状。至此，双方当事人就所有事项均已经完成两轮文书的交换工作。

2022 年 1 月 27 日，被申请人请求仲裁庭就出示特定文件作出决定。2022 年 2 月 10 日，仲裁庭发布了关于出示文件的第 2 号程序令（以下简称 2 号程序令）。2 号程序令部分支持了被申请人的请求，并要求申请人按照 2 号程序令的要求，提交特定文件。②

2022 年 5 月 26 日，被申请人请求仲裁庭就出示文件作出决定；起因是申请人递交的一些证据是经过删减的、不完整的。2022 年 5 月 30 日，申请人就

① Orazul International España Holdings S.L. v. Argentine Republic, ICSID Case No. ARB/19/25, Decision on Bifurcation, 2021-01-07.

② Orazul International España Holdings S.L. v. Argentine Republic, ICSID Case No. ARB/19/25, Procedural Order No. 2, 2022-02-10.

被申请人要求仲裁庭就出示文件作出决定提出意见。2022年6月2日，仲裁庭发布了关于出示文件的第3号程序令（以下简称3号程序令）。3号程序令基本支持了被申请人的请求，要求申请人在6月7日前提供未经删减的、完整的证据。同时，为了节省仲裁成本，3号程序令要求被申请人在6月5日前将其认为初步证据显示不相关的材料清单通知仲裁庭和申请人，申请人无须提供清单上的证据[①]。

2022年6月29日，仲裁庭通过视频会议与各方举行了一次审前组织会议。2022年7月1日，仲裁庭发布了关于组织庭审的第4号程序令（以下简称4号程序令）。4号程序令就庭审的具体安排作了规定，包括庭审时间（2022年9月1日至15日）、庭审地点（华盛顿）、仲裁的顺序和具体时间表、双方的时间分配（含同等的庭审时长、开场陈述时长和结案陈词时长等）、庭审中使用的文件（含电子版的压缩材料、证据材料、在询问证人和专家时用到的材料等）、询问证人和专家的具体安排、庭审的同声传译安排、录音录像和文字记录、庭审后的陈词和有关费用的陈述及庭审参与者的名单。[②]

2022年8月12日，被申请人提出了排除证据的请求。2022年8月17日，申请人就被申请人2022年8月12日的请求提交了意见。2022年8月18日，被申请人于2022年8月17日提交了对申请人意见的回复。2022年8月19日，仲裁庭就被申请人2022年8月12日的请求作出裁决。

2022年8月23日，被申请人请求仲裁庭就新证据的可采用性作出裁决。2022年8月25日，申请人就被申请人2022年8月23日的请求提出意见，并请求仲裁庭就新证据的可采性作出决定。2022年8月29日，仲裁庭就被申请人2022年8月23日的请求和申请人2022年8月25日的请求作出裁决。

2022年9月1日至15日，仲裁庭在华盛顿特区通过视频会议的方式举行

[①]　Orazul International España Holdings S.L. v. Argentine Republic, ICSID Case No. ARB/19/25, Procedural Order No. 3, 2022-06-02.

[②]　Orazul International España Holdings S.L. v. Argentine Republic, ICSID Case No. ARB/19/25, Procedural Order No. 4, 2022-07-01.

关于管辖权和实体问题的庭审。

2022 年 9 月 9 日，申请人提议取消首席仲裁员 Inka Hanefeld 的资格。根据《ICSID 仲裁规则》第 9 条第 6 款，仲裁程序中止。2022 年 9 月 9 日，被申请人对取消仲裁员资格的提议提出意见。当日，该首席仲裁员根据《ICSID 仲裁规则》第 9 条第 3 款对取消资格的提议作出解释。2022 年 9 月 11 日，其他仲裁员拒绝了申请人提议取消 Inka Hanefeld 仲裁员资格的提议（详见本节此前关于"仲裁员资格的取消"部分的内容）。[1] 根据《ICSID 仲裁规则》第 9 条第 6 款，仲裁程序继续进行。

2022 年 10 月 6 日，被申请人请求仲裁庭就信息披露作出决定。2022 年 10 月 21 日，申请人就被申请人 2022 年 10 月 6 日的请求提交了意见。2022 年 11 月 4 日，被申请人于 2022 年 10 月 21 日提交了对申请人意见的回复。

2022 年 11 月 4 日，被申请人提交了一份庭审后的陈词。2022 年 11 月 5 日，申请人提交了一份庭审后的陈词。2022 年 11 月 18 日，申请人对被申请人 2022 年 11 月 4 日的陈词提出了进一步的意见。

2022 年 12 月 9 日，仲裁庭针对 2022 年 10 月 6 日被申请人提出的关于披露信息的请求，作出第 5 号程序令（以下简称 5 号程序令）。5 号程序令以裁定驳回、裁定信息已提供等方式基本驳回了被申请人的请求。[2]

2022 年 12 月 29 日，被申请人提出了排除证据的请求。被申请人认为，申请人在 2022 年 11 月 4 日向仲裁庭提交了新的证据且这些证据未经过质证；同时，被申请人申请提交新的证据。2023 年 1 月 12 日，申请人就被申请人 2022 年 12 月 29 日的请求提交了意见。2023 年 1 月 19 日，仲裁庭发布了关于排除证据的第 6 号程序令（以下简称 6 号程序令）。6 号程序令驳回了被申

---

① Orazul International España Holdings S.L. v. Argentine Republic, ICSID Case No. ARB/19/25, Decision on Disqualification of Dr. Inka Hanefeld, 2022-09-11.

② Orazul International España Holdings S.L. v. Argentine Republic, ICSID Case No. ARB/19/25, Procedural Order No. 5, 2022-12-09.

请人的两项请求，同时认为其另一项请求在此前的程序中已经得到了满足。[①]

2023 年 5 月 17 日，各方提交有关费用的文件。2023 年 5 月 24 日，每一方都对另一方提交的费用文件提出意见。

2023 年 9 月 5 日，根据《ICSID 仲裁规则》第 38 条第 1 款，仲裁庭宣布仲裁程序结束。2023 年 12 月 14 日，仲裁庭作出裁决，裁决申请人败诉；并附有仲裁员 David R. Haigh（系申请人指定的仲裁员）的反对意见。[②]

（二）仲裁流程的变更：延长时限

尽管双方当事人在开庭前就已经确定了仲裁流程及相应的时限，但是在实践中该时限仍然是可以调整的。比如在 Siemens 诉阿根廷共和国案[③]中，被申请人阿根廷共和国在管辖权阶段就提出过延期申请。具体而言，阿根廷共和国于 2003 年 6 月 10 日致函仲裁庭请求将其就实体问题提交答辩状和（或）对 ICSID 管辖权提出异议的时间延长至 2003 年 8 月 4 日；其理由是阿根廷政府内部的体制调整。申请人随后于 6 月 18 日反对被申请人提出的延期请求。最后，仲裁庭基于这一特殊情况于 2003 年 6 月 23 日批准了阿根廷共和国要求的延期，并将后续的程序安排通知双方当事人。如果阿根廷共和国仅仅提交答辩状，而不反对管辖权，则申请人仅在提出延期申请的情况下可以获得相同的延期，以便其就实体问题提交答辩状；仲裁庭进一步指出，如果阿根廷共和国对管辖权提出任何异议，则申请人将直接获得相同的延期，以便其对管辖权异议提交答辩状。[④]

2003 年 8 月 4 日，阿根廷共和国提交了有关管辖权异议的诉状。在诉状中，阿根廷共和国同时提出延期请求，即如果仲裁庭宣布其对本案具有管辖权，则请求仲裁庭将其提交关于实体问题的答辩状的时限延长 45 天。8 月 11

---

① Orazul International España Holdings S.L. v. Argentine Republic, ICSID Case No. ARB/19/25, Procedural Order No. 6, 2023-01-19.

② Orazul International España Holdings S.L. v. Argentine Republic, ICSID Case No. ARB/19/25, Award of the Tribunal, 2023-12-14.

③ Siemens A.G. v. Argentine Republic, ICSID Case No. ARB/02/8.

④ Siemens A.G. v. Argentine Republic, ICSID Case No. ARB/02/8, Decision on Jurisdiction, 2004-08-03, paras. 12-13.

日，申请人就这一延期请求发表了意见。8 月 21 日，仲裁庭通知双方当事人，认为在本阶段就延期问题作出裁定还为时过早。[①]

由此可见，ICSID 仲裁流程并非不可变更，但在程序上，为防当事人就此提出请求，另一方当事人也有权据此提出意见，在程序公正的基础上，将由仲裁庭作出最终裁决，并获得与提出延期请求的一方相同的延期。

四、仲裁费用的缴纳与第三方资助

本书第一章在介绍国际投资仲裁中的仲裁规则时已经明确，双方当事人应当缴纳仲裁过程中的各项费用。在第二章分析的宏达通商诉中国案中，也正是因为申请人未按时缴纳仲裁费用导致仲裁终止。鉴于申请国际投资仲裁及仲裁程序中的高昂费用，缺乏财力的一方无法借助国际投资仲裁维护其合法权益，因此，第三方资助制度应运而生。[②]

第三方资助制度，即与案件无关的第三方自然人或者法人对国际投资仲裁案件的一方当事人提供资金、技术或者人员等以帮助其提起仲裁或者帮助被申请者（东道国）进行仲裁。第三方资助分为商业性资助和非商业性资助。商业性资助是指资助者为了获取被资助者胜诉后的资助回报费而进行的资助，其对于该案件结果具有期待利益。具体是指资助者为提起仲裁请求的申请人提供资金，待案件胜诉时获得相应比例的回报；若案件败诉则资助者无权获得资助费用的偿还。而非商业性资助是指资助者只是提供资金，却并未期待从被资助人胜诉收益中收回投资并盈利。[③] 我国学者对商业性资助的研究较

[①] Siemens A.G. v. Argentine Republic, ICSID Case No. ARB/02/8, Decision on Jurisdiction, 2004-08-03, paras. 15—17.

[②] 近年来，国际投资仲裁中的第三方资助发展迅猛，对国际投资仲裁制度造成了重要影响。第三方资助的积极影响如通过对投资者的仲裁请求提供资助，拓宽了投资者的权利救济途径，且在资助之前也会运用其丰富的经验对仲裁请求进行尽职调查，从而可能增加该仲裁请求的胜诉可能性；但是消极影响同样不容忽视，包括助长投资者滥诉、影响案件的公正裁决、妨碍争端的有效解决等。肖芳：《国际投资仲裁第三方资助的规制困境与出路——以国际投资仲裁"正当性危机"及其改革为背景》，《政法论坛》2017 年第 6 期，第 69—83 页；覃华平：《国际仲裁中的第三方资助：问题与规制》，《中国政法大学学报》2018 年第 1 期，第 54—66 页。

[③] 汤霞：《第三方资助国际投资仲裁法律问题研究》，法律出版社 2022 年版，第 6 页。

多。[1] 在实践中，由于外国投资者相较于东道国而言经济实力偏弱，因此，其往往是作为被资助方出现的。

在国际投资仲裁中，投资者享有提起投资仲裁的独有权利，且投资仲裁程序的透明度有较大提升，这使第三方资助者资助投资仲裁案件结果的可预测性增强，进一步吸引了第三方资助者的投资。虽然一些国家或地区对第三方资助未作规定，有些国家甚至禁止第三方资助，但这很少影响第三方资助者资助国际仲裁，因为国际仲裁中当事方在仲裁合同中可约定适用第三方资助合法的国家的法律，或约定在允许第三方资助的国家进行仲裁。上述特殊性使投资仲裁成为第三方资助者较为偏爱的资助领域。[2]

在 ICSID 和 SCC 等国际仲裁实践中，均已经出现第三方资助的身影，已有不少案例涉及第三方资助。比如，在 Kardassopoulos 与 Fuchs 诉格鲁吉亚共和国案[3] 中的申请人即存在第三方资助的情况。该案申请人 Kardassopoulos 是希腊投资者，Fuchs 是以色列投资者。该案涉及两位申请人在格鲁吉亚共和国的一项特许权被终止但未获得赔偿。仲裁庭支持了申请人的主张，裁定格鲁吉亚共和国向申请人赔偿损失及利息并支付仲裁费用。在确定赔偿的费用时，被申请人主张申请人的法律费用过高且是由第三方资助的，因此这部分费用不应当由被申请人承担。但是，仲裁庭驳回了这一主张。仲裁庭认为，在确定赔偿数额时没有理由考虑第三方资助协议。仲裁庭指出，虽然《格鲁吉亚—希腊双边投资协定》第 9 条第 5 款和《格鲁吉亚—以色列双边投资协定》

---

① 刘云江：《国际仲裁中第三方资助方管辖权问题分析及应对》，《人民论坛·学术前沿》2020 年第 13 期，第 92—95 页。

② 汤霞：《第三方资助国际投资仲裁法律问题研究》，法律出版社 2022 年版，第 20—21 页。

③ Ioannis Kardassopoulos v. Georgia, ICSID Case No. ARB/05/18; Ron Fuchs v. Georgia, ICSID Case No. ARB/07/15. Kardassopoulos 依据《格鲁吉亚—希腊双边投资协定》和《能源宪章条约》向 ICSID 提出仲裁申请；Fuchs 根据《格鲁吉亚—以色列双边投资协定》向 ICSID 提出仲裁申请，涉及与 Kardassopoulos 相同的事实。在确定仲裁庭对本案有管辖权后，ICSID 以书面形式确认 Kardassopoulos 和 Fuchs 的仲裁将同时进行，并将由在 Kardassopoulos 仲裁案中组成的同一仲裁庭共同审理。中国贸促会法律事务部：《中国贸促会法律事务部投资仲裁案例课题成果选登——奥尼斯·卡达索普洛斯与罗恩·福奇诉格鲁吉亚共和国仲裁案》，中国仲裁法学研究会，2020 年 10 月 10 日，最后访问时间 2023 年 12 月 31 日，http://caal.chinalaw.org.cn/portal/article/index/id/1104.html。

第 8 条第 3 款不直接适用，但都规定了各自的争端解决条款，即缔约方不得在任何程序阶段以投资者已根据保险合同获得全部或部分损害赔偿为由提出异议。本案中的第三方资助协议与目的是向申请人提供全额赔偿的保险合同没有区别。因此，仲裁庭认为，被申请人向申请人支付仲裁费用是适当的和公平的，这些费用包括律师费、专家费、行政费用和仲裁庭的费用。[①]

在 Renta 等 4 家公司诉俄罗斯案（SCC No. 24/2007）中，申请人共同收购了俄罗斯石油公司尤科斯的美国存托凭证。在俄罗斯采取税收审计和税收执行措施后，尤科斯最终被宣布破产。申请人认为，俄罗斯非法剥夺了他们的投资，构成征收，并要求俄罗斯根据前苏联与西班牙之间的双边投资协定赔偿损失。被申请人俄罗斯认为，申请人的仲裁费用均是由第三方 Menatep 公司承担的，申请人在律师、专家及其他战略选择方面均没有主导权，因此，申请人在这一索赔中没有任何利害关系，不是本案的适格主体。仲裁庭在分析了申请人披露的信息后，认为被申请人的抗辩没有说服力，本案申请人不存在滥用权利的行为。申请人提起仲裁是为了维护申请人直接且具体的利益，其并没有与 Menatep 分享收益的法律义务。尽管申请人在尤科斯持有的股份很少，甚至都不足以保证其对俄罗斯提起国际仲裁，但是，没有理由表明申请人不能依据苏联与西班牙之间的双边投资协定寻求权利保护及不能接受与本案当事人无关的第三方资助者的资助。[②]

在 Ambiente 等公司诉阿根廷案（ICSID Case No. ARB/08/9）中，仲裁庭被要求评估资助者北大西洋行政管理协会（NASAM）在仲裁程序中的作用。阿根廷认为 NASAM 实际上扮演的是申请人的角色，对案件进行了超出资助者之外的控制，是案件的真正利益方。资助者对申请人律师的选择和对案件的控制表明其是唯一的受益人。仲裁庭认可了资助者在案件中的"关键作用"，

---

① Ioannis Kardassopoulos v. Georgia, ICSID Case No. ARB/05/18, Award, 2010-03-03, paras. 686, 691-692.
② Renta 4 S.V.S.A, Ahorro Corporación Emergentes F.I., Ahorro Corporación Eurofondo F.I., Rovime Inversiones SICAV S.A., Quasar de Valors SICAV S.A., Orgor de Valores SICAV S.A., GBI 9000 SICAV S.A. v. The Russian Federation, SCC No. 24/2007, Award, 2012-07-20, paras. 11-12, 31-34.

即不仅为申请人提供仲裁程序所需的资金，还汇集并协调他们对被申请人进行仲裁，以及资助者和申请人的"特殊关系"，但并未发现其"控制"仲裁程序。仲裁庭认为资助者并非案件当事方，也并未干预申请人对律师的指示。因此，并无实质证据表明资助者对案件进行外部控制或资助者造成的利益冲突可能损害仲裁庭的管辖权。①

第二节　管辖权的认定

在认定管辖权阶段，仲裁庭是否需要对当事人主张的事实进行评判？如需评判，则需要对哪些事实的真实性予以评判？对此，Blue Bank 诉委内瑞拉案仲裁庭指出，当事人主张的事实包括两部分，即仅与管辖权审理有关的事实和与实体审理阶段判断仲裁请求是否成立有关的事实。②

换言之，仲裁庭在管辖权阶段和实体审理阶段所需查明的待证事实是不同的。正如 SGS 诉巴拉圭案的仲裁庭所指出的，在管辖权阶段，仲裁庭应集中关注与管辖权的认定直接相关的事实，如仲裁合意的问题、当事人的国籍、受保护的投资、投资所在的领土、条约保护的时间范围等。而对当事方所控诉的一系列事实是否真实成立的证明，以及对这些事实一旦成立将构成对条约权利义务关系的违反的认定，属于实体问题。③笔者也是据此设置了本节的框架，即除仲裁合意已在本章第一节中阐述外，分别对属人管辖权、属物管辖权、属地管辖权及属时管辖权进行阐述。

---

① Ambiente Ufficio S.p.A. and others v. Argentine Republic, ICSID Case No. ARB/08/9, Decision on Jurisdiction and Admissibility, 2013-02-08, paras. 277–278.

② Blue Bank International & Trust（Barbados）Ltd. v. Bolivarian Republic of Venezuela, ICSID Case No. ARB/12/20. 转引自张建：《国际投资仲裁管辖权研究》，北京：中国政法大学出版社 2019 年版，第31—32 页。

③ Societe Geneale de Surveillance S.A. v The Republic of Paraguay, ICSID Case No. ARB/07/29, Decision on Jurisdiction, 2010-02-12, para. 53.

在实践中，国际投资仲裁庭普遍认可国际法院院长罗莎琳·希金斯（Rosalyn Higgins）法官在石油钻井平台案中发表的单独意见，即在认定管辖权阶段，仲裁庭确认相关仲裁请求是否可以管辖的唯一方式是暂时（pro tem）假定仲裁申请人所主张的事实为真，在此基础上来考察申请人提出的事实主张是否将导致对条约的违反，如果可能导致条约违反，则仲裁庭应当实施管辖权。然而，对于申请人所主张的事实究竟真伪如何，应留待实体审理阶段再做全面具体的证明和论证，而不是全部集中在管辖权阶段予以认定。[①]

一、属人管辖权

在国际投资仲裁中，必须明确投资者的国籍。该国籍直接关系到仲裁庭在判断其是否具有管辖权及确定东道国是否违反投资保护义务时应当依据的国际投资协定。[②]本节将首先阐释国籍的一般情况，而后讨论双重国籍、国籍规划对管辖权的影响。需要注意的是，《ICSID 公约》第 25 条明确了投资者国籍的确定日期，对自然人投资者和法人投资者设置了不同的规定[③]，因此，在确定投资者的国籍时，还需要考虑其是否满足属时管辖权的要求。

（一）自然人投资者

对于自然人投资者国籍的认定原则上是一种国内法事项。在拥有双重或多个国籍时，需要仲裁庭从国际法规则的角度予以判断，且不同仲裁庭的立场并不统一。

1. 自然人投资者的定义

从界定自然人投资者定义的形式上看，国际投资协定可以对各缔约国的自然人投资者合并定义，亦可分别定义。合并定义者如 2007 年签订的《希腊共和国政府和印度共和国政府关于促进和保护投资的协定》，该协定第 1 条规

---

① 张建：《国际投资仲裁管辖权研究》，中国政法大学出版社 2019 年版，第 31—32 页。
② 张建：《国际投资仲裁中投资者国籍的认定标准探析》，《长江论坛》2018 年第 3 期，第 63—69 页。
③ 《ICSID 公约》第 25 条第 2 款对自然人投资者的国籍采用的是"双重关键日期规则"，即双方同意将争端交付仲裁之日及仲裁请求登记之日均须具有东道国以外的其他公约缔约国的国籍；对法人投资者则采用了"单一关键日期规则"，即双方同意将争端交付仲裁之日具有公约缔约国的国籍。

定，投资者，对于任何一方而言，是指依照该国法律具有该国国籍的自然人；分别定义者如 2003 年签订的《中华人民共和国和德意志联邦共和国关于促进和相互保护投资的协定》第 1 条规定，在德意志联邦共和国，投资者指德意志联邦共和国基本法意义上的德国人；在中华人民共和国，投资者指根据中华人民共和国的法律，具有其国籍的自然人。

从国籍的范围上看，可以仅包括公民或永久居民，也可以既包括公民也包括永久居民。例如，2015 年签订的《中华人民共和国政府和澳大利亚联邦政府自由贸易协定》第 1 章第 3 条规定，国民是指自然人，即对澳大利亚而言，是指澳大利亚公民或在澳大利亚具有永久居留权的自然人；对中国而言，是指根据中国法律拥有中国国籍的自然人。此定义采用了分别界定的形式，且两国对自然人投资者的范围界定并不一样。

许多国家都将永久居民纳入本国投资者的范围。比如，1976 年《德国—以色列双边投资协定》在第 1 条第 3 款（b）中规定，"国民"一词在以色列方面的含义是指"以色列国的永久居民"。1991 年订立、1994 年签署的《能源宪章条约》第 1 条规定"就缔约方而言，投资者是指根据缔约方适用法律具有该缔约方的公民身份或国籍的自然人或该缔约方的永久居民……"1992 年签署的《北美自由贸易协定》第 201 条规定，"国民系指一缔约方的公民或永久居民"。2020 年 11 月 15 日，涵盖 15 个成员国的《区域全面经济伙伴关系协定》正式签署，其中第 10 章第 1 条中对"投资者"的定义是："一缔约方的自然人指……根据该缔约方的法律，享有该缔约方永久居留权的自然人，前提是该缔约方和投资所在地的另一缔约方均承认永久居民权制度，并且在影响投资的措施方面缔约方给予各自永久居民与给予各自国民实质上相同的待遇。"

2. 双重国籍问题

在国际投资法中，自然人的双重国籍可能有多种情形，比如该自然人是两个国家的公民，或者系一国公民但同时拥有另一国的永久居留权。对此，国际投资协定的立场并不统一。比如，1992 年签订的《西班牙和乌拉圭相互促进和保护投资协定》第 1 条第 3 款规定，"在双重国籍的情况下，每一缔约方应对投资者及其在其领土内的投资适用其本国法律"。从文义上看，这一规定似乎意味着双重国籍者应被认定是其本国的国民、适用本国的法律，排除了国际投资协定的适用。2003 年签订的《美利坚合众国政府和智利共和国政府自由贸易协定》第 10 章（投资）第 27 条规定，"具有双重国籍的自然人应被排他地视为其主要和有效国籍国的国民"；该规定在国籍冲突时采用了国际上通常遵循的"主要和有效国籍原则"。美国在 2004 年双边投资协定范本（United States Model BIT 2004）中采取的即是这一立场；此后，在与新加坡（2003）、智利（2003）、摩洛哥（2004）、秘鲁（2006）、哥伦比亚（2006）、巴拿马（2007）、韩国（2007）、卢旺达（2008）等签订的国际投资协定中也都采取了这一立场。2018 年签订的 USMCA 对双重国籍的规定有所不同，该协定第 14 章（投资）第 14 条第 1 款明确，"（a）拥有双重国籍的自然人应被排他地视为其主要和有效国籍国的国民；和（b）作为一缔约方公民和另一缔约方永久居民的自然人被排他地视为该自然人为其公民的缔约方的国民"。由此可见，USMCA 更加细化地规定了双重国籍问题，除了在（a）项中包含了投资者是两个国家公民的情况外，还增加了（b）项，明确了在公民和永久居民相冲突时，如何认定该投资者国籍的问题，其规则更加具体。

有些双重国籍情形已经反映在国际投资仲裁案例中。目前，根据《ICSID 仲裁规则》和《UNCITRAL 仲裁规则》组成的仲裁庭的立场有所不同，现予以简单梳理。

第一，自然人投资者是两个国家的公民，且任何一个国家均非东道国。比如，在 Olguín 诉巴拉圭案中 [①]，申请人依据的是巴拉圭和秘鲁之间的双边投资协定。被申请人提出异议，认为申请人 Olguín 除了拥有秘鲁国籍外，还拥有美国国籍，并且居住在美国。仲裁庭认定，申请人拥有双重国籍且两个国籍都有效，他拥有秘鲁国籍这一事实足以为他提供保护，从而认可仲裁庭

---

① Eudoro Armando Olguín v. Republic of Paraguay, ICSID Case No. ARB/98/5, Award, 2001-07-26, para. 61.

具有属人管辖权。

第二，自然人投资者是两个国家的公民，但其中一个国家为东道国。这在 ICSID 和非 ICSID 仲裁实践中的立场有较大区别。这是因为，《ICSID 公约》第 25 条第 1 款（管辖权）规定，"ICSID 的管辖适用于缔约国（或缔约国向中心指定的该国的任何组成部分或机构）和另一缔约国国民之间直接因投资而产生并经双方书面同意提交给中心的任何法律争端"。第 25 条第 2 款进一步明确，"另一缔约国国民"系指"在双方同意将争端交付调解或仲裁之日及根据第 28 条第 2 款或第 36 条第 3 款登记请求之日，具有作为争端一方的国家以外的某一缔约国国籍的任何自然人，但不包括在上述任一日期也具有作为争端一方的缔约国国籍的任何人"。该款最后一句是对自然人投资者国籍的消极要求，该句明确排除了 ICSID 受理此种双重国籍（即自然人的双重国籍之一为东道国国籍）的可能性。比如，在 Champion Trading 诉埃及案中，三个自然人申请人同时具有埃及（即东道国）和美国国籍。被申请人认为，仲裁庭不具有管辖权，原因是申请人未能满足《ICSID 公约》第 25 条第 2 款关于国籍的消极要求。申请人试图从"主要和有效国籍"这一习惯规则的角度出发，主张仲裁庭具有管辖权。但是，仲裁庭驳回了申请人的主张，认为《ICSID 公约》没有为适用"主要和有效国籍"原则留下任何适用空间，而是明确和绝对地排除了双重国籍之一为东道国国籍这一情形，仲裁庭没有必要确定索赔人的主要国籍。①

在其他仲裁规则特别是《UNCITRAL 仲裁规则》中，仲裁庭对于这种情形的双重国籍采取了不同的立场。在 Serafín García Armas 和 Karina García Gruber 诉委内瑞拉案中，申请人 García Armas 先生和 García Gruber 女士具有西班牙和委内瑞拉（即东道国）双重国籍，他们起诉委内瑞拉政府，指控其违反《西班牙—委内瑞拉双边投资协定》。在本案中，仲裁庭对协定本身进行

---

① Champion Trading Company, Ameritrade International, Inc. v. Arab Republic of Egypt, ICSID Case No. ARB/02/9, Decision on Jurisdiction, 2003-10-21, section 3.4.1.

解释，认为缔约双方对双重国籍的沉默，意味着同意其本国国民起诉，因此，仲裁庭具有管辖权。[1] 在 Antonio del Valle Ruiz 等诉西班牙案中，其中 8 名申请人同时具有墨西哥和西班牙（即东道国）双重国籍，他们起诉西班牙政府，指控其违反《墨西哥合众国和西班牙王国促进和相互保护投资协定》。在本案中，仲裁庭同样认定其具有管辖权，但是却采用了不同的说理方法。仲裁庭认为，对一个既是墨西哥国民又是东道国（西班牙）国民的投资者采取"主要和有效国籍"原则来确定其有效国籍，是最符合国际投资协定（包括本协定）目的的，这一原则本质上也是公平的，因为它确保在双边投资协定的情况下（如当前情况），一个缔约方（如墨西哥）的投资者同时也是另一缔约方（如西班牙）的投资者，不会相对于只具有前者国籍（如墨西哥）的其他投资者处于优势地位，同时也确保他／她不会被完全剥夺提起双边投资协定索赔的可能性。[2]

从上述案例可以看出，当自然人投资者是两个国家的公民，且任何一个国家均非东道国时，ICSID 是可以受理的。但是，当投资者的双重国籍之一是东道国国籍时，《ICSID 公约》第 25 条完全排除了 ICSID 的管辖权，并未给"主要和有效国籍"原则留有任何适用空间；而在《UNCITRAL 仲裁规则》中，仲裁庭存在受理此类案件的可能性，但在说理特别是在判断投资者的国籍时是否适用"主要和有效国籍"原则这一问题上，仲裁庭的意见并不统一。

（二）法人或其他组织投资者

法人或其他组织的国籍认定是一个复杂的问题。一方面，不同的国际投资协定对国籍的认定标准并不一致；另一方面，在国籍规划的背景下，法人或其他组织的国籍认定成为仲裁庭不可回避的难题。

---

[1] Serafín García Armas and Karina García Gruber v. The Bolivarian Republic of Venezuela, PCA Case No. 2013–3; CHITRANSH V. "Dual Nationality of a Private Investor in Investment Treaty Arbitration: A Potential Barrier to the Exercise of Jurisdiction Ratione Personae?" *ICSID Review–Foreign Investment Law Journal*, 2021, 36 (1), pp. 150–170.

[2] Antonio del Valle Ruiz and others v. The Kingdom of Spain, PCA Case No. 2019–17, Award, 2023–03–13, paras. 477–480.

1. 法人或其他组织投资者的定义

不同国际投资协定对于法人或其他组织投资者的界定方式不同，可以采用成立地所在国、有效管理所在国、控制人的国籍归属国中的一种界定方式或者是多个界定方式的复合。现举几例予以说明。

在界定法人或其他组织投资者时，成立地所在国是最为广泛采用的界定方式。这是因为，这一界定方式具有易于识别和固定不变的特点；当然，空壳公司或邮箱公司的存在有可能使这种公司与成立地所在国的联系非常微弱。比如，《能源宪章条约》对"投资者"的定义即为"根据该缔约方适用法律组建的公司或其他组织"。《2012 年美国双边投资协定范本》（2012 *U.S. Model Bilateral Investment Treaty*）将"一缔约国的企业"描述为"根据该缔约国的法律组建或组织的企业"。《英国—土耳其自由贸易协定》第 1 条第 2 款规定，"企业是指根据适用法律组建或组织的任何实体，无论是否以盈利为目的，也无论是由私人或政府所有或控制，包括任何公司、信托、合伙企业、个人独资企业、合资企业或类似组织"。

也有一些国际投资协定将有效管理所在国作为界定法人或其他组织投资者国籍的方式。这一界定方式的优点是在投资者和东道国之间建立了更强有力的联系；相较于成立地而言，该公司有效管理地是可以变更的，且公司有效管理地的变更也将导致投资者国籍的变化。比如，《阿根廷—德国双边投资协定》第 1 条第 4 款将"公司"界定为在一个缔约方境内拥有其住所的法人。该条约议定书第 1 条进一步阐明，为了确定"公司"一词是否适用于协定第 1 条第 4 款的规定，应考虑此类公司的住所地，即公司的主要管理地。

第三种界定方式是将控制人的国籍归属国作为界定法人或其他组织投资者国籍的方式。这种界定方式可以揭示公司资本的真实国籍；但是，这种界定方式也存在难以适用和易变性两个缺点。前者是指在存在多个中间投资者的情况下，可能出现难以确定一家公司真正的大股东的情况；后者反映了投资者股权的变动性，股权的流转将造成投资者国籍的变化。[①] 采取这种界定方式的国际投资协定，比如《多边投资担保机构公约》(Convention Establishing the Multilateral Investment Guarantee Agency，以下简称《MIGA 公约》) 第 13 条第 a 款之规定，合格投资者包括自然人和法人；其中，法人是指"在一会员国注册并在该会员国设有主要业务点，或者多数资本为一会员国或几个会员国或这些会员国国民所有……"由此可见，《MIGA 公约》对法人合格投资者规定了两种情形：第一种情形为下文即将阐述的复合标准，即成立地所在国与主要营业地点的复合标准；第二种情形即采用了控制人的国籍归属国标准。同样采用了控制人的国籍归属国标准的国际公约是同为世界银行框架下的《ICSID 公约》。该公约第 25 条第 2 款 (b) 段规定，"在争端双方同意将争端交付调解或仲裁之日，具有作为争端一方的国家以外的某一缔约国国籍的任何法人，以及在上述日期具有作为争端一方缔约国国籍的任何法人，而该法人因受外国控制，双方同意为了本公约的目的，应看作另一缔约国国民"，此处规定的第二种情形即采用了控制人的国籍归属国标准。有些双边投资协定如 2003 年签订的《法兰西共和国政府和乌干达共和国政府关于相互促进和保护投资的协定》也采用了这一标准。该协定第 1 条规定，"公司"一词是指根据一缔约方的法律在该缔约方领土上组建、其总部设在该缔约方领土上的法人，或由该缔约方国民或由总部设在某一缔约方领土内并根据该缔约方法律组建的法人直接或间接控制的任何法人。该协定在界定公司的定义时同样规定了两种情形：第一种情形为复合标准；第二种情形为控制人的国籍归属国标准。

1991 年《荷兰王国和委内瑞拉玻利瓦尔共和国关于鼓励和相互保护投资的协定》在确定投资者国籍，特别是法人国籍时也规定了两种情形，即"国民"一词就缔约任何一方而言应包括：第一，具有该缔约方国籍的自然人；第二，根据该缔约方法律成立的法人；第三，不是根据该缔约方法律成立但

---

① 有关投资者股权转让对属人管辖权要件的影响，详见孙颖：《论投资者股权转让对投资仲裁管辖的影响》，《上海对外经贸大学学报》2020 年第 2 期，第 76—87 页。

由上述第一种情形所定义的自然人或第二种情形所定义的法人直接或间接控制的法人。由此可见，第二种情形采用的是公司成立地所在国标准，第三种情形采用的是控制人的国籍归属国标准。控制的确定，在 Aguas del Tunari S.A. 诉玻利维亚案 ① 中得到了全面体现。该案裁决书中展示了申请人于 1999 年 12 月重组后的股权结构图，如图 3-1 所示。从图中的持股比例及股权架构即可看出该公司控制权的复杂性。

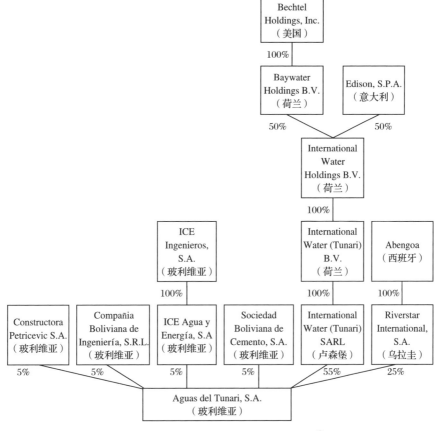

图 3-1　申请人重组后的股权结构图 ②

① Aguas del Tunari S.A. v. Republic of Bolivia, ICSID Case No. ARB/02/3.

② Aguas del Tunari S.A. v. Republic of Bolivia, ICSID Case No. ARB/02/3, Decision on Respondent's Objections to Jurisdiction, 2005-10-21, paras. 70-71, 318.

申请人主张其国籍为荷兰，因为其 55% 的股权被卢森堡公司持有且该卢森堡公司 100% 的股权被荷兰公司所控制。被申请人则主张持有股权并不等于实际控制。当事人双方对于控制的标准认定存在分歧，即"控制权"是要求具有控制的法律能力还是要求实际行使控制权。最终，仲裁庭中的多数仲裁员在对条约进行解释后，认定控制权是指具有控制的法律能力，而这种能力可以通过持有的股权来确定；另一仲裁员对此发表了反对意见。①

当然，在众多的国际投资协定中，还存在一种复合型的界定方式，即投资者必须同时符合多个要件才能获得一国的投资者地位。这种界定方式使得该投资者与其国籍国的联系非常紧密，从而限制了一国投资者的范围和国际投资协定的适用范围。比如，前文所列举的《MIGA 公约》第 13 条第 a 款所列举的第一种情形，一个投资者必须同时满足成立地所在国为 MIGA 会员国且其主要营业地点也在 MIGA 会员国的条件时，才是公约所界定的投资者，才能享受公约所提供的保护，从而排除了投资者通过空壳公司或邮箱公司进行条约挑选的情形。《法兰西共和国政府和乌干达共和国政府关于相互促进和保护投资的协定》第 1 条中规定的第一种情形也是如此。

1987 年签订的《东盟投资协定》②第 1 条第 2 款也采用了复合标准，即某一缔约方的"公司"是指根据有效管理机构所在的任何缔约方领土内现行法律成立或组建的公司、合伙企业或其他商业协会，不仅要求其成立地在缔约国内，而且要求其有效管理机构也在该缔约国内。该款在著名的 Yaung Chi Oo 诉缅甸案中得到了适用。在该案中，申请人是根据新加坡法律注册成立的公司，申请人主张由公司所在国（即新加坡）确定有效的管理标准。由于新加坡采用公司成立地标准来确定公司国籍，因此申请人认为根据新加坡法律注册成立的公司应被视为符合《东盟投资协定》对有效管理的要求。被申请人

---

① Aguas del Tunari S.A. v. Republic of Bolivia, ICSID Case No. ARB/02/3, Decision on Respondent's Objections to Jurisdiction, 2005-10-21, paras. 223, 264-265.
② 缔约国包括文莱达鲁萨兰国政府、印度尼西亚共和国政府、马来西亚、菲律宾共和国、新加坡共和国和泰王国。

则主张，根据上述定义，公司国籍的确定采取注册成立和有效管理双重检验标准，并且这两个条件在整个投资期间都必须同时得到满足，继而主张在申请人的总经理兼主要股东 Win Win Nu 女士移居缅甸后，申请人就成为成立地在新加坡的空壳公司，其有效管理地不再是在新加坡。仲裁庭肯定了被申请人对公司的国籍认定应当采用《东盟投资协定》第 1 条第 2 款规定的复合标准的主张，但是结合案情认为在 Win Win Nu 女士移居缅甸后，申请人的有效管理地仍然在新加坡，因为申请人在新加坡有一位常驻董事，且新加坡法律也要求对公司账目进行年度审计，等等。仲裁庭还提出了一种推定，即有效管理一旦确立就不会轻易丧失，特别是当其后果是条约保护的丧失时，故仲裁庭最后认定其对本案具有属人管辖权。[1]

2. 国籍规划或条约挑选 [2]

一如前述，不同的国际投资协定界定投资者的方式不同，这就导致国际投资仲裁中一个常见的条约挑选（treaty shopping）问题，即通过挑选条约的做法来规避对自己不利的国际投资条约条款。前文探讨的菲利普莫里斯诉澳大利亚案、Maffezini 诉西班牙案、Plama 诉巴拉圭案、Aguas del Tunari S.A. 诉玻利维亚案、Yaung Chi Oo 诉缅甸案都涉及条约挑选问题的讨论。

在菲利普莫里斯诉澳大利亚案中，申请人是美国菲利普莫里斯国际集团公司在中国香港的亚洲子公司；值得注意的是，该美国公司并未选择由其在美国的子公司作为申请人，依据美国与澳大利亚的自由贸易协定向澳大利亚提起索赔请求，原因是中国香港与澳大利亚签订的双边投资协定对美国公司更有利。本案仲裁庭认定申请人的行为构成条约挑选，否定了其对本案的属人管辖权。Aguas del Tunari S.A. 诉玻利维亚案的当事人提起仲裁的依据是玻利维亚与荷兰签订的双边投资协定；值得注意的是，玻利维亚在当时与卢森

---

[1] Yaung Chi Oo Trading Pte. Ltd. v. Government of the Union of Myanmar, ASEAN I.D. Case No. ARB/01/1, Award, 2003-03-31, paras. 46-52.

[2] 国籍规划或条约挑选行为与属时管辖权同样相关。张建、郝梓林：《国际投资仲裁中的属时管辖权——以仲裁庭对"挑选条约"的认定为中心》，《南都学坛》2020 年第 3 期，第 75—82 页。

堡、荷兰及美国均签订了双边投资协定；申请人的选择也体现了条约挑选的意图。Maffezini 诉西班牙案的申请人借助最惠国待遇的规定，从阿根廷与西班牙 BIT 及阿根廷与智利 BIT 中挑选了对自己更加有利的争端解决条款，并得到了仲裁庭的支持；当然，并非所有仲裁庭都遵循这一立场，如前文讨论的 Plama 诉巴拉圭案。在 Yaung Chi Oo 诉缅甸案中，仲裁庭认为，《东盟投资协定》对有效管理的要求是为了防止条约挑选，即采用没有任何实际经济联系的当地公司形式，以便将外国实体或投资纳入条约保护范围；仲裁庭认为本案中并不包含这种情形。由此可见，在实践中仲裁庭对条约挑选的立场并不统一，往往将条约挑选的意图是否为善意、条约挑选的时间等因素纳入考量，既有允许条约挑选的仲裁实践，也有限制条约挑选的仲裁实践。①

国籍规划或条约挑选给确定当事人的国籍带来了挑战，因此，新一代投资协定中开始对当事人的国籍规划或条约挑选行为加以限制。欧盟新一代投资协定如《欧加全面经济与贸易协定》（*Canada-EU Comprehensive Economic and Trade Agreement*，CETA）和《欧日经济合作伙伴协定》（*Japan-EU Economic Partnership Agreement*，JEEPA）中设有"反条约挑选"机制，对适格投资者、最惠国待遇及投资者—东道国争端解决程序进行了系统的改革，降低投资者挑选条约的可能性。②

二、属物管辖权

以投资者提出的索赔请求权基础为分类标准，可以将投资者主张的仲裁请求分为基于合同请求权所产生的仲裁请求和基于条约所产生的仲裁请求。③

① 黄世席：《国际投资仲裁中的挑选条约问题》，《法学》2014 年第 1 期，第 62—73 页。
② 中国投资者在对外投资的过程中，也可以通过"善意"的"条约挑选"或"国籍规划"方法选择最有利于己方合法权益保护的双边投资协定，这不仅为我国企业"走出去"提供便利，也能更好地实现救济损失的可行性。王燕：《欧盟新一代投资协定"反条约挑选"机制的改革——以 CETA 和 JEEPA 为分析对象》，《现代法学》2018 年第 3 期，第 156—169 页。
③ 比如，下文在探讨属时管辖权时涉及的 Impregilo 诉巴基斯坦仲裁案中，仲裁庭就在属物管辖权方面明确区分了合同违约行为与国家主权行为，从而确定相应的合同索赔事项与基于双边投资协定索赔事项，由此得出其对于合同索赔不具有属物管辖权的结论。

前者是指投资者因投资合同（如东道国政府与外国投资者之间签订的特许权协议等）中载明的权利义务关系的解释、执行、修改或终止等问题与东道国发生争端，而提起的国际投资仲裁。后者是指东道国政府违背了其缔结的包含投资事项的条约中承诺的外资待遇及外资保护义务所致的争端，而提起的国际投资仲裁；此类争端多发生于东道国采取的征收与国有化措施、对外国投资者具有歧视性的措施（如外汇管制、干预企业经营等）及东道国发生战争或内乱等风险引发的损失赔偿等。[1]

　　本书重点研究的是以条约为基础提出的仲裁请求，不包括因保护伞条款（umbrella clause）的适用而引发的合同争端。[2] 对于以条约为基础提出的仲裁请求，可仲裁事项的范围仅限于条约规定的争端，即围绕缔约国是否违反了相关国际投资协定中的义务及其赔偿而引发的争端。国际投资协定中所列明的、同意提交国际投资仲裁的事项范围有所不同，比如，有些国际投资协定仅允许投资者将"涉及征收补偿款额的争端"提交国际投资仲裁。此外，当相关国际投资协定中规定了有效的保护伞条款且该条款足以将争端双方的合同争议提升为条约争议时，东道国对外国投资者作出的合同性承诺也可能受到条约的保护。在实践中，仲裁庭需根据仲裁请求的基础、当事人的合意等确定可仲裁事项的范围，以确保"不超裁""不漏裁"。

（一）投资的定义

　　基于条约产生的仲裁请求权，是以适格投资为基础的。对于投资的定义，国际投资协定和国际投资仲裁实践一直存在多种做法。

---

① 余劲松：《国际投资法》，法律出版社 2022 年版，第 299 页。

② 投资条约中的保护伞条款最早出现于 1957 年的《联邦德国—阿根廷双边投资协定》，而后被大量国际投资协定所效仿。尽管在措辞上有些微差别，但保护伞条款一般是指国际投资协定下约定的缔约国保证遵守其对另一缔约国投资者所作出承诺的条款。其核心是要求缔约国一方恪守对另一方缔约国投资者所作出的承诺，实现投资者利益的保障；同时，该条款有可能导致东道国违反的合同义务上升为东道国违反条约义务，从而将合同请求上升为条约请求。徐崇利：《"保护伞条款"的适用范围之争与我国的对策》，《华东政法大学学报》2008 年第 4 期，第 49—59 页；赵红梅：《投资条约保护伞条款的解释及其启示——结合晚近投资仲裁实践的分析》，《法商研究》2014 年第 1 期，第 39—46 页。

1. 国际投资协定对投资的界定

对投资的界定，国际投资协定主要采取基于财产的定义模式、基于企业的定义模式和基于商业存在的定义模式。[①] 以财产为基础的定义如 1987 年的《东盟投资协定》。该协定第 1 条规定，"投资"是指各种形式的财产，特别是但不限于：① 动产、不动产及其他物权，如抵押权、留置权或质押权；② 公司的股份、股票、债券或其他形式的参与；③ 金钱的请求权或具有经济价值的任何行为的请求权；④ 知识产权、商誉；⑤ 法律或合同授予的商业特许权，包括勘探、提炼、开采或利用自然资源的特许权。英国国际投资协定范本（United Kingdom Model BIT 2008）也采用了以财产为基础的定义，即包含直接或间接拥有或控制的各种形式的财产，并对财产的类型进行了非穷尽性列举。

以企业为基础的定义如 1992 年签订的《北美自由贸易协定》。该协定第 1139 条规定，投资是指：① 企业；② 企业的股票；③ 企业符合条件的债券；④ 企业符合条件的贷款；⑤ 所有者有权分享企业收入或利润的企业权益；⑥ 所有者有权分享企业解散时资产的企业权益；⑦ 为经济目标或其他商业目标预期或使用的房地产或其他有形或无形的财产；⑧ 因在一缔约方领土内投入资本或其他资源参与该领土内的经济活动而产生的权益。

以商业存在为基础的定义模式如《欧盟—加勒比论坛国经济伙伴关系协定》（Economic Partnership Agreement between the CARIFORUM States of the One Part and the European Community and Its Member States of the Other Part）中采用了"商业存在"的概念。该协定第 65 条规定，"商业存在"是指通过以下方式建立的任何类型的企业或专业机构：① 法人的组建、取得或维持；② 在欧共体缔约方或加勒比论坛签署国境内设立或维持分支机构或代表处以开展经济活动。当然，《服务贸易总协定》（General Agreement on Trade in Service，以

[①] 朱文龙：《国际投资领域投资定义的发展及对中国的启示》，《东方法学》2014 年第 2 期，第 152—160 页。

下简称 GATS）也属于与国际投资有关的协定，该协定第 26 条规定，"商业存在"指的是任何形式的业务或专业机构，包括为了提供服务在另一方境内：① 组建、购入或维持一个法人单位；② 新建或维持一个分支机构或一个代表机构。

美国 2004 年双边投资协定范本对投资的界定做了修改，整体上采取了基于财产的定义模式，但是增加了两项额外的因素。这一定义在美国 2012 年双边投资协定范本（United States Model BIT 2012）中维持不变。根据两个范本的定义，"投资"是指投资者直接或间接所有或控制的具有投资特征的所有资产，这些特征包括资本或其他资源的投入、获得收入或利润的预期以及对风险的承担。投资的形式包括：① 企业；② 企业的股份、股票和其他形式的企业股权参与；③ 债券、无担保债券、其他债务凭证和贷款；④ 期货、期权和其他衍生产品；⑤ 交钥匙合同、建筑建设工程合同、管理合同、生产合同、特许权合同、收入分成合同和其他类似合同；⑥ 知识产权；⑦ 根据国内相关法律授予的执照、授权、许可和类似权利；⑧ 其他有形或无形的动产或不动产及相关财产权，如租赁、抵押、留置和质押。由此可见，美国的双边投资范本明确了投资必须具有的三个投资特征，即资本或其他资源的投入、获得收入或利润的预期及对风险的承担；此外，财产的范围包括由投资者"直接或间接"所有或控制的财产，从而大幅度地扩张了投资的范围，即投资者通过股权安排等方法进行的交易也有可能被认定为投资，也就是说，包括直接投资和间接投资。① 欧盟于 2023 年颁布的双边投资协定示范条款（EU Model Clauses for BITs 2023）也采取了大致一致的立场；不同之处，比如该示范条款规定投资应当具有四个特征，即持续一定时间、投入资本或其他资源、风险的承担及对收益或利润的预期。在国际投资协定中，通过投资之特征的界定可以实现对"投资"定义的合理限制，以应对"投资"定义扩张带来的外国

---

① 朱文龙：《国际投资领域投资定义的发展及对中国的启示》，《东方法学》2014 年第 2 期，第 152—160 页。

投资者滥用国际投资仲裁的情形，减少给东道国外资管理权带来的冲击。[①]

2. 仲裁庭对投资的解释

ICSID 仲裁实践对于投资的定义是否需要同时符合《ICSID 公约》和争端所涉国际投资协定存在不同立场，即单锁孔模式和双锁孔模式。前者系指符合争端所涉国际投资协定定义的投资即《ICSID 公约》所规定的投资，而后者则要求同时符合《ICSID 公约》及争端所涉国际投资协定定义的投资才能由仲裁庭行使管辖权。少部分仲裁庭采取单锁孔模式，大部分仲裁庭采取双锁孔模式。[②]

采取单锁孔模式的如 Georg Gavrilovic 和 Gavrilovic d.o.o. 诉克罗地亚案。[③] 本案最为重要的争议点即为两申请人是否在克罗地亚开展了《ICSID 公约》和《奥地利共和国和克罗地亚共和国促进和保护投资协定》中所保护的"投资"。由于《ICSID 公约》并未界定投资的定义，因此被申请人克罗地亚试图援引 Salini 诉摩洛哥案中采取的四要件标准，即如果一项声称的投资不能满足所有要件，那么仲裁庭无管辖权。但是，仲裁庭同样注意到，很多仲裁庭包括临时仲裁庭都认为 Salini 案所采取的要件在阐释《ICSID 公约》中的投资定义时，并非具有约束性及排他性。仲裁庭认为，应当遵从缔约国在其同意仲裁的文书（即双边投资协定）中对投资含义的表述。通过缔结这样一项条约，缔约国同意保护某些种类的经济活动，并通过规定投资者和国家之间与该活动有关的争端可通过仲裁解决，表明它们认为这种活动构成《ICSID 公约》意义上的投资。对于哪些经济活动构成投资的判断，仲裁庭应该给予缔约双方或双边投资协定以相当大的重视和尊重。仲裁庭需要有令人信服的理由才能无视这种共同商定的有关投资定义。[④]

[①] 赵骏：《国际投资仲裁中"投资"定义的张力和影响》，《现代法学》2014 年第 3 期，第 161—174 页。

[②] KRISTA N S. *International Investment Law: Text, Cases and Materials*. Massachusetts: Edward Elgar Publishing, Inc., 2020, pp. 91–92.

[③] Georg Gavrilovic and Gavrilovic d.o.o. v. Republic of Croatia, ICSID Case No. ARB/12/39.

[④] Georg Gavrilovic and Gavrilovic d.o.o. v. Republic of Croatia, ICSID Case No. ARB/12/39, Award, 2018-07-25, paras. 191–193.

符合对"投资"的定义是国际投资仲裁实现管辖权的基础。前文在阐释ICSID 行使管辖权的客体要件（即直接因投资产生的法律争端）时，已经介绍了《ICSID 公约》并未界定"投资"的含义，因此，不同仲裁庭在管辖中必须对此进行解释，但各自在理解"投资"时的立场有所不同。[①]简言之，在Fedax 诉委内瑞拉玻利瓦尔共和国案中，仲裁庭认为，投资应当符合实质性的资本投入、持续一定的时间、风险的承担、利润或回报的预期及对东道国发展有重大贡献五个特征。在 Salini 诉摩洛哥案中，仲裁庭认为投资只需要符合四个特征，不包括上述利润或回报的预期这一特征。前已述及，不同仲裁庭（包括临时仲裁庭）并不认为 Salini 诉摩洛哥案中确立的标准就是具有约束力的、排他性的标准。在后续很多国际投资仲裁案件中，仲裁庭都采取了不同的立场，比如 Romak 诉乌兹别克斯坦共和国案的仲裁庭则认为"投资"不需要"对东道国发展有重大贡献"这一特征，因此符合其他三项特征的即为《ICSID 公约》涵盖的投资。

（二）非法投资与"净手原则"

在 Fraport AG Frankfurt Airport Services Worldwide 诉菲律宾共和国仲裁案中[②]，申请人是特许经营项目公司 PIATCO（Philippines International Air Terminals Co., Inc.）的直接和间接投资者。投资者通过秘密股东协议规避了菲律宾《反挂名法》（Anti-Dummy Law）和菲律宾宪法中规定的有关公共设施项目（包括案涉的三号航站楼）对外商持股比例的限制，干预了三号航站楼的经营。而投资的合法性是东道国同意国际投资仲裁的前提之一，因此，仲裁庭裁决投资未满足德国—菲律宾 BIT 中的"投资合法性"要求，认定对本案不具有管辖权。

菲律宾宪法规定，公用事业应当由菲律宾公民经营，或者由按照菲律宾

[①] 赵骏：《国际投资仲裁中"投资"定义的张力和影响》，《现代法学》2014 年第 3 期，第 161—174 页。

[②] Fraport AG Frankfurt Airport Services Worldwide v. Republic of the Philippines, ICSID Case No. ARB/11/12, Award, 2014-12-10.

法律成立的且其 60% 以上股权是由菲律宾公民享有的公司经营；换言之，外国投资者可以经营菲律宾的公用事业，但不得持有经营该公用事业的公司超过 40% 的股份。为了防止规避此类国籍要求，菲律宾《反挂名法》第 2 条第 A 款禁止不符合国籍要求的人干预公用事业的管理、运作、行政或控制等。①

仲裁庭结合案件事实分析后得出，申请人在进行初始投资的同时，与 PIATCO 的菲律宾股东签署了一系列协议，从而确保了自己有权干预 PIATCO 和 PTI（此后成立的公司）的管理、运营、行政和控制。比如申请人拥有确定项目财务安排的排他权利，包括任命公司财务顾问的权利等。由此仲裁庭得出结论，申请人通过违法方式"干预"了三号航站楼的经营，违反了《反挂名法》的规定，不符合德国—菲律宾 BIT 中的"投资合法性"要求，因此，申请人因其非法性而被排除在双边投资协定保护的投资之外，仲裁庭对本案无管辖权。②

"净手原则（clean-hands doctrine）"在国际投资仲裁案例中得到了较为普遍的承认和适用，并成为被诉东道国政府主张国际投资仲裁庭缺少管辖权或者至少要求减少对投资者赔偿金额的重要手段。例如，在 World Duty Free Company 诉肯尼亚案中，仲裁庭认定投资者以向时任肯尼亚总统进行贿赂的方式获得争端所涉合同，认为投资者是以违反肯尼亚法律和国际公共政策的方式获得了投资权益，故基于"不净之手"驳回了投资者的赔偿请求。在本案中，申请人在 1989 年与肯尼亚签订了一项协议（以下简称 1989 年协议），据此，申请人有权在肯尼亚的内罗毕和蒙巴萨两个机场建造、维护和经营免税综合设施。2002 年 12 月，申请人在仲裁程序中提交了一份文件，披露了申请人曾给予肯尼亚前总统"个人捐赠"以缔结 1989 年协议。在发现这一信息后，肯尼亚提出驳回申请人的请求，因为申请人的相关合同是通过行贿获

---

① Fraport AG Frankfurt Airport Services Worldwide v. Republic of the Philippines, ICSID Case No. ARB/11/12, Award, 2014-12-10, para. 218.

② Fraport AG Frankfurt Airport Services Worldwide v. Republic of the Philippines, ICSID Case No. ARB/11/12, Award, 2014-12-10, paras. 388-468.

得的，根据公共政策，该合同无效且不可执行。基于此，仲裁庭于 2004 年 12 月宣布，双方必须解决并决定某些基本问题，即：索赔人是否向前总统行贿；如果索赔人行贿，则 1989 年协议是否是通过行贿获得的；如果协议是通过行贿获得的，则根据适用的国内法和国际公法，该协议是否有效和可执行。最后，根据对事实的评估及国内法和国际法的相关原则，仲裁庭认为，申请人事实上是通过贿赂肯尼亚前总统获得 1989 年协议的，因此申请人无权根据其提出的任何索赔要求进行追索或追偿。[①]

在 Al Warraq 诉印度尼西亚案中，仲裁庭依据净手原则认为，申请人的行为违反了印度尼西亚的法律法规，损害了印度尼西亚的公共利益，尽管申请人未获得公平与公正待遇，但是其仍然无法获得赔偿。[②]

三、属地管辖权

对于绝大多数的投资而言，其是否发生在东道国境内是显而易见的，如上文讨论的 Fraport AG Frankfurt Airport Services Worldwide 诉菲律宾共和国仲裁案中的"三号航站楼"，以及 World Duty Free Company 诉肯尼亚案中的"免税综合设施"。

但是，有些投资是否发生在东道国境内存在争议，特别是借助金融工具在国际市场开展的投资。如 Abaclat 等诉阿根廷共和国案[③]就涉及这一问题。在 20 世纪 80 年代的债务危机后，阿根廷从 90 年代开始调整经济结构，发行主权债券就是彼时阿根廷经济重组的支柱性措施。在 1991—2001 年间，阿根

---

① World Duty Free Company v Republic of Kenya, ICSID Case No. ARB/00/7, Award, 2006-10-04, paras. 62, 65, 106, 129, 179. 本案还涉及国际投资仲裁中的事实推定问题，仲裁庭基于申请人支付的款项数额和支付方式，推定这笔款项构成贿赂。在其他一些国际投资仲裁中，也涉及事实推定的适用。崔起凡：《论国际投资仲裁中推定的适用》，《武大国际法评论》2022 年第 1 期，第 101—119 页。

② Hesham T. M. Al Warraq v. Republic of Indonesia, UNCITRAL, Final Award, 2014-12-15, paras. 646-648.

③ Abaclat and others（formerly Giovanna A. Beccara and others）v. Argentine Republic, ICSID Case No. ARB/07/5. 在启动仲裁时，申请人的数量已经超过 18 万人。他们主要是意大利的国民或者根据意大利法律在意大利成立并存续的法人。

廷在国内和国际市场总共发行了 1867 亿美元的债券，Abaclat 等就认购了其中的部分外币债券。2001 年 12 月 23 日，阿根廷公开宣布推迟偿还欠非阿根廷投资者和阿根廷投资者的 1000 亿美元外债，其中包括 Abaclat 等大约 60 万人购买的 135 亿美元外债。2007 年 2 月，Abaclat 等对阿根廷政府不支付国家债券的行为提出索赔请求。阿根廷辩称 Alaclat 等没有在阿根廷进行投资，因此，仲裁庭不得不处理领土联系标准（即属地管辖权）这一问题。仲裁员在这一点上的分歧很大，尽管形成了多数决，但也有仲裁员提出异议。①

在本案中，仲裁庭认为，投资地点的确定首先取决于此类投资的性质。对于纯金融性质的投资，相关标准不能与适用于包含业务运营和 / 或涉及人力和财产的投资的标准相同，而应该是资金最终流向何处和 / 或资金利益被谁所利用，而不是资金支付或转移的地点。因此，相关的问题是投资的资金是否最终流向了东道国，它们是否支持了东道国的经济发展。在本案中，债券发行中产生的资金最终提供给了阿根廷，并为其经济发展提供了资金。

另一个问题是，纯金融性质的投资是否有必要与东道国境内的特定经济企业或业务进一步挂钩。《阿根廷共和国和意大利共和国关于促进和保护投资的协定》第 1 条将金融工具明确列为协定涵盖的投资种类，为这种投资提供协定下的保护。因此，仲裁庭认为，对纯金融性质的投资附加必须与东道国境内的特定经济企业或业务进一步挂钩这一条件是违反协定规定的。②

德意志银行诉斯里兰卡民主社会主义共和国仲裁案中③，仲裁庭沿用了 Abaclat 等诉阿根廷共和国案中的仲裁庭对纯金融性质投资所在地的判断标准。在世界石油价格高涨之际，斯里兰卡民主社会主义共和国（以下简称斯里兰卡）计划签订对冲协议，以保护斯里兰卡的国有石油公司——锡兰石油公司

---

① KRISTA N S. *International Investment Law: Text, Cases and Materials*. Massachusetts: Edward Elgar Publishing, Inc., 2020, p. 121.

② Abaclat and others (formerly Giovanna A. Beccara and others) v. Argentine Republic, ICSID Case No. ARB/07/5, paras. 374–375.

③ Deutsche Bank AG v. Democratic Socialist Republic of Sri Lanka, ICSID Case No. ARB/09/2, Award, 2012-10-31.

（Ceylon Petroleum Corporation）免受在购买石油并进口到斯里兰卡的过程中遇到油价上涨的风险。协议自 2008 年 8 月 1 日起生效，至 2009 年 7 月 31 日终止。双方约定协议所适用的执行价格为 112.5 美元 / 桶，执行数量为 100 000桶；月石油价格为相关计算期日历月每个营业日基准油价的算术平均值。若月石油价格高于执行价格，则德意志银行有义务向锡兰石油公司支付执行价格与月石油价格的差额乘以执行数量的款项；若月石油价格低于执行价格，则锡兰石油公司有义务向德意志银行支付差额乘以执行数量的款项。[①]

在协议履行过程中，2008 年 12 月 3 日，德意志银行主张锡兰石油公司违约，故而解除了与锡兰石油公司的对冲协议，并在当月 10 日的信函中，计算出锡兰石油公司对德意志银行的应付总额为 60 368 993 美元。[②] 德意志银行认为斯里兰卡最高法院 2008 年 11 月 28 日的临时命令和斯里兰卡央行 2008 年12 月 16 日的信函剥夺了其根据对冲协议所享有的经济利益，相当于征收，因而向 ICSID 提起了针对斯里兰卡的仲裁。[③]

双方当事人就对冲协议是否构成投资产生争议。根据《德意志联邦共和国和斯里兰卡民主社会主义共和国促进和相互保护投资条约》第 1 条之规定，投资包括对已用于创造经济价值的金钱的权利主张，或对具有经济价值并与投资相关的任何行为的权利主张。因此，仲裁庭认为，对于德意志银行而言，对冲协议是具有经济价值的法律财产，也是已被用于创造经济价值的金钱债权，符合条约对投资的界定。进一步地，仲裁庭裁定，对冲协议与斯里兰卡的属地联系是存在的。在确定是否存在这种属地联系时，仲裁庭援引了Abaclat 等诉阿根廷共和国案中的判断标准，即投资所在地的确定取决于所涉投资性质，纯粹金融性质投资的标准应该是资金最终在何处及资金利益被谁

[①]　Deutsche Bank AG v. Democratic Socialist Republic of Sri Lanka, ICSID Case No. ARB/09/2, Award, 2012–10–31, paras. 12–14, 30.

[②]　Deutsche Bank AG v. Democratic Socialist Republic of Sri Lanka, ICSID Case No. ARB/09/2, Award, 2012–10–31, paras. 43–44.

[③]　Deutsche Bank AG v. Democratic Socialist Republic of Sri Lanka, ICSID Case No. ARB/09/2, Award, 2012–10–31, para. 459.

所利用，不需要与东道国境内的特定经济企业或业务进一步挂钩。在本案中，德意志银行为执行对冲协议而支付的资金是提供给斯里兰卡的，与在斯里兰卡进行的活动有关，并用于资助该国依赖的石油经济。因此，仲裁庭裁定本案所涉对冲协议与斯里兰卡的领土关系条件得到满足。[1]

四、属时管辖权

属时管辖权主要考查争议产生的时间，据此判断是否违反条约义务，是否属于仲裁庭的管辖范围。在此过程中，条约的生效时间及是否具有追溯性将影响东道国承担的条约义务，进而影响仲裁庭的管辖权。前文关于国籍规划或条约挑选的讨论也与属时管辖权相关，不再赘述。此外，在被指控行为发生后，仲裁时效问题也是应当关注的内容。

（一）条约生效时间对属时管辖权的影响

除了条约义务外，有些国际投资争端机制也允许投资者就东道国违反习惯国际法及一般法律原则的行为提起仲裁。为明确起见，本书仅讨论以违反条约义务为基础的国际投资争端。

1. 条约不具有溯及力的情形

在 Impregilo 诉巴基斯坦案中[2]，申请人 Impregilo S.p.A. 是根据意大利法律成立的公司。1995 年 4 月 27 日，申请人与其他四家公司（包括一家德国公司、一家法国公司和两家巴基斯坦公司）根据瑞士法律合资成立了 Ghazi Barotha Contractors 合资企业（以下简称 GBC）。[3] 该合资企业的设立宗旨是参与被巴基斯坦称为 Ghazi-Barotha 的水电项目的投标及施工（如中标）。1995

---

[1] Deutsche Bank AG v. Democratic Socialist Republic of Sri Lanka, ICSID Case No. ARB/09/2, Award, 2012-10-31, paras. 284-292.

[2] Impregilo S.p.A. v. Islamic Republic of Pakistan, ICSID Case No. ARB/03/3, Decision on Jurisdiction, 2005-04-22.

[3] 申请人仅是 GBC 的一个股东（而非全部股东），因此，在属人管辖权的裁定上，仲裁庭认为其对申请人的索赔具有属人管辖权，但仅限于此类索赔涉及申请人自己宣称的损失，且（最多）与其在合资企业中的份额相称。Impregilo S.p.A. v. Islamic Republic of Pakistan, ICSID Case No. ARB/03/3, Decision on Jurisdiction, 2005-04-22, para. 184.

年 12 月 19 日，申请人代表 GBC 与巴基斯坦水电发展局（Pakistan Water and Power Development Authority，以下简称 WAPDA）签订了两份合同（案涉合同）。[①] 合同的执行将由作为 WAPDA 代理人的工程师来控制，后巴基斯坦水电咨询公司（Pakistan Hydro Consultants，PHC）被 WAPDA 选中来完成这项任务。

案涉合同规定的建筑工程于 1996 年初开始，原定竣工日期为 2000 年 3 月。但是，在履约期间，由于被申请人制造的障碍和工程过程中发生的意外情况，工程的实施被推迟了。WAPDA 和它选中的工程师 PHC 拒绝了 GBC 关于适当延长工期和费用补偿的请求。自 2001 年 3 月开始，GBC 试图友好解决与 WAPDA 的争端；该谈判持续了数月但最终无果而终。

2003 年 1 月 21 日，申请人依据 1997 年 7 月 19 日签署、2001 年 6 月 22 日生效的《意大利共和国政府与巴基斯坦伊斯兰共和国政府关于促进和保护投资的协定》（以下简称《意大利—巴基斯坦双边投资协定》）向 ICSID 提出仲裁请求。

就属时管辖权而言，申请人认为，虽然被申请人有些作为和不作为发生在《意大利—巴基斯坦双边投资协定》生效日期之前，但它们所造成的结果在条约生效之日仍在持续。此外，被申请人在条约生效后的作为和不作为加剧了这个结果。因此，被申请人严重违反了《意大利—巴基斯坦双边投资协定》给予申请人的保护及其在案涉合同下的权利条款。[②]

被申请人主张仲裁庭不具有属时管辖权，理由是双边投资协定于 2001 年 6 月 22 日生效，该协定并没有追溯效力，它不能适用于申请人所主张的发生在该生效日期前的行为。对此，申请人试图回避"条约不溯及既往"这一基

---

① 该水电项目位于巴基斯坦北部印度河下游的塔贝拉大坝。C-01 合同要求在塔贝拉大坝下游修建一座拦河坝，以控制印度河的流量。C-02 合同要求建设一条 52 千米长的渠道，将水从拦河坝输送到发电站，并建设 47 座桥梁结构、1 座铁路桥和 30 座排水结构。这两份合同最初的总价值约为 5 亿美元。

② Impregilo S.p.A. v. Islamic Republic of Pakistan, ICSID Case No. ARB/03/3, Decision on Jurisdiction, 2005-04-22, para. 31.

本规则，其方式是：不提出其指控的违反行为的具体日期，以及声称其指控的违反行为具有持续性。①

仲裁庭认为，《意大利—巴基斯坦双边投资协定》并没有明确规定协定的追溯力，这意味着在协定生效前产生的争端不在协定的适用范围内。仲裁庭认为，应当区分仲裁庭的属时管辖权和双边投资协定所载实质性义务的属时适用性。在此应当指出，该协定第1条第1款并没有赋予条约的实质性义务以任何追溯效力②，因此，《维也纳条约法公约》第28条应当适用，即双边投资协定不就条约生效之前发生的任何事实行为或不复存在的任何情况约束该缔约方。因此，仲裁庭认为，《意大利—巴基斯坦双边投资协定》的规定对巴基斯坦在协定生效之前发生的任何事实行为或在生效时已经不复存在的任何情况是不具有约束力的，仲裁庭的属时管辖权也因此受到限制。现阶段，仲裁庭无法就申请人哪些基于条约的索赔主张（如有）应当被排除作出裁定，而是应当留待案情审理阶段就各项索赔主张进行逐一全面分析后方能作出裁定。③

在本案中，仲裁庭认为《意大利—巴基斯坦双边投资协定》是不具有溯及力的，并且区分了仲裁庭的属时管辖权和双边投资协定所载实质性义务的属时适用性。就后者而言，《维也纳条约法公约》第28条关于"条约不溯及既往"的基本规则应当适用，因此，东道国巴基斯坦在协定生效前不承担协定中所列的义务，相应地，仲裁庭属时管辖权也因此受到限制。本案最后和解结案，故仲裁庭并未就各项索赔作出裁决。

---

① Impregilo S.p.A. v. Islamic Republic of Pakistan, ICSID Case No. ARB/03/3, Decision on Jurisdiction, 2005-04-22, paras. 73-75.
② 第1条第1款是关于投资的界定，"投资"是指1954年9月1日以后作为缔约一方国民的自然人或法人在缔约另一方领土内根据后者的法律和法规投资的任何种类的财产。但是，仲裁庭并未分析为何这一规定没有赋予条约的实质性义务以任何追溯效力。
③ Impregilo S.p.A. v. Islamic Republic of Pakistan, ICSID Case No. ARB/03/3, Decision on Jurisdiction, 2005-04-22, paras. 300, 309-310, 314-315.

2. 条约具有溯及力的情形

在 H&H Enterprises Investments 公司诉阿拉伯埃及共和国案 [1] 中，申请人为依据美国加利福尼亚州法律成立的公司（H&H 公司或申请人），该公司成立于 1988 年 2 月。1989 年 2 月，申请人在埃及注册子公司并于 1989 年 4 月 10 日向埃及政府所拥有的埃及大酒店（Grand Hotels of Egypt，GHE）提议购买 Ain El Sokhna 酒店及其周边土地（以下简称 Ain Sokhna 度假村），该提议以一页纸的形式提交给 GHE 时任董事长并被接受。1989 年 4 月 27 日，申请人与 GHE 签订了《管理和运营合同》，并于 11 月 20 日增补了一份附录。

1990 年 6 月，申请人因未缴纳税款而被美国税务机关（即申请人母国的税务机关）暂停营业。1993 年 10 月 14 日，GHE 在埃及首都开罗根据《管理和运营合同》对申请人提起仲裁，主张申请人违约并要求终止该协议。申请人随后向当地法院提出了一系列索赔。2001 年 12 月 22 日，申请人被驱逐离开 Ain Sokhna 度假村。2008 年 4 月 10 日，在申请人停业 18 年后，也就是离开 Ain Sokhna 度假村 7 年后，申请人向美国加州特许经营税委员会申请恢复营业证明，其中附有回溯的纳税申报表和支付 1989—2007 年税款的支票。2008 年 5 月 1 日，美国加州税务局向申请人颁发了恢复营业证明。[2]

2009 年 7 月 17 日，申请人依据 1986 年 3 月 11 日签订、于 1992 年 6 月 27 日生效的《美利坚合众国—阿拉伯埃及共和国关于鼓励和相互保护投资协定》（以下简称《美国—埃及双边投资协定》）向 ICSID 提起仲裁。

被申请人主张仲裁庭缺乏属时管辖权，因为被申请人不同意对不属于《美国—埃及双边投资协定》时间范围内的投资争议进行仲裁。被申请人认为，《美国—埃及双边投资协定》适用于协定生效后（即 1992 年 6 月 27 日）

---

[1]　H&H Enterprises Investments, Inc. v. Arab Republic of Egypt, ICSID Case No. ARB 09/15, Excerpts of Award, 2014-05-06.

[2]　在本案中，被申请人提出，申请人并不拥有或控制该投资，因为申请人是被暂停营业的。仲裁庭注意到，申请人在提交本仲裁之前于 2008 年 4 月支付了其未缴纳税款，从而恢复营业并具有追溯效力。H&H Enterprises Investments, Inc. v. Arab Republic of Egypt, ICSID Case No. ARB 09/15, Excerpts of Award, 2014-05-06, paras. 66-67.

进行的投资，以及根据任一缔约国立法已接受且在本协定生效之日已在其领土内存在的投资，而申请人声称的投资发生在 1989 年，在《美国—埃及双边投资协定》生效之前；且根据埃及当时通行的投资立法（即 1974 年"关于阿拉伯和外国资本投资和自由区"的第 43 号法令），埃及并没有"接受"申请人的投资。①

《美国—埃及双边投资协定》第 2 条第 2 款 b 项规定，本条约也适用于任何一方的国民或公司在本条约生效前进行的且被任一缔约国立法所接受的投资。申请人认为，被申请人误解了协定有关"被任一缔约国立法所接受的投资"这一表述，该表述仅仅禁止对违反任一缔约国立法的投资提供条约保护，并没有要求外国投资需要根据第 43 号法律进行登记才能被埃及"接受"（即合法），且外国投资可能而且确实经常发生在第 43 号法律的范围之外。申请人进一步提出，被申请人已经通过一系列行为表明其"接受"了申请人的投资。②

仲裁庭认为，第 43 号法律及相关法令中没有任何内容表明其对"接受"外国投资设置了专属程序。此外，双方当事人提供的证据（包括 GHE 在《管理和运营合同》上的签字、相应许可证的签发、申请人在埃及成立子公司及埃及最高领导层对项目的认可）均已证明被申请人以符合《美国—埃及双边投资协定》第 2 条第 2 款 b 项的方式接受了申请人的投资。即便假设协定明确提及第 43 号法律且第 43 号法律包含了接受外国投资的专属程序，双方当事人提供的证据也表明被申请人接受了投资并放弃了第 43 号法律规定的此类专属接受程序。据此，仲裁庭驳回了被申请人的属时管辖权异议，裁定其对本案具有属时管辖权。③ 在本案中，《美国—埃及双边投资协定》第 2 条第 2

---

① H&H Enterprises Investments, Inc. v. Arab Republic of Egypt, ICSID Case No. ARB 09/15, The Tribunal's Decision on Respondent's Objections to Jurisdiction, 2012-06-05, paras. 1-6, 44-46.

② H&H Enterprises Investments, Inc. v. Arab Republic of Egypt, ICSID Case No. ARB 09/15, The Tribunal's Decision on Respondent's Objections to Jurisdiction, 2012-06-05, paras. 47-52.

③ H&H Enterprises Investments, Inc. v. Arab Republic of Egypt, ICSID Case No. ARB 09/15, The Tribunal's Decision on Respondent's Objections to Jurisdiction, 2012-06-05, paras. 53-56.

款 b 项规定了条约可以具有溯及力，前提是该投资被任一缔约国的立法所接受。结合案件事实，投资者的投资是被埃及所接受的，因此，该投资受协定保护，仲裁庭具有属时管辖权。

（二）仲裁时效问题

在安城诉中国案和刚刚讨论的 H&H Enterprises Investments 公司诉阿拉伯埃及共和国案中，都涉及仲裁时效问题。仲裁时效包括时效的起始时间、终止时间和期限，同样决定了仲裁庭是否具有属时管辖权。

1. 仲裁时效的公平原则

在 H&H Enterprises Investments 公司诉阿拉伯埃及共和国案中，被申请人认为，申请人提出索赔请求存在不合理的延迟，这一延迟损害了被申请人在当前仲裁程序中与申请人平等地为自己辩护的能力。被申请人主张，时效规则适用于本案。仲裁庭驳回了被申请人的主张，认为被申请人（即主张有时效规则存在的一方）应当承担举证责任，被申请人未能证明这一时效规则的存在，因此，仲裁庭基于时效的公平原则驳回了被申请人的异议。

被申请人提出，申请人在提交其索赔时存在不合理的延迟（自最后一次指控被申请人违反条约已有 7 年，自第一次指控被申请人违反条约已有 18 年），随着时间的推移，重要事实丢失、模糊或存在合理疑问，潜在证人现已退休或去世，并且不可避免地，随着时间的流逝（自签署《管理和运营合同》以来已有 22 年）将会导致那些可能出庭做证的证人记忆模糊，从而对被申请人造成损害，以及申请人延迟提交其索赔申请损害了被申请人在这些程序中与申请人平等地为自己辩护的能力。被申请人认为，在申请人向 ICSID 提出仲裁请求前，申请人既没有试图从被申请人处获得任何赔偿，也没有将任何索赔通知被申请人。[①]

申请人则主张，7 年的延迟不足以推定其对被申请人提起的索赔存在疏

[①]　H&H Enterprises Investments, Inc. v. Arab Republic of Egypt, ICSID Case No. ARB 09/15, The Tribunal's Decision on Respondent's Objections to Jurisdiction, 2012–06–05, paras. 81–82.

忽，即延迟并不是不合理的——因为根据埃及法律，基于相同事实的索赔仍在时效期内。申请人为支持其索赔提供了五份全面的证人陈述和不少于 257 份的事实证据，因此完全推翻了被申请人关于重要事实已经丢失的主张。申请人还提出，申请人的大部分同期业务记录被被申请人于 2001 年没收，迫使申请人依赖当地仲裁期间产生的书面记录，而这些记录被申请人同样可以获得。关于证人，申请人提出，被申请人未能举出一个相关证人的例子，证明其无法在当前仲裁中为自己辩护。最后，申请人提出，确定被申请人是否因延迟而受到损害的关键调查不是被申请人在必须进行辩护时是否无法收集与其辩护相关的事实，而是在争端发生时，被申请人是否收到了充分的通知、存在充分的机会去收集与其辩护有关的事实。①

仲裁庭认为，被申请人有责任证明时效规则的存在。但在本案中，被申请人未证明 ICSID 相关规则或《美国—埃及双边投资协定》下存在时效规则。被申请人对《北美自由贸易协定》等其他制度的引用既不相关，也未表明存在时效规则这样一种趋势或具有足够的说服力使仲裁庭考虑这些制度。据此，仲裁庭基于时效的公平原则驳回了被申请人的异议。②

2. 仲裁时效的起始和终止时间

在安城诉中国案中，仲裁庭认为，仲裁时效的起始时间应为申请人首次知道或者应该知道其已经遭受损失或侵害之日，终止时间应为仲裁程序开始的时间，即申请人向 ICSID 提交仲裁请求之日（而非 ICSID 登记之日）。

在 Grand River Enterprise 诉美国案中③，仲裁庭也采取了同样的立场。本案申请人于 2004 年 3 月 12 日依据《北美自由贸易协定》第 11 章及《UNCTIRAL 仲裁规则》提起仲裁。本案即涉及《北美自由贸易协定》中的时

① H&H Enterprises Investments, Inc. v. Arab Republic of Egypt, ICSID Case No. ARB 09/15, The Tribunal's Decision on Respondent's Objections to Jurisdiction, 2012-06-05, paras. 83-85.
② H&H Enterprises Investments, Inc. v. Arab Republic of Egypt, ICSID Case No. ARB 09/15, The Tribunal's Decision on Respondent's Objections to Jurisdiction, 2012-06-05, paras. 86-88.
③ Grand River Enterprises Six Nations, Ltd., et al. v. United States of America, UNCITRAL, Decision on Objections to Jurisdiction, 2006-07-20.

效条款，该协定第 1116 条第 2 款和第 1117 条第 2 款规定了触发三年时效的条件，即投资者或企业在首次知悉某些特定知识或者应当首次知悉此类知识且在被指控的违反行为发生后三年内没有提出主张时，时效经过。此处特定的知识包含两个要素，即对指称的违法行为的知悉及知悉投资者遭受了损失或损害。①

仲裁庭认为，投资者或者企业首次知悉或者应当首次知悉特定信息的时间主要是一个事实问题。仲裁庭必须考虑到仲裁程序还处在初始阶段，还没有进入证据开示、证人做证、交叉询问等环节。鉴于双方当事人提供的证据存在模糊和冲突之处，无法确定申请人在 2001 年 3 月 12 日前对指称的违法行为是否存在实际知悉。

在判断申请人是否应当首次知悉特定信息时，仲裁庭认为应该考虑一个合理谨慎的投资者在开展大规模投资时应该做些什么。对于一个打算在国外某一经济活动领域投入大量资金和精力的当事方，本应就可能影响其活动的重大法律要求进行合理调查。结合事实，仲裁庭认为，申请人在 2001 年 3 月 12 日之前应当已经知悉了指称的违法行为，构成推定知悉。据此，根据《北美自由贸易协定》规定的三年时效条款，驳回了申请人根据 2001 年 3 月 12 日之前的事实提出的所有请求。②

在 Rusoro Mining 诉委内瑞拉案中③，仲裁庭采取了相同的立场。投资者是在 2012 年 7 月 17 日向 ICSID 正式提出仲裁申请的，此为时效计算的终止时间。按照《加拿大政府和委内瑞拉共和国政府促进和保护投资协定》第 7 条规定的三年仲裁时效倒退计算，2009 年 7 月 17 日是判定东道国行为是否可诉的关键截止日期。本案中被诉东道国的不法措施包括 2009 年措施、2010 年措施、2011 年征收法令，其中发生在关键日期之前的仅有 2009 年措施，其

---

① Grand River Enterprises Six Nations, Ltd., et al. v. United States of America, UNCITRAL, Decision on Objections to Jurisdiction, 2006-07-20, para. 38.
② Grand River Enterprises Six Nations, Ltd., et al. v. United States of America, UNCITRAL, Decision on Objections to Jurisdiction, 2006-07-20, paras. 53-72, 103.
③ Rusoro Mining Ltd. v. Bolivarian Republic of Venezuela, ICSID Case No. ARB (AF) /12/5.

他措施并未因超过时效而被阻断管辖权。同时，由于委内瑞拉在发布及实施2009年措施时，在关键日期之前就将相关措施的具体信息发表于玻利瓦尔共和国官方公报中，因此仲裁庭推定投资者是知晓相关措施的；换言之，2009年措施因超过仲裁时效而阻断了管辖权。[①]

（三）仲裁前置程序

投资者在提起国际投资仲裁之前可能需要根据所依据的国际投资协定完成若干前置程序，比如用尽当地救济、冷静期[②]和岔路口条款的选择。

1. 用尽当地救济规则

用尽当地救济规则要求投资者在提起国际投资仲裁之前穷尽东道国国内法下的救济程序。用尽当地救济是一项习惯国际法规则，其理论是在依据国际法追究一个国家在国际层面上的国际责任前，允许其在国内法律体系框架中改正，其核心在于对东道国主权和利益的充分尊重。现如今，不少国际投资协定已经对用尽当地救济规则作了明确规定。比如，部分国际投资协定彻底摈弃了用尽当地救济规则；部分协定通过岔路口条款将投资者的选择限定为东道国当地救济或国际投资仲裁中的一种；部分协定仅要求投资者在提请国际投资仲裁前寻求当地救济但并不要求"用尽"当地救济；还有部分协定仅要求寻求当地行政救济但排除了司法救济。[③]

通常而言，一项判决如果是终局且不可上诉的，则被认为已经用尽当地救济。具体包括必须使用完当地所有可适用的司法的和行政的救济程序，包括上诉程序，直至最高法院或最高行政主管机关作出最终决定；以及必须充

---

① 张建：《国际投资仲裁管辖权研究》，中国政法大学出版社 2019 年版，第 101 页。

② 关于冷静期的性质，在理论和实践中存在争议，有的认为其属于管辖权要件，也有的认为其不是管辖权规定而是一项程序要件。比如，在 Ronald S. Lauder 诉捷克案中，仲裁庭认为，6 个月的等待期不是一项管辖权规定，而是一种不必要的、过于形式主义的做法，对保护当事各方的任何合法利益起不到任何的帮助。Ronald S. Lauder v. The Czech Republic, Final Award, 2001-09-03, para. 187；龚柏华：《涉华投资者—东道国仲裁案法律要点及应对》，《上海对外经贸大学学报》2022 年第 2 期，第 79—92 页。

③ 张庆麟：《用尽当地救济与"中心"（ICSID）管辖权》，《法律科学（西北政法学院学报）》1991年第 5 期，第 76—80 页；宋俊荣：《论投资者—国家间仲裁中的东道国当地救济规则——从〈美墨加协定〉切入》，《环球法律评论》2021 年第 4 期，第 163—177 页。

分地和正确地使用当地国内法中所有可适用的诉讼程序上的手段，包括传讯证人、提供必要文件和证据等。但在国际法的理论和实践中，这一规则也并非绝对；在一些特殊情况下，也可以被视为用尽当地救济，从而可以直接求助于国际救济。对于这些特殊情况并无定论，比如美国法学会《对外关系法》（第二次重述）认为，以下情况可以被视为用尽当地救济：① 当地救济显然无法达到程序正义要求；② 考虑到在实质相同的案件中已有该国最高有权机关作出的一个或数个不利决定，求助当地救济将是徒劳的；③ 同一侵害行为主要构成对外国人国籍国的直接损害，该国主张自己的独立的主要的请求。①

2. 冷静期要求

冷静期要求投资者在投资争端发生后不能立即提起国际投资仲裁，而是必须经过一个为期3—6个月甚至更长的冷静期；投资者可以在冷静期内与东道国政府进行协商谈判来解决争议，也可以在冷静期结束后径直提起国际投资仲裁。② 比如，USMCA "附件" 14-E 第 4 条就规定了 6 个月的冷静期，即涵盖政府合同的投资者可以在争端发生 6 个月后直接启动 USMCA 的国际投资仲裁机制。③ 前文讨论的 Maffezini 诉西班牙案也涉及冷静期条款的适用问题，即阿根廷国民 Maffezini 根据最惠国待遇条款，成功适用了第三方条约（西班牙与智利的双边投资协定）中的争端解决条款，该第三方条约仅要求 6 个月冷静期，并不要求投资者在提交国际投资仲裁前必须诉诸东道国国内法院。

从投资者的角度出发，投资者应当充分考虑相关国际投资协定中要求的每一个程序步骤，包括冷静期的规定、开始时间，务必遵守在必要的时间内

---

① 邹立刚：《试论国际法上的用尽当地救济规则》，《法学研究》1994 年第 5 期，第 60—64 页；李沣桦：《东道国当地救济规则在 ICSID 仲裁领域的运用研究——兼论中国双边投资条约的应对策略》，《法律科学（西北政法大学学报）》2015 年第 3 期，第 179—189 页。
② 刘万啸：《投资者与国家间争端的替代性解决方法研究》，《法学杂志》2017 年第 10 期，第 91—102 页。
③ 殷敏：《〈美墨加协定〉投资者—国家争端解决机制及其启示与应对》，《环球法律评论》2019 年第 5 期，第 160—174 页；USMCA, Annex 14-E Mexico–United States Investment Disputes Related to Covered Government Contracts, art. 4.

进行协商等前提要求，从而避免仲裁庭将冷静期裁定为管辖权事项的风险。[①]

3. 岔路口条款

岔路口条款也是一种常见的前置程序，要求投资者只能在国际投资仲裁和国内法院程序之间选择其一，如果投资者已在东道国国内法院提起诉讼，则不得再将争端提交国际投资仲裁；换言之，选择其一即排除另一种。[②]

然而，在实践中该条款也有可能不被遵守。比如，在 The Loewen Group, Inc. 和 Raymond L. Loewen 诉美国案[③] 中，仲裁庭的意见就表明，外国投资者在选择国内救济程序后，如果认为东道国法院裁决或行政机构的决定存在不公正之处，仍然可以基于遭受东道国法院不公待遇这一理由提起国际投资仲裁程序。此举将导致外国投资者既利用了东道国国内救济，又寻求了国际投资仲裁这一国际救济，从而使国际投资协定所规定的岔路口条款形同虚设。[④]

从投资者的角度出发，投资者在面对岔路口条款时应谨慎选择，避免国际投资仲裁庭对岔路口条款进行严格解释，在投资者选择国内救济的情况下裁定仲裁庭无管辖权，从而排除国际投资仲裁的适用。

[①] 龚柏华：《涉华投资者—东道国仲裁案法律要点及应对》，《上海对外经贸大学学报》2022年第2期，第79—92页。

[②] 廖凡：《投资者——国家争端解决机制的新发展》，《江西社会科学》2017年第10期，第200—208页。

[③] Loewen Group, Inc. and Raymond L. Loewen v. United States of America, ICSID Case No. ARB (AF)/98/3.

[④] 李沣桦：《东道国当地救济规则在ICSID仲裁领域的运用研究——兼论中国双边投资条约的应对策略》，《法律科学（西北政法大学学报）》2015年第3期，第179—189页。

第三节　审理及裁决的作出

仲裁庭在确定对一项国际投资争端具有管辖权后，将对争端进行事实和法律审理，经过书面程序、庭审程序后，进行秘密审议并作出仲裁裁决。本节将投资者在这些环节中可以主张的实体权利和程序权利予以概括梳理，以期呈现一个较为完整的框架。

一、投资者可主张的投资保护概述

促进和保护国际投资，仅仅依靠国家的国内法远远不够，还需要国家之间的合作，即通过签订国际条约特别是双边投资协定和区域投资协定，来对投资提供国际法的保护。经过多年的发展，国际投资协定已经就协定的核心内容（即对投资者的保护义务）达成了共识，主要包括国民待遇、最惠国待遇、公平公正待遇、充分保护和安全、禁止业绩要求、资金转移、征收和补偿、拒绝利益、安全例外等。第一章第三节在分析全球视野下国际投资仲裁制度的适用情况时，已经分析了在实践中东道国被诉违反投资保护条款的类型及数量。我国理论界和实务界对于这些条款及其在国际投资实践中的解读非常丰富，此处仅作概括性阐释。

（一）公平公正待遇／最低待遇标准

公平公正待遇条款是投资者在国际投资仲裁中援引最为频繁的条款。究其原因，是大多数国际投资协定对公平公正待遇条款的表述过于抽象和模糊，赋予了国际投资仲裁庭较大的自由裁量权，使得国际投资仲裁庭在解释这一条款时，存在宽泛性、不确定性、不可预测性、不一致性等问题。[①] 对此，国内外学者从理论解析[②]、历史演进[③]、文本研究[④]、案例研究[⑤]、改革进路[⑥]等多个角度进行了细致研究，故本书仅作简要阐释。

1. 公平公正待遇的缘起[⑦]

在殖民主义时期，工业化殖民宗主国自诩"文明国家"，在殖民地国家行使治外法权。在此背景下，拉丁美洲国家为了维护国家主权提出了"卡尔沃主义"，主张属于一国领域内的外国人同所在国国民享有同样的权利；当外国人受到侵害时，应依赖其所在国解决，不应由外国人的母国出面要求任何金钱上的补偿。然而，作为宗主国之一的美国则认为，这一立场可能导致在拉丁美洲国家的美国人权利受损，其主要考量是美国认为这些拉丁美洲国家国内法制并不十分健全，因此，尽管这些国家给予美国人的待遇与其给予本国国民的待遇相同，但这一待遇水平也可能很低。在此背景下，美国国务卿鲁特于 20 世纪初提出了"国际司法标准"这一概念。他认为："存在着一个司法标准，非常简单而又非常重要，为所有文明国家所普遍接受，构成世界国际法的一部分。一国有权根据它给予本国公民的公平待遇衡量它给予外侨的

① 余劲松：《国际投资条约仲裁中投资者与东道国权益保护平衡问题研究》，《中国法学》2011 年第2 期，第132—143 页。
② 比如徐崇利：《公平与公正待遇标准：国际投资法中的"帝王条款"？》，《现代法学》2008 年第 5 期，第 123—134 页；徐崇利：《公平与公正待遇：真义之解读》，《法商研究》2010 年第 3 期，第 59—68 页。
③ 比如刘笋：《论投资条约中的国际最低待遇标准》，《法商研究》2011 年第 6 期，第 100—107 页。
④ 比如张辉：《美国国际投资法理论和实践的晚近发展——浅析美国双边投资条约 2004 年范本》，《法学评论》2009 年第 2 期，第 63—68 页；石静霞、孙英哲：《国际投资协定新发展及中国借鉴——基于CETA 投资章节的分析》，《国际法研究》2018 年第 2 期，第 21—39 页；张生：《从〈北美自由贸易协定〉到〈美墨加协定〉：国际投资法制的新发展与中国的因应》，《中南大学学报（社会科学版）》2019 年第 4 期，第 51—61 页；岳树梅、黄秋红：《〈能源宪章条约〉中的公平公正待遇条款现代化：欧盟方案及中国因应》，《国际商务研究》2023 年第 6 期，第 59—71 页。
⑤ 王衡、惠坤：《国际投资法之公平公正待遇》，《法学》2013 年第 6 期，第 84—92 页；林燕萍、朱玥：《论国际投资协定中的公平公正待遇——以国际投资仲裁实践为视角》，《上海对外经贸大学学报》2020 年第 3 期，第 72—89 页。
⑥ 梁开银：《公平公正待遇条款的法方法困境及出路》，《中国法学》2015 年第 6 期，第 179—199 页；岳树梅、黄秋红：《〈能源宪章条约〉中的公平公正待遇条款现代化：欧盟方案及中国因应》，《国际商务研究》2023 年第 6 期，第 59—71 页。
⑦ 刘笋：《论投资条约中的国际最低待遇标准》，《法商研究》2011 年第 6 期，第 100—107 页。

公平待遇，条件是，它的法律制度与行政制度须符合该一般标准。如果某国的法律和行政制度不符合该标准，那么，即便该国人民愿意或被迫在其下生活，但不能迫使其他国家把它作为对其公民提供了一个令人满意的待遇措施来接受它。"鲁特的这段话虽然并未明确提及国际最低待遇标准，但其所宣称的"国际司法标准"显然道出了"文明国家"的共同心声。

第二次世界大战结束之后，在众多第三世界国家逐步"去殖民化"、苏联及东欧国家形成"社会主义联盟"的复杂国际环境中，以美国为首的工业国家已经很难毫不妥协地推广其自诩高尚的意识形态、价值观念和规则体系。于是，国际最低待遇标准开始改头换面，以公平公正待遇标准的形式被逐步引入国际经济条约，而后逐步在国际投资协定中确立了下来，成为与国民待遇、最惠国待遇这两个相对待遇标准相对应的一项绝对待遇标准。由此可见，公平公正待遇与最低待遇标准存在历史的渊源。

2. 公平公正待遇的发展演进

后续的相关国际投资仲裁实践表明，不同的仲裁庭对公平公正待遇的理解存在很大的差异：既有限制性解释（即将其限制于依照习惯国际法最低待遇标准进行解释），也有扩大性解释（即认为该待遇应依包括所有渊源在内的国际法来解释或者将其看作一个独立自治的标准）。[1] 比如，在根据 NAFTA 第 1105 条（最低待遇条款[2]）提起的 Pope & Talbot 公司诉加拿大案[3]、S.D. Myers 公司诉加拿大案[4]、Metalclad 公司诉墨西哥案[5] 中，仲裁庭均对公平公正待遇采用了扩大性解释的方法，从而降低了违反公平公正待遇的门槛，使公平公正待遇不再局限于国际最低标准所提供的保护程度，而是演变为一种较国际最低标准更高的绝对待遇标准，减轻了投资者的举证责任并加重了东

---

① 余劲松：《国际投资法（第六版）》，法律出版社 2022 年版，第 204 页。
② NAFTA 第 1105 条第 1 款规定，每一缔约方应给予另一缔约方投资者以符合国际法的待遇，包括公正与公平待遇和充分的保护与保障。
③ Pope & Talbot Inc. v. The Government of Canada, UNCITRAL.
④ S.D. Myers, Inc. v. Government of Canada, UNCITRAL.
⑤ Metalclad Corporation v. The United Mexican States, ICSID Case No. ARB (AF) /97/1.

道国的义务。

在此背景下，NAFTA 自由贸易委员会于 2001 年对第 1105 条进行了第一次，也是迄今唯一一次解释。该解释明确了如下内容：第一，投资者及其投资所享有的最低待遇应限定在习惯国际法所认可的范畴；第二，公平公正待遇标准不提供最低待遇标准之外或额外的待遇；第三，违反 NAFTA 其他条款（如国民待遇条款）并不构成对最低待遇义务的违反。[①] 这一解释的颁布，再一次将各仲裁庭带回到有关国际最低待遇标准之国际司法实践的起点（即 Neer 案）[②]，使得后续仲裁庭在分析公平公正待遇时或多或少地将 Neer 案纳入考量，但很多仲裁庭仍然认为，需要依据具体事实作为判断基础，认为习惯国际法也是在发展变化的。由此可见，2001 年的解释对于解释 NAFTA 下的最低待遇条款或公平公正待遇是有益的，但是仍然未能达成共识。

在基于 NAFTA 以外的其他国际投资协定提起的国际投资仲裁案件中，仲裁庭在面对解释公平公正待遇时，也产生了很大分歧。特别是近年来的 ICSID 仲裁案例在解释和适用公平公正待遇时，基本上倾向于采取比传统国际最低待遇标准更为宽泛的解释，并提出了分析公平公正待遇的几个要素，以此来衡量公平公正待遇是否被违反。其要点包括：公平公正待遇要求提供稳定和可预见的法律与商业环境；不影响投资者的基本预期；不需要有传统国际法标准所要求的专断和恶意；违反公平公正待遇条款必须给予赔偿。[③]

这种不确定性也引发学者的深思，从实践角度总结分析仲裁庭在解释公平公正待遇条款时的立场或原则（比如善意原则）。从部分国际投资仲裁的裁决可以看出，善意是公平公正待遇下东道国的基本义务，缔约方有善意行动

[①] 余劲松：《国际投资法（第六版）》，法律出版社 2022 年版，第 206—207 页。

[②] 1926 年的 Neer 案确立了考察国家行为是否构成对外国人最低待遇标准之违反的严格标准，即只有当政府行为是专断的、恶意的、故意忽视其义务时才是违反国际最低待遇标准。余劲松：《国际投资条约仲裁中投资者与东道国权益保护平衡问题研究》，《中国法学》2011 年第 2 期，第 132—143 页。

[③] 余劲松、梁丹妮：《公平公正待遇的最新发展动向及我国的对策》，《法学家》2007 年第 6 期，第 151—156 页；余劲松：《外资的公平与公正待遇问题研究——由 NAFTA 的实践产生的几点思考》，《法商研究》2005 年第 6 期，第 43—50 页；余劲松：《国际投资条约仲裁中投资者与东道国权益保护平衡问题研究》，《中国法学》2011 年第 2 期，第 132—143 页。

的义务，不得故意造成对投资者的损害。根据善意原则，可以指导公平公正待遇的解释，使其内涵具体化，实现投资者和东道国利益的平衡。[1]

3. 公平公正待遇的改革进路 [2]

目前，已有不少国家开始通过修订国际投资协定的方式修正和限制该待遇条款，通过"列举式清单"的方式明确公平公正待遇的内涵和外延。当然，在具体进路上也存在很大不同，包括开放列举式清单进路和封闭列举式清单进路。

采取开放列举式清单进路的方式，是采取非排他的、示例性的方式具体列举公平公正待遇的内容，在表述上具有"包括但不限于"的特点。比如，美国 2004 年和 2012 年 BIT 范本第 5 条（最低待遇标准）都仅仅列举了"不得拒绝司法"这一项内容。也有的 BIT 列举了多项内容，比如 2014 年法国和哥伦比亚 BIT 第 4 条就列举了不得拒绝司法、透明度、非歧视、非专断这些内容。

相较而言，有些国家采取了封闭列举式清单进路，即以排他的方式列举，在表述上具有"包括并且限于"的特点。但其具体列举的内容也有很大不同。比如，2009 年东南亚国家联盟（ASEAN）投资协定第 11 条（投资待遇）排他性地列举了"不得拒绝司法"这一内容。欧盟则迈出了最大的一步，即参考国际投资仲裁庭裁决中被广泛认定且趋于稳定的裁决，穷尽性地列举出构成违反该项待遇的具体行为。比如，2014 年欧盟与加拿大全面经济贸易协定

---

[1]　张庆麟、黄幽梦：《论善意原则对国际投资协定公私利益平衡的调节——以投资仲裁中善意原则的适用为视角》，《时代法学》2023 年第 5 期，第 107—116 页。
[2]　王彦志：《国际投资法上公平与公正待遇条款改革的列举式清单进路》，《当代法学》2015 年第 6 期，第 147—157 页。

（CETA）第 X.9 条便列举了八项内容。[1]

综上，从投资者的角度出发，公平公正待遇条款是其维护合法权益的重要依据，在仲裁过程中，应注意根据条约文本的内容、条约的解释并参考此前的仲裁案例，根据具体案情提出主张。

（二）征收（含直接征收和间接征收）

征收有直接征收和间接征收之分，直接征收直接剥夺了投资者的财产所有权，而间接征收是对使用、占有和处置财产的权利进行不合理的干涉，从而间接地影响了财产所有权。[2] 在过去，国际投资法领域对于外国人财产征收问题的界定和讨论主要是在直接征收的背景下进行的，直接征收往往是非常明显的。然而自 20 世纪 90 年代以来，在国际上大型的直接征收已经非常少见，取而代之的便是间接征收。在间接征收中，东道国政府采用了更为隐蔽的、不易被投资者发现的干预、限制投资的手段实现了对投资财产的国有化，因此更难识别。间接征收尽管在形式上不剥夺投资者财产所有权，但是实际上却影响了权利人对财产的实质性享有和受益，与直接征收具有相同效果。

在实践中，有关间接征收的认定标准存在很大分歧，实务界和理论界主要有"单一效果标准""单一目的标准""兼采效果与目的标准"三种立场。三者的差异根源便在于如何平衡东道国的国家管理权与投资者的私人财产所有权之间的关系。在寻求这一平衡时，往往需要在东道国的国家利益和投资者的私人利益之间作出抉择。

---

[1] 具体包括：在刑事、民事或行政程序中拒绝司法；在司法或行政程序中根本违反正当程序，包括根本违反透明性；明显的专断；基于性别、种族或宗教信仰等明显错误的理由的有针对性的歧视；滥权对待投资者，诸如强制、威胁和骚扰；违反了缔约方根据本协定所通过的任何其他义务要素；缔约方应定期或应一缔约方请求评审公平与公正待遇的义务内容，服务和投资委员会可以在此方面形成建议并提交给贸易委员会作出决定；当适用公平与公正待遇义务时，仲裁庭可以考虑一缔约方是否对投资者作出特别陈述以诱使此种投资，而该特别陈述造成了正当期待，投资者依赖此种特别陈述据以决定作出或维持投资，但该缔约方后来挫败了此种期待。王彦志：《国际投资法上公平与公正待遇条款改革的列举式清单进路》，《当代法学》2015 年第 6 期，第 152 页。

[2] 余劲松：《国际投资法（第六版）》，法律出版社 2022 年版，第 278 页。

1. 单一效果标准

"单一效果标准"或"纯粹效果标准"认为，在区分管理措施与征收措施时，应完全根据特定政府管理措施的效果，尤其是对投资的干预程度。该学说在实践中更侧重保护投资者利益，即只要东道国政府采取的管理措施实质性地损害了外国投资者的财产权，不管出于维护多大的公共利益之需要，均构成间接征收。[①] 在单一效果标准的理论范畴内，判断个案中东道国政府的行为是否构成间接征收，只需要考虑行为对外国投资者所产生的实际影响，而不需要考虑东道国政府是出于何种目的。当这种效果（或实际影响）足够显著，且持续了相当长的一段时间，那么将被认为是构成征收的初步证据。至于究竟需要达到如何的效果才被视为"足够显著"，通常的表述包括"移除所有权的所有利益""致使财产在实际上变得毫无用处"等。比如，在 Lauder 公司诉捷克案中，仲裁庭指出，构成间接征收的行为"有效地使得对财产的享有变得无效了"；在 Metaclad 公司诉墨西哥案中，仲裁庭指出，只要使财产权的重大或重要部分的享有变得无效，政府措施也可以构成间接征收；在 Pope & Talbot 诉加拿大案中，尽管加拿大政府的出口配额限制造成了申请人的利益减损，但是申请人的海外销售并没有完全被禁止，其仍能获利，因此，这一限制并不构成征收。[②] 显然，该标准完全站在了投资者的立场之上，最终必将极大地扩张征收行为的外延，从而限制东道国基于合法的公共目的对本国经济和社会事务进行正常管理的权力。[③]

---

① 徐崇利：《利益平衡与对外资间接征收的认定及补偿》，《环球法律评论》2008 年第 6 期，第 28—41 页。

② Ronald S. Lauder v. The Czech Republic, UNCITRAL; Metalclad Corporation v. The United Mexican States, ICSID Case No. ARB(AF)/97/1; Pope & Talbot Inc. v. The Government of Canada, UNCITRAL; 蔡从燕：《效果标准与目的标准之争：间接征收认定的新发展》，《西南政法大学学报》2006 年第 6 期，第 85—91 页；许敏：《论间接征收的界定——东道国经济管理权的边界》，《河北法学》2013 年第 8 期，第 135—144 页。

③ 梁咏：《间接征收的研究起点和路径——投资者权益与东道国治安权之平衡》，《财经问题研究》2009 年第 1 期，第 86—92 页。

2. 单一目的标准

"单一目的标准"或"单一性质标准"是依据东道国政府所采取的管理措施的性质或目的来判断其是否对外国投资者的投资构成间接征收。该标准在实践中更侧重保护东道国政府的利益，具备正当的公共目的本身，即足以认定政府是在正常地行使治安权，并且不构成征收。因此，该学说在实践中更侧重保护东道国利益，即认为对公共利益的考量是第一位的，只要东道国政府采取的管理措施具有维护社会公共利益之目的，不管对外国投资者的财产权造成多大的损害，均不能被视为间接征收，政府无须给予补偿。[①] 比如，在Methanex 诉美国案和 S.D. Myers 公司诉加拿大案中，仲裁庭认为，只要是出于公共目的且建立在非歧视基础上的政府行为都可以归入目的标准。[②] 相较于纯粹效果标准，单一目的标准是一个更为主观的标准，在判定东道国政府的行为是否合法时，考虑的是东道国政府的行为目的。相较于可探知的客观因素，这种主观因素在实践中具有极大的不确定性，因此可能会成为东道国政府规避责任和补偿的理论依据。

3. 兼采效果与目的标准

"兼采效果与目的标准"力求在个案中实现二者的公平判定，认为在认定政府管制措施是否构成间接征收时，应综合考虑各种情况，包括特定政府管制措施的效果与采取该措施的目的，因此是一种中间道路，在国际投资仲裁实践中有不断增加的趋势。[③] 有些国际投资协定也从法律规范层面采纳了这一标准，规定对间接征收的认定，不仅要考虑东道国管制措施对外资产生的效果，而且要考虑东道国实施管制措施的目的。[④]

---

① 杨丽艳、张新新：《再论国际投资仲裁中间接征收的认定及扩大适用》，《时代法学》2017 年第 1 期，第 112—121 页。
② 蔡从燕：《效果标准与目的标准之争：间接征收认定的新发展》，《西南政法大学学报》2006 年第 6 期，第 85—91 页。
③ 徐崇利：《利益平衡与对外资间接征收的认定及补偿》，《环球法律评论》2008 年第 6 期，第 28—41 页。
④ 张光：《论东道国的环境措施与间接征收——基于若干国际投资仲裁案例的研究》，《法学论坛》2016 年第 4 期，第 61—68 页。

为了实现东道国政府的管理权和外国投资者的财产所有权的平衡，有的仲裁庭引入了比例原则。根据比例原则，除了要求东道国政府具有合法的行为目的之外，还要求所采取的行为具有"适当性"和"必要性"，即东道国政府所采取的措施是能够实现其公共目的的、适当的措施，并且该措施是所有能够实现该公共目的的方法中，对私人权益损害最小的。在满足上述条件之后，再考量意欲保护的公共目的和损害的利益是否是成比例的，即不可因小失大，这一步也被称为"严格意义上的比例原则"，与"适当性""必要性"并称比例原则的"三阶理论"。[1] 因而，在比例原则的基础之上，东道国政府不仅要有合法的公共目的作为行为动因，而且其所采取的措施必须是众多有效途径中，最为便捷、对投资者的损害最小的。在 Tecmed 诉墨西哥案中，仲裁庭首次引入比例原则来衡量目的与效果之间的关系。仲裁庭认为，在裁定管理行为和措施是否属于征收时，必须思考它们与试图保护的公共利益（如环境保护目的）及法定给予投资的保护是否是相称的；在对投资者施加的负担与上述措施寻求实现的目标之间，必须存在合理的比例关系。仲裁庭认为，墨西哥政府不予重新颁发许可证的行为不符合比例原则，因此构成了征收。[2] 将效果与目的结合判断，既能将纯粹客观的效果与主观结合，避免惩罚无征收意图的东道国政府，不至于过分限缩东道国政府的国家管理权；又能将主观目的通过客观效果显现出来，将不易探知的、具有不确定性的主观目的，转化为容易获知的、客观真实的效果，使得东道国政府不能随意为自己的行为开脱。诚然，运用比例原则对间接征收进行判定，从理论上而言是可行的。但是，如何在实践中适用比例原则仍然需要思考。

（三）非歧视待遇（含国民待遇和最惠国待遇）

"非歧视"的概念在国际贸易法和国际投资法中是普遍存在的，二者既密

---

① 王书成：《比例原则之规范难题及其应对》，《当代法学》2007 年第 6 期，第 108—112 页。

② Técnicas Medioambientales Tecmed, S.A. v. United Mexican States, ICSID Case No. ARB(AF)/00/2, Award of the Tribunal, 2003-05-29, paras. 95-151; 杨丽艳、张新新：《再论国际投资仲裁中间接征收的认定及扩大适用》，《时代法学》2017 年第 1 期，第 112—121 页。

切联系，又存在差异。① 事实上，非歧视原则是国际投资法的基石，通常体现在两项投资义务条款中——国民待遇条款和最惠国待遇条款，也有些国际投资协定单独规定了非歧视条款。

尽管不同的国际投资协定并没有以相同的方式定义这三项待遇条款，但是根据已经签订的国际投资协定及其实践可以看出，国际投资仲裁庭在适用这些待遇条款时，通常从"不低于""相似/相同情形"和"正当理由例外"三个构成要件展开分析。

1. "不低于"待遇

一般而言，国民待遇条款通常是指东道国有义务给予外国投资者及其投资以"不低于在相似情形下其给予本国投资者及其投资的待遇"。由此，判断东道国给予外国投资者及其投资的待遇是否"不低于"其给予本国投资者及其投资的待遇是认定东道国是否违反国民待遇义务的重要构成要件。然而，国际投资协定文本对"不低于"的表述并不统一。有些国际投资协定将国民待遇界定为东道国给予外国投资者及其投资的待遇应"等同于"其给予本国投资者及其投资的待遇。最惠国待遇通常是指东道国有义务给予外国投资者及其投资以"不低于在相似情形下给予第三国投资者及其投资的待遇"。由此可见，最惠国待遇与国民待遇在比较对象上有所不同，但是，仲裁庭在适用最惠国待遇条款时，分析步骤和要件与适用国民待遇是相似的。②

非歧视原则是国际投资协定的重要原则，意在禁止主权国家出于国籍原因而给予外国投资低于本国投资或第三国投资的待遇。而声称受到歧视就等于声称受到了不利待遇，即较差的不同待遇，违反了"不低于"在相似情形下给予本国投资者或外国投资者的待遇。这是因为不同的待遇并不一定意味

---

① 关于国际贸易法和国际投资法的国民待遇在整体适用规则上的相似与在具体实践解释中的背离，可参见：NICHOLAS D & JOOST P. "Nondiscrimination in Trade and Investment Treaties: Worlds Apart or Two Sides of the Same Coin?" *American Journal of International Law*, 2008, 102(1): pp.48-89；张倩雯：《国际贸易法与国际投资法国民待遇互动关系比较研究》，《武大国际法评论》2017 年第 6 期，第 41—63 页。
② ANDREW N & LLUÍS P. *Law and Practice of Investment Treaties: Standards of Treatment*. Netherlands: Kluwer Law International, 2009, p. 141.

着歧视，不同的待遇也可能是更加有利的待遇。例如，东道国向外国投资者提供投资激励措施的情况并不少见。

对于"不利待遇"的理解可以结合国际投资协定及国际投资仲裁实务。以违反国民待遇为例，在国际投资实践中，并不需要证明东道国具有歧视意图／动机。在 S.D. Myers 诉加拿大案中，仲裁庭肯定了主观意图对于判断东道国是否违反国民待遇的重要性，但同时指出，保护性的意图本身并不必然具有决定性。在 Champion Trading 诉埃及案及 Occidental Exploration 诉厄瓜多尔案中，仲裁庭均认为东道国是否具有歧视意图与认定其行为是否违反国民待遇无关。后续很多仲裁庭遵循了 S.D. Myers 诉加拿大案中仲裁庭的立场。[1] 换言之，东道国具有歧视意图／动机并不是认定违反国民待遇的先决条件，仲裁庭关注的是，东道国是否存在给予外国投资者"低于"本国投资者的待遇这一事实。[2] 此外，即使在类似情况下，仅存在一个国内投资者作为比较对象，且外国投资者享受的待遇较之不利，也满足不利待遇这一因素。

2. 相似／相同情形

非歧视待遇、国民待遇和最惠国待遇是相对待遇标准。其中隐含的意思是，这些待遇标准都存在比较的基准；换言之，歧视仅能通过比较来确定。不同的是，国民待遇的比较基准是东道国给予本国投资者及其投资的待遇，而最惠国待遇的比较基准是东道国给予第三国投资者及其投资的待遇。因此，当缔约国的投资者与本国的投资者或第三国的投资者没有被平等对待时，就存在违反国民待遇或最惠国待遇的可能。

在确定是否存在歧视时，必须具备可比性，而可比性需要满足两个要求：其一，可比的投资者具有不同的国籍。比如，如果只有同一国家的投资者在另一个国家进行投资，则不能适用最惠国待遇。在这种情况下，不可能对来

---

① 张倩雯:《国际投资法国民待遇的"不低于"问题研究》,《武大国际法评论》2021 年第 5 期, 第 95—116 页。

② RUDOLF D & CHRISTOPH S. *Principles of International Investment Law*. Oxford: Oxford University Press 2012, p. 201.

自不同国家的外国投资者享受的待遇进行比较。^① 其二，投资者/投资处于相似/相同情形。在国际投资协定中，关于国民待遇中的"相似/相同情形"的表述也有所不同，包括"相似情形""相同情形"和"相同产业或领域"三种表述方式。^② 在国际投资实践中，对于相似/相同情形的认定，是非常复杂的，在国际投资法中仍然缺乏一套普遍接受的标准，因此，仲裁庭对相似情形的内涵存在分歧。^③ 比如，在 Occidental Exploration & Production Co. 诉厄瓜多尔案中，仲裁庭对"相似情形"进行了广义解释。申请人是一家在厄瓜多尔投资合作勘探生产石油的美国公司。该公司在 2001 年以前依据合同规定享受增值税出口退税；然而，2001 年后厄瓜多尔税务机关拒绝给予申请人增值税出口退税。厄瓜多尔政府认为，相似情形应当限定在石油行业之间；申请人认为，厄瓜多尔违反了国民待遇义务，因为鲜花、采矿、香蕉等出口行业都能享有增值税退税的待遇，增值税的征收应当考虑货物最终是否出口，在此情形下，"相似情形"并不应仅指同一经济行业的行为，而是涵盖了所有的出口企业。仲裁庭支持了申请人的主张，认为"相似情形"适用于"所有行业"的出口商。^④

也有的仲裁庭对"相似情形"进行了狭义解释。在 Renée Rose Levy de Levi 诉秘鲁共和国案中，仲裁庭认为，尽管外国投资者和本国投资者都属于同一个经济部门（即银行业），但是，由于银行业对任何国家来说都是一个敏感领域，因此，在该领域运营的各银行之间存在显著差异。例如，有些银行主要从事资产管理和投资，其他银行则从事企业和消费银行业务。一家银行主要从事的细分市场体现了该银行与其他银行的不同程度，并决定了它们是

---

① ACCONCI P. "Most-Favoured-Nation Treatment". Peter Muchlinski, Federico Ortino and Christoph Schreuer Eds. *The Oxford Handbook of International Investment Law*. Oxford: Oxford University Press, 2008, p. 366.

② 任强：《国际投资法国民待遇中的"相似/相同情形"考察》，《山西大同大学学报（社会科学版）》2012 年第 3 期，第 18—22 页。

③ 刘芳：《国际投资协定国民待遇条款"相似情形"的认定》，《首都经济贸易大学学报》2018 年第 6 期，第 99—108 页。

④ Occidental Petroleum Corporation and Occidental Exploration and Production Company v. The Republic of Ecuador, ICSID Case No. ARB/06/11, Award, 2012-10-05, para. 173.

否为竞争对手。也就是说，只有"在所有相关方面"都相同的投资才属于相似情形。[1]

大部分的仲裁庭如 Methanex 诉美国案、S.D. Myers 诉加拿大案等都介于这两个极端中间，即当投资"处于同一业务或经济部门"时，就可以满足相似情形的要求。在 Methanex 诉美国案中，申请人是甲醇的制造商，而甲醇是甲基叔丁基醚（MTBE）的关键成分。此后，美国加利福尼亚州禁止生产MTBE。申请人试图将加拿大国内乙醇生产商享受的待遇作为参照，但是仲裁庭认为，甲醇和乙醇生产商并不具有可比性，仲裁庭应当首先比较相同行业的竞争关系，而不能直接比较相似的竞争行业。[2]换言之，东道国对不在同一经济部门运营的投资者给予不同的待遇一般而言是合理的。

3. 正当理由例外

在国际投资法的背景下，如果不利待遇是基于"正当或合理的理由"，则不存在歧视。换言之，对外国投资者实行差别待遇是允许的，甚至是必要的，只要这种差别是基于"正当或合理的理由"。事实上，长期以来人们一直认为"不平等之间的平等"可能是不公平的，而差别待遇对于"真正的平等"可能至关重要。

在实践中，仲裁庭的裁决确认了差别待遇可以是合理的，并且合理的差别待遇不是歧视。例如，在 Parkerings-Compagniet AS 诉立陶宛共和国案中，仲裁庭认定，歧视必须是不合理的或缺乏相称性的，客观原因可能导致在类似案件中实行差别待遇是合理的。[3]在 Pope & Talbot 诉加拿大案中，仲裁庭认定，待遇差异将被推定违反 NAFTA 第 1102 条第 2 款（国民待遇），除非它们与合理的政府政策有合理的联系。[4]正如 ICSID 法庭在 Marvin Roy Feldman

---

[1]　Renée Rose Levy de Levi v. Republic of Peru, ICSID Case No. ARB/10/17, Award, 2014-02-26, para. 396.

[2]　Methanex Corporation v. United States of America, UNCITRAL, Award, 2005-08-03, Part Ⅳ, para. 19.

[3]　UNCTAD, "UNCTAD Series on Issues in International Investment Agreements Ⅱ: Most-Favoured-Nation Treatment", 2023-12-31, http://unctad.org/en/Docs/diaeia20101_en.pdf, pp. 27-28.

[4]　UNCTAD, "UNCTAD Series on Issues in International Investment Agreements Ⅱ: Most-Favoured-Nation Treatment", 2023-12-31, http://unctad.org/en/Docs/diaeia20101_en.pdf, p. 36.

Karpa 诉墨西哥案中指出的那样，在国际投资背景下，歧视的概念被定义为暗示外国投资者和国内投资者之间的"不合理区别"。[①]

国际投资仲裁庭裁决和国际投资协定中出现的区别理由包括公共安全和秩序、公共卫生或道德、环境问题和公共利益。例如，在 S.D. Myers 诉加拿大案中，仲裁庭指出，应考虑"公共利益"，以证明政府区别对待国内外投资者的做法是合理的。

（四）保护伞条款[②]

许多国际投资协定规定，缔约任何一方应恪守对缔约另一方投资者在其境内投资所作的承诺。该条款意在把东道国政府对外国投资者的承诺置于国际投资条约的保护之下，因此被称为保护伞条款。对于保护伞条款的解释，需要"依靠特定条约的具体文字表述、条文表述的通常含义、条约上下文语境、条约的宗旨和目标以及条约谈判史或者关于缔约方意图的其他暗示"。[③]

在国际投资实践中，仲裁庭对于保护伞条款的基本效力、管辖权和适用范围等存在较大分歧[④]；特别是在适用范围上，东道国政府对违反投资所作的合同承诺与违反投资协定中的保护伞条款的关系问题存在很大分歧。换言之，如果东道国政府违反了合同条款（合同请求权），但没有同时违反国际投资协定的其他实体条款（条约请求权），那么，投资者是否可以援引保护伞条款获得国际投资协定上的保护？不同仲裁庭采取了不同的立场。

在 SGS 诉巴基斯坦共和国案[⑤]中，国际投资仲裁庭对保护伞条款进行了

[①] Marvin Roy Feldman Karpa v. United Mexican States (ICSID Case No. ARB (AF) /99/1), Award, 2002-12-16, para. 181.

[②] 相关案例及分析详见徐崇利：《"保护伞条款"的适用范围之争与我国的对策》，《华东政法大学学报》2008 年第 4 期，第 49—59 页；封筠：《"保护伞条款"与国际投资争端管辖权的确定》，《暨南学报（哲学社会科学版）》2011 年第 1 期，第 35—41 页；丁夏：《国际投资仲裁中适用"保护伞条款"之冲突与解决——以仲裁庭阐释条款的态度为线索》，《西北大学学报（哲学社会科学版）》2014 年第 2 期，第 71—76 页。

[③] 王彦志：《投资条约保护伞条款的实践及其基本内涵》，《当代法学》2008 年第 5 期，第 50—55 页。

[④] 赵红梅：《投资条约保护伞条款的解释及其启示——结合晚近投资仲裁实践的分析》，《法商研究》2014 年第 1 期，第 39—46 页。

[⑤] SGS Société Générale de Surveillance S.A. v. Islamic Republic of Pakistan, ICSID Case No. ARB/01/1.

限制性解释。《巴基斯坦—瑞士双边投资协定》第11条第1款规定："缔约任何一方必须持续地保证遵守对缔约另一方投资者的投资所作的承诺。"仲裁庭的裁决反映了其对保护伞条款的立场：其一，通常只有在东道国政府违反合同的同时也违反了国际投资条约中其他实体条款（如最惠国待遇、国民待遇、征收等）时，即属于"条约请求"的情况下，才构成对"保护伞条款"的违反，可以寻求国际投资仲裁救济；其二，如果东道国违反合同，但没有同时违反国际投资协定中的其他实体条款，则属于"纯合同请求"，不构成对保护伞条款的违反，无权寻求国际投资仲裁救济；其三，仅在特殊情况下，当有"清晰的和令人信服的证据"表明缔约双方在订入"保护伞条款"时将该条款适用范围及于"纯合同请求"的意图时，投资者才可以就此寻求国际投资仲裁救济。在此后的 SGS 诉菲律宾案[1] 中，仲裁庭对"保护伞条款"的适用作了截然不同的解释。针对相似的事实和条约内容，仲裁庭认为东道国政府违反合同即构成违反保护伞条款，对该条款进行了宽泛的、扩张性解释。随后，在 EL Paso 诉阿根廷案[2] 中，仲裁庭区分了东道国政府行为的性质，作为"商人"违反"商事合同"与作为"主权者"干预"国家合同"的后果不同，前者不会同时构成对保护伞条款的违反，后者则构成对保护伞条款的违反。这一解释试图平衡东道国和投资者利益，介于上述两案之间。上述立场，也被不同的仲裁庭所采纳。[3]

（五）禁止业绩要求[4]

起初，禁止业绩要求条款规定在《与贸易有关的投资措施协议》中，并

---

[1]　SGS Société Générale de Surveillance S.A. v. Republic of the Philippines, ICSID Case No. ARB/02/6.

[2]　El Paso Energy International Company v. Argentine Republic, ICSID Case No. ARB/03/15.

[3]　SGS 诉阿根廷案仲裁庭的立场在 Joy Mining Machinery Limited v. Arab Republic of Egypt（ICSID Case No. ARB/03/11）案和 Salini Costruttori S.p.A. and Italstrade S.p.A. v. The Hashemite Kingdom of Jordan（ICSID Case No. ARB/02/13）案中得到了遵守；SGS 诉菲律宾案的立场被 Noble Ventures, Inc. v. Romania（ICSID Case No. ARB/01/11）案的仲裁庭所遵循；EL Paso v.Argentina 案的立场被 BP America Production Company and others v. Argentine Republic（ICSID Case No. ARB/04/8）和 Sempra Energy International v. The Argentine Republic（ICSID Case No. ARB/02/16）所遵循。

[4]　陶立峰：《扩容与限制：投资协定禁止业绩要求条款的最新发展及对策研究》，《社会科学》2016年第3期，第107—114页。

没有明确规定在国际投资协定之中。但是，这并不意味着彼时的国际投资协定缔约国可以采取所有业绩要求。如果这些缔约国是 WTO 成员国，则其在投资过程中也应当遵守《与贸易有关的投资措施协议》中的禁止业绩要求。晚近，禁止业绩要求条款开始扩张至国际投资领域，表现在条约文本上禁止业绩要求的情形及其例外规定的增多，既有准入后的禁止业绩要求条款，也有准入前及准入后的禁止业绩要求条款。①

在为数不多的涉及禁止业绩要求的仲裁案件中，仲裁庭对该条款的解释也存在目的解释（倾向关注政府采取一项有争议的措施的主观意图，有利于东道国政府主权的维护）或者效果解释（对东道国采取的措施的审查更加严格，更加关注对投资者利益的维护）的不同立场，值得注意。

比如，在 Lemire 诉乌克兰案② 中，仲裁庭在分析禁止业绩要求这一条款时，采用了通常含义及"目的和宗旨"的解释方法。仲裁庭认为，案涉要求（即《2006 年电视电台法》第 9 条第 1 款要求每个电台必须提供 50% 的播出时间用以播放乌克兰音乐的规定）并没有特别强制这些产品或服务在当地采购，且该规定之目的是促进乌克兰文化传承，与《美国—乌克兰双边投资协定》序言中的实现更深层面的经济合作宗旨相一致，因此，上述要求并不违反协定有关禁止当地采购的规定。而在 Mobil 诉加拿大案③ 中，仲裁庭采用了

---

① 准入前的禁止履行要求条款如 2001 年《印度—科威特双边投资协定》，该协定第 4 条第 4 款规定："外国投资一经设立，缔约东道国不得对该投资增加任何限制扩大或维持投资的业绩要求，或者采取不利于投资存续的业绩要求。"《北美自由贸易协定》第 1106 条的禁止履行要求条款则覆盖了准入前和准入后投资所有阶段。《北美自由贸易协定》第 1106 条规定："（业绩要求）任何一缔约方不得对另一缔约方或非缔约方在其境内的投资者的投资的设立、收购、扩张、管理、行为或经营，施加或强制执行以下任何要求，或强制执行任何承诺或承诺：（a）出口一定水平或比例的产品或服务；（b）达到一定水平或比率的国内成分；（c）购买、使用或优先考虑其境内生产的产品或提供的服务，或者从其境内个人处购买产品或服务；（d）以任何方式将进口的数量或价值与出口的数量和价值相挂钩，或者与此类投资关联的外汇流入量相挂钩；（e）通过将销售与任何出口数量或价值或者外汇收入相挂钩的方式，限制此类投资所生产的产品或提供的服务在其境内的销售；（f）向其境内个人转移技术、生产工艺或其他专有知识，除非法院、行政法庭或竞争管理机构为救济所指称的违反竞争法行为，或在与本协定其他规定不相悖逆的情况下所采取的行动；或（g）作为此类投资生产之产品或提供之服务的独家供应商，销售至某一特定地区市场或世界市场。"

② Joseph Charles Lemire v. Ukraine, ICSID Case No. ARB/06/18.

③ Mobil Investments Canada Inc. v. Canada, ICSID Case No. ARB(AF)/07/4.

通常解释和效果解释的方法。申请人在加拿大的油田开发项目由加拿大新大地海岸油田委员会具体负责。委员会有权发布指南解释利润分成计划，也在事实上颁布指南以对研发和培训费用提出原则性要求。但在 2004 年，委员会颁发的新指南强令研发费用从原先的勘探开发阶段延伸到生产阶段，而且第一次提出明确研发经费的确切数额。申请人认为，该指南对研发费用的强制要求及确切数额违反了 NAFTA 第 1106 条有关禁止履行要求的规定，因其必须从事一定金额的研发活动才能继续开展石油开采投资。根据"服务"的通常含义，仲裁庭认为服务的含义宽泛足以包括研发和培训；针对 2004 年指南下的措施，仲裁庭分别从目的和效果两个层面进行了分析，认为政府采取不同业绩要求的政策目的有可能有所区别，但当地政府的要求"十分明显"地构成了一项应禁止的业绩要求。

二、审理过程中的注意事项

在庭审过程中，除上述实体性权利的举证和主张外，投资者还可以借助专业的法律服务维护自身的程序性权利。

（一）程序性事项

1. 仲裁庭的裁量事项：是否超裁

仲裁协议是仲裁庭享有管辖权的基础，因此，超裁往往表现为仲裁庭超越仲裁协议范围进行裁决：一是仲裁庭对不属于仲裁协议约定的事项进行裁决；二是仲裁程序为多方当事人，某方当事人不是仲裁协议的当事人，仲裁庭仍对其予以裁决。

2. 基本程序权利的维护

在 ICSID 仲裁程序中，如果仲裁庭存在严重违背基本程序规则的情形，则当事人可以在仲裁裁决作出后申请撤销仲裁裁决。诚然，仲裁裁决的撤销是一种事后补救机制，当事人在提出书面意见和参加庭审过程中同样可以利用程序性规则（如仲裁员资格的取消）来维护自身的合法权益。实践中，基本程序规则主要包括当事人受到平等对待的权利，包括在各个环节待遇平等，均有权参与仲裁程序、有足够的机会陈述自己的意见和举证及反驳对方的主张和证据，仲裁庭独立和公正，证据和举证责任上的待遇平等。

在前文阐述的 Orazul 诉阿根廷共和国案中即涉及庭审过程中当事人认为其程序性权利未获保护而申请取消仲裁员资格的问题，即首席仲裁员在申请人已经撤回了对他的交叉指正请求后仍然允许 Jorge Viñuales 教授做证等。仲裁程序因故中止。

3. 证据的提交（含专家证据、证人证言）

在 ICSID 仲裁程序中的证据收集和提交是一个严格的程序，旨在确保公正和公平的争端解决过程。通过这个程序，当事人可以提供各种类型的证据来支持自己的主张，并对对方当事人提出的证据进行质疑和辩驳。这一程序的目的是确保仲裁庭能够获得全面、客观和可靠的证据，以作出公正的裁决。因此，对于参与 ICSID 争端解决的各方来说，了解和遵守证据收集与提交程序是至关重要的。

《ICSID 仲裁规则》第 5 章规定了证据的提交等各项规则，包含举证责任的承担及证人证言和专家证据等。第 36 条规定了证据的一般原则，包括仲裁庭应确定所举证据的可采性和证明价值，当事人有责任证明其主张或者抗辩所依据的事实。如果仲裁庭认为在仲裁的任何阶段有必要，可以要求当事人提供文件或其他证据。

（二）条约的解释

在国际投资仲裁的实践中，仲裁庭通常会根据《维也纳条约法公约》对案涉国际投资协定的具体条款进行解释。《维也纳条约法公约》于 1969 年 5 月 23 日开放签署，1980 年 1 月 27 日生效，中国于 1997 年 9 月 3 日交存加入书，该公约于 1997 年 10 月 3 日对中国生效。该公约第三编"条约之遵守、适用及解释"的第三节"条约之解释"集中规定了条约解释的通则（第 31 条）、补充资料（第 32 条）和以两种以上文字认证之条约之解释

（第33条）。①

1. 条约解释的一般规则

《维也纳条约法公约》第31条规定，条约应依其用语按其上下文并参照条约的目的及宗旨所具有的通常意义，善意予以解释。这里，善意解释作为一种原则和方法，直接来自第26条体现的条约必经遵守原则。国际法上对于善意原则并没有准确的界定，但作为一种条约解释和适用的方法，一般认为它包括了合理性、客观性和公正性，不得破坏条约目的和宗旨，不得滥用权利，正当程序与公平等可能的内涵。例如，在条约解释过程中，即使条约的文字清楚，但如果这种解释会导致一种显然荒谬或不合理的结果，那么当事国必将寻求另一种解释。

在善意原则的基础上，第31条强调了条约解释过程中必须考虑的三个主要因素：条约约文、它的上下文和条约的目的及宗旨。对条约约文或用语给予"通常意义"的理解是重要的，因为在一般情况下，通常意义是最可能反映当事国意图的意义。就解释条约而言，"上下文"除指连同序言及附件在内的约文外，还应包括全体当事国因缔结条约所订与条约有关文书的任何协定，以及一个以上当事国因缔结条约所订并经其他当事国接受为条约有关文书的

① 《维也纳条约法公约》第3编第3节"条约之解释"内容如下：

第31条"解释之通则"规定：一，条约应依其用语按其上下文并参照条约之目的及宗旨所具有之通常意义，善意解释之。二，就解释条约而言，上下文除指连同序言及附件在内之约文外，还应包括：（a）全体当事国间因缔结条约所订与条约有关之任何协定；（b）一个以上当事国因缔结条约所订并经其他当事国接受为条约有关文书之任何文书。三，应与上下文一并考虑者尚有：（a）当事国嗣后所订关于条约之解释或其规定之适用之任何协定；（b）嗣后在条约适用方面确定各当事国对条约解释之协定之任何惯例；（c）适用于当事国间关系之任何有关国际法规则。四、倘经确定当事国有此原意，条约用语应使其具有特殊意义。

第32条"解释之补充资料"规定，为证实由适用第31条所得之意义起见，或遇依第31条作解释而：（a）意义仍属不明或难解；或（b）所获结果显属荒谬或不合理时，为确定其意义起见，得使用解释之补充资料，包括条约之准备工作及缔结之情况在内。

第33条"以两种以上文字认证之条约之解释"规定：一，条约约文经以两种以上文字认证作准者，除依条约之规定或当事国之协议遇意义分歧时应以某种约文为根据外，每种文字之约文应同一作准。二，以认证作准文字以外之他种文字作成之条约译本，仅于条约有此规定或当事国有此协议时，始得视为作准约文。三，条约用语推定在各作准约文内意义相同。四，除依第一项应以某种约文为根据之情形外，倘比较作准约文后发现意义有差别而非适用第31条及第32条所能消除时，应采用顾及条约目的及宗旨之最能调和各约文之意义。

任何文书。应与上下文一并考虑的，还有当事国嗣后所订的关于条约解释或其规定之适用的任何协定或惯例及国际法的有关规则。一般认为，条约解释的一种自然顺序也就是从约文开始，随后是上下文，然后是其他事项，特别是嗣后的资料及惯例，但这并不意味着它们之间存在着一种等级关系。

2. 补充性解释方法

《维也纳条约法公约》第 32 条规定："为证实由适用第 31 条所得之意义起见，或遇依第 31 条作解释而：（甲）意义仍属不明或难解；或（乙）所获结果显属荒谬或不合理时，为确定其意义起见，得使用解释之补充资料，包括条约之准备工作及缔结条约的情况在内。"该条明文承认了条约的准备工作（travaux préparatiores）可以作为一种解释条约的补充资料。条约的准备工作一般是指条约缔结过程中所形成的一些书面材料，如条约的连续草案、会议记录、咨询专家的说明性文件、起草委员会的解释性声明和国际法委员会的诠释。实践中，国际法院常常依靠准备资料以证实通过适用第 31 条中所规定的一般规则而得出的有关条约条款的意义。条约的准备工作不是一种主要的解释方法，而是一种重要的补充性资料。

3. 一种以上文字条约的解释

大多数双边和多边条约都有两种或多种文字形式。在这种情况下，除依条约规定或当事国协议遇意义分歧时应以某种约文为优先根据外，每种文字的约文应同一作准。如果有两种或两种以上的作准文本出现条约的解释问题，条约的用语应推定在各作准约文本内意义相同；如果在比较各作准文本后发现意义有差别而根据通常的解释程序不能消除，则应该采用最能调和各约文的意义。[①]

前文在分析中国参与的国际投资仲裁案件时，已经数次涉及该公约在解释国际投资协定时的作用。特别是北京首钢等诉蒙古国案和北京城建诉也门案中，均涉及对我国签订的投资协定中的"征收补偿款额有关的事项"进行

---

① 邵沙平：《国际法（第三版）》，中国人民大学出版社 2015 年版，第 241—242 页。

解释的问题，但是，得出的仲裁裁决结果却截然相反。在北京首钢等诉蒙古国案中，仲裁庭注意到第 8 条第 3 款的措辞是"涉及征收补偿款额的争议"，而非"涉及征收补偿的争议"。这两者显然有很大的区别，前者重点突出"款额"，具体特指投资被征收的投资者应当向东道国支付的赔偿金额及支付方式。仲裁庭认为，中国和蒙古国在签订双边投资协定时明确在第 8 条第 3 款中写出"涉及征收补偿款额的争议"，就表明两国已经明确将仲裁庭的管辖权限定在这一范围之内，其他的纠纷只能通过东道国的国内司法程序进行救济，裁定仲裁庭无管辖权。相反，在北京城建诉也门案中，仲裁庭认为，若对该条款进行狭义解释，则意味着 ICSID 仅能审理"与补偿款额有关的争端"，对于征收争端本身无管辖权，这意味着投资者提交至 ICSID 仲裁这一选择是没有任何意义的。因此，ICSID 有权审查征收补偿争端本身，且这一广义解释契合了《中也双边投资协定》的上下文和协定之目的及宗旨，因此，裁定仲裁庭具有管辖权。

由此可见，国际投资仲裁庭对于类似条款理念会产生不同的解释。中国签订了 70 多个含有"征收补偿款额仲裁条款"的投资协定，其在仲裁实践中也可能会遇到同样的狭义或广义解释的问题，关键在于仲裁庭能否对发生征收的问题享有管辖权。在这一过程中，东道国政府的解释[①]和过往实践对于仲裁庭的裁量显得至关重要。对中国投资者而言，投资者应当充分了解相关投资协定、东道国外资立法的规定和《维也纳条约法公约》，或通过合理的投资重组规避可能作出狭义解释的"征收补偿款额仲裁条款"，保护自己的合法权益。[②]

[①]　与仲裁庭的解释相比，缔约国解释可以澄清国际投资条约的内容，平衡仲裁庭的自由裁量权，还可以保证国际投资条约的有效性与持续的可操作性，有助于推动国际投资仲裁机制的完善。张生：《国际投资法制框架下的缔约国解释研究》，《现代法学》2015 年第 6 期，第 163—172 页；李庆灵：《国际投资仲裁中的缔约国解释：式微与回归》，《华东政法大学学报》2016 年第 5 期，第 132—142 页。
[②]　黄世席：《投资协定"征收补偿款额仲裁条款"的解释分歧及中国应对》，《法学》2019 年第 2 期，第 165—182 页。

第四节　仲裁裁决的承认、执行与撤销

　　国际投资仲裁裁决的承认、执行与撤销制度是国际投资仲裁制度的重要组成部分，为维护双方当事人的权利义务提供了平等的保障机制。对于国际投资仲裁的胜诉当事人而言，国际投资仲裁裁决的承认和执行决定了其能够凭借有效的仲裁裁决获得实际赔偿；对于国际投资仲裁的败诉当事人而言，国际投资仲裁裁决的撤销为其规避后续风险提供了可能。因此，承认和执行更偏向裁决胜诉方的救济，败诉方只有在胜诉方申请承认与执行后方可抗辩，不予承认与执行是被动救济；撤销则为败诉方提供了主动救济方式，实现了在权利义务设置上的平衡。[1]

　　现实中，自愿遵守国际投资仲裁裁决是一种常态，通过国内法院执行国际投资仲裁裁决仅为个例。[2]即便如此，为了解决仲裁裁决承认和执行的问题，国际社会一直在努力推动建立统一的国际投资仲裁裁决承认和执行制度。其中，最重要的国际公约就是《ICSID 公约》和《纽约公约》，它们规定了各自的缔约国应当如何对国际投资仲裁裁决进行承认和执行。即便如此，仲裁裁决的承认和执行也并非总是顺利进行的，仍然会受到当地公共利益、国家豁免等因素的影响。而仲裁裁决的撤销是对仲裁制度和裁决效力的否定，影响仲裁裁决的效力，可能会减弱当事人对国际投资仲裁制度的信任和依赖，同时也会影响到仲裁裁决的执行。

---

① 魏彬彬：《国际投资条约仲裁司法审查制度研究》，天津人民出版社 2022 年版，第 134—135 页。
② 宁红玲：《投资者—国家仲裁与国内法院相互关系研究》，法律出版社 2020 年版，第 265—266 页。

一、仲裁裁决的承认与执行

在仲裁裁决的承认和执行方面，应当区分依据《ICSID 公约》及《ICSID 仲裁规则》作出的 ICSID 仲裁裁决和依据《UNCITRAL 仲裁规则》《ICSID 附加便利仲裁规则》等其他仲裁规则作出的非 ICSID 仲裁裁决。前者的承认和执行在 ICSID 缔约国获得承认和执行的依据是《ICSID 公约》，在非缔约国获得承认和执行与非 ICSID 仲裁裁决无异；后者则依据规制国际商事仲裁裁决承认与执行的《纽约公约》。[①] 两个公约所规定的承认与执行机制存在较大差异，应分别阐述。

（一）ICSID 仲裁裁决的承认与执行

《ICSID 公约》第 53—55 条规定了 ICSID 仲裁裁决在 ICSID 缔约国的承认与执行。

1. 承认与执行程序的启动

《ICSID 公约》第 54 条第 2 款规定了仲裁裁决在缔约国承认和执行的程序，即"要求在一缔约国领土内予以承认或执行的一方，应向该缔约国为此目的而指定的主管法院或其他机构提供经秘书长核证无误的该裁决的副本一份。每一缔约国应将为此目的而指定的主管法院或其他机构及随后关于此项指定的任何变动通知秘书长"。据此，仲裁裁决的承认和执行程序，是由获得胜诉裁决的一方当事人提出的，并提供裁决文书。

2. 仲裁裁决的承认

《ICSID 公约》第 53 条规定了仲裁裁决对双方当事人的约束力，即双方当事人不得进行任何上诉或采取除本公约规定外的任何其他救济办法。该条

---

① 孙南申、李思敏：《国际投资仲裁裁决执行中的国家豁免适用问题》，《上海对外经贸大学学报》2021 年第 6 期，第 99—110 页。

确立了 ICSID 仲裁裁决的"一裁终局"属性①：不得进行任何上诉或采取除公约规定外的任何其他补救办法。公约规定的救济办法如要求对裁决作出解释、修改、中止执行、撤销等。

《ICSID 公约》第 54 条第 1 款明确了 ICSID 仲裁裁决的承认与执行问题，即每一缔约国应承认依照本公约作出的裁决具有约束力，并在其领土内履行该裁决所加的财政义务，正如该裁决是该国法院的最后判决一样。这一规定，意味着 ICSID 仲裁裁决对于缔约国而言是有约束力的，缔约国无权对 ICSID 仲裁裁决进行实质性或程序性的司法审查，因为承认与履行 ICISD 仲裁裁决是缔约国的义务。国内法院的作用仅在于验证仲裁裁决真实性（第 53 条），并在此基础上无条件地承认仲裁裁决中的金钱义务，而不得进行任何审查。

在 SOABI 诉塞内加尔共和国案中，法国初审法院同意承认一项针对塞内加尔共和国的 ICSID 仲裁裁决。但是，上诉法院却撤销了初审法院的承认命令：上诉法院并未理会《ICSID 公约》规定的缔约国应当自动承认 ICSID 仲裁裁决的条款，将法国的公共秩序概念引入对 ICSID 仲裁裁决的承认阶段。案件上诉到法国最高法院，最高法院又撤销了上诉法院的裁决。法国最高法院认为，《ICSID 公约》第 53、54 条的有关规定排除了法国法的适用；只有当 ICSID 仲裁裁决已经获得承认且裁决中包含金钱义务时，才应当考虑执行豁免问题。可见，法国最高法院区分了 ICSID 仲裁裁决的承认和执行，在 ICSID 仲裁裁决的承认阶段，是无须考虑执行豁免的。②

---

① 近年来，ICSID 仲裁裁决的不一致性引发了公众对国际投资仲裁合法性的质疑，探索构建国际投资仲裁上诉机制是当下理论界和实务界关注的重点之一。SUSAN D F. "The Legitimacy Crisis in Investment Treaty Arbitration: Priviatizing Public International Law through Inconsistent Decision". *Fordham Law Review*, 2005, 73, pp. 1521-1625；肖军：《建立国际投资仲裁上诉机制的可行性研究——从中美双边投资条约谈判说起》，《法商研究》2015 年第 2 期，第 166—174 页；黄世席：《可持续发展视角下国际投资争端解决机制的革新》，《当代法学》2016 年第 2 期，第 24—35 页；梁丹妮、戴蕾：《国际投资仲裁上诉机制可行性研究》，《武大国际法评论》2020 年第 6 期，第 98—118 页；秦晓静：《设立投资仲裁上诉机制的路径选择》，《政治与法律》2021 年第 2 期，第 126—138 页。
② Société Ouest Africaine des Bétons Industriels v. Senegal, ICSID Case No. ARB/82/1；转引自张潇剑：《论 ICSID 仲裁裁决的承认与执行》，《西北大学学报（哲学社会科学版）》2010 年第 4 期，第 142—148 页。

3. 仲裁裁决的执行依据

《ICSID 公约》尊重各缔约国关于执行外国裁决的法律的规定，尊重各缔约国在国家财产豁免上的立场，并没有就其裁决的执行问题作出统一规定。《ICSID 公约》第 54 条第 3 款和第 55 条进一步明确了在执行 ICSID 仲裁裁决时适用的法律，以及有关主权豁免的规则。裁决的执行受执行地关于执行判决的现行法律的管辖，且在执行时不得背离执行地现行的关于该国或任何外国执行豁免的法律，如外交财产通常不可被执行。[①] 换言之，拒绝执行 ICSID 裁决主要依据的是执行地的国家主权豁免法律法规。

由此可见，即使 ICSID 仲裁裁决对其本国不利，《ICSID 公约》的缔约国也必须承认 ICSID 仲裁裁决，且必须在其领土内履行该裁决中的金钱义务（不包含非金钱义务）。但是，在执行过程中，有关执行的机构、管辖、期限、手段等程序问题必须依据执行地缔约国的法律实施；在可执行财产的范围上，也应当尊重被执行地有关执行豁免的现行法律，不得背离该国在国家财产豁免方面的立场。换言之，承认和执行仲裁裁决是两个程序，所有 ICSID 缔约国必须承认 ICSID 仲裁裁决，也必须执行裁决中的金钱义务；但是，可能根据其现行的关于国家豁免的法律裁定不存在可供执行的财产，从而无法执行仲裁裁决。

（二）非 ICSID 仲裁裁决的承认与执行

对于非 ICSID 仲裁裁决的承认和执行及 ICSID 仲裁裁决在非 ICSID 缔约国的承认和执行，应当按照《纽约公约》规定的原则进行，但执行地国内法

---

① 外交财产、央行财产及军事、文化等财产一般享有执行豁免权，其他的财产则可能因为商业用途或者非主权目的而不能得到豁免。黄世席：《国际投资仲裁裁决执行中的国家豁免问题》，《清华法学》2012 年第 6 期，第 95—106 页。

院可以根据《纽约公约》第 5 条规定的理由拒绝承认与执行。[1]

这些理由包括在当事人提出后法院才予以审查的 5 项理由（第 1 款）及法院可以依职权主动审查的 2 项理由（第 2 款）。前者包括仲裁协定无效、仲裁中违反适当程序规则、仲裁裁决的内容超出仲裁协定的范围（即超裁）、仲裁庭组成或仲裁程序不符合当事人的协议约定，以及仲裁裁决在裁决地所在国或裁决所依据法律的国家被撤销或停止执行；后者包括争议事项在执行地为不可仲裁事项，以及承认和执行该仲裁裁决有违执行地的公共政策。[2]

（三）国家豁免对仲裁裁决执行的影响

不论是 ICSID 仲裁裁决还是非 ICSID 仲裁裁决，在执行过程中均遇到了申请执行地法院以国家豁免为由不予执行仲裁裁决的情况。

在 Liberian Eastern Timber 伐木公司诉利比里亚案中，由于利比里亚未执行 ICSID 仲裁裁决，申请人相继向美国两个地区法院申请执行利比里亚在美国的特定财产。纽约南区法院根据 1976 年《美国外国主权豁免法》之规定，裁定被要求执行的利比里亚财产是用于利比里亚主权职能的税收收入，因此不可执行；而后，该申请人申请执行利比里亚大使馆在华盛顿特区的银行账户，又被哥伦比亚地区法院根据美国 1972 年批准加入的《维也纳外交关系

---

[1] 《纽约公约》第 5 条第 1 款规定："裁决唯有于受裁决援用之一造向声请承认及执行地之主管机关提具证据证明有下列情形之一时，始得依该造之请求，拒予承认及执行：（甲）第二条所称协定之当事人依对其适用之法律有某种无行为能力情形者，或该项协定依当事人作为协定准据之法律系属无效，或未指明以何法律为准时，依裁决地所在国法律系属无效者；（乙）受裁决援用之一造未接获关于指派仲裁员或仲裁程序之适当通知，或因他故，致未能申辩者；（丙）裁决所处理之争议非为交付公断之标的或不在其条款之列，或裁决载有关于交付公断范围以外事项之决定者，但交付公断事项之决定可与未交付公断之事项划分时，裁决中关于交付公断事项之决定部分得予承认及执行；（丁）公断机关之组成或公断程序与各造间之协议不符，或无协议而与公断地所在国法律不符者；（戊）裁决对各造尚无拘束力，或业经裁决地所在国或裁决所依据法律之国家之主管机关撤销或停止执行者。"第 2 款规定："倘声请承认及执行地所在国之主管机关认定有下列情形之一，亦得拒不承认及执行公断裁决：（甲）依该国法律，争议事项系不能以公断解决者；（乙）承认或执行裁决有违该国公共政策者。"

[2] 关于当事人根据《纽约公约》在我国申请承认和执行外国商事仲裁的实践，参见高晓力：《中国法院承认和执行外国仲裁裁决的积极实践》，《法律适用》2018 年 5 月，第 2—8 页。

公约》及《美国外国主权豁免法》驳回。[1] 在 AIG Capital Partners 诉哈萨克斯坦共和国案中，申请人获得了 ICSID 仲裁庭作出的胜诉裁决。在执行过程中，英国法院拒绝查封位于伦敦的哈萨克斯坦中央银行的现金与债券请求，并认定申请人未能证明这些涉案财产用于非主权的行为，故而该财产受英国《国家豁免法》保护。[2]

在 Franz Sedelmayer 诉俄罗斯案中，申请人在 SCC 提起仲裁并于 1998 年获得胜诉裁决。但是，俄罗斯政府拒绝履行裁决义务，申请人遂到德国申请承认与执行。柏林高级法院同样区分了仲裁裁决的承认和执行。该法院裁定该仲裁裁决根据《纽约公约》为可执行的裁决。就仲裁裁决的执行而言，德国没有关于国家豁免的成文法，有关规则体现在德国宪法法院的有关判例之中，即国家对仲裁管辖、仲裁承认的豁免，并不意味着放弃了有关仲裁执行的豁免，除非该财产是商业财产或由于其他原因不享受豁免。于是，申请人开始寻找俄罗斯政府用于商业目的、不受国家豁免保护的财产，他自称就此提出了 20 多项诉讼，仅在法兰克福和科隆两地的法院获得了胜诉，针对俄罗斯联邦在法兰克福的商业账户、在科隆的前苏维埃贸易代表团的房屋进行了扣押和拍卖，耗时 10 年，终于在 2008 年获得了赔偿。[3]

大多数国际投资仲裁案件中的败诉国都主动履行了裁决规定的支付义务，但是，投资者如何主动破局也是需要思考的问题。在获得胜诉裁决后，执行地国的国家豁免立场构成投资者实际获得赔偿的"拦路虎"。一国在执行过程中的豁免立场决定了被申请人的哪些财产应免予执行、哪些财产可被执行，加之国家财产来源复杂多样、难以查明，投资者是否有能力锁定可供执行的

---

[1]　Liberian Eastern Timber Corporation v. Republic of Liberia, ICSID Case No. ARB/83/2；转引自余劲松：《国际投资法（第六版）》，法律出版社 2022 年版，第 345 页。

[2]　AIG Capital Partners, Inc. and CJSC Tema Real Estate Company Ltd. v. The Republic of Kazakhstan, ICSID Case No. ARB/01/6；转引自张亮、宁昆桦：《国家豁免对国际投资仲裁裁决有效执行的影响及其克服》，《政治与法律》2021 年第 1 期，第 96—106 页。

[3]　Mr. Franz Sedelmayer v. The Russian Federation, SCC；转引自肖芳：《国际投资仲裁裁决在中国的承认与执行》，《法学家》2011 年第 6 期，第 94—107 页。

资产也是造成执行困难的原因。①

在投资者确无能力通过裁决的执行实际获得胜诉利益时，转让仲裁裁决或许是可以考虑的办法。在 CMS 公司诉阿根廷案中，ICSID 仲裁庭于 2005 年作出支持申请人的裁决，其后申请人把该裁决确定的债权授予了 Blue Ridge 投资公司，故 Blue Ridge 投资公司向美国纽约南区联邦地区法院申请执行 ICSID 的裁决。法院首先认定《ICSID 公约》并无条文明令禁止此类债权转让，而后适用相关国内法认定该转让的效力。②

二、仲裁裁决的撤销

《ICSID 公约》规定了内部的裁决撤销制度，ICSID 缔约国的国内法院均无权撤销该仲裁裁决。但是，当投资者向非 ICSID 缔约国申请撤销时，并不受《ICSID 公约》约束，与非 ICSID 仲裁裁决的撤销并无区别。③对于非 ICSID 仲裁裁决的撤销，则依据撤销地法院所在国家的法律确定。一般而言，撤销程序主要包括受理主体、申请人、申请时限、申请对象及理由这几个方面。

（一）ICSID 仲裁裁决的撤销

当事人对依据《ICSID 公约》及仲裁规则作出的仲裁裁决不服的，可以申请撤销仲裁裁决。

1. 撤销主体及程序

《ICSID 公约》第 52 条规定了撤销的程序和具有撤销权的主体。撤销仲裁裁决应当由任何一方当事人、以书面申请的形式向秘书长提出（第 52 条第 1 款）。撤销申请必须尽快提出，具有明确的时效性，即申请应在作出裁决

---

① 赵建文：《国家豁免的本质、适用标准和发展趋势》，《法学家》2005 年第 6 期，第 19—24 页；黄世席：《国际投资仲裁裁决执行中的国家豁免问题》，《清华法学》2012 年第 6 期；张亮、宁昆桦：《国家豁免对国际投资仲裁裁决有效执行的影响及其克服》，《政治与法律》2021 年第 1 期，第 96—106 页。
② 银红武：《ICSID 公约理论与实践问题研究》，中国政法大学出版社 2016 年版，第 158—163 页；张倩雯：《多元化纠纷解决视阈下国际投资仲裁裁决在我国的承认与执行》，《法律适用》2019 年第 3 期，第 112—120 页。
③ 魏彬彬：《国际投资条约仲裁司法审查制度研究》，天津人民出版社 2022 年版，第 24 页。

之日后 120 天内提出，但以受贿为理由而要求撤销者除外，该申请应在发现受贿行为后 120 天内并且无论如何在作出裁决之日后三年内提出（第 52 条第 2 款）。

此后，行政理事会主席将立即从仲裁员名册中重新组成一个由 3 人组成的专门委员会，该专门委员会有权根据公约规定的撤销理由决定是否撤销全部或部分仲裁裁决。为了保证该专门委员会的公正性，该专门委员会的成员不能是作出该仲裁裁决的仲裁庭成员，不得与作出该仲裁裁决的仲裁庭成员具有相同的国籍，不得具有东道国或投资者母国的国籍，不得是由东道国或投资者母国委派到仲裁员名册的仲裁员，也不得在同一争端中担任调解员（第 52 条第 3 款）。

在专门委员会作出决定前，如有必要，可以停止执行裁决（第 52 条第 5 款）。如果专门委员会裁定全部或部分撤销原仲裁裁决，则对于该撤销部分，经一方请求应将争端提交给新的仲裁庭审理（第 52 条第 6 款）。

2. 申请撤销的理由 [①]

对于 ICSID 仲裁裁决的撤销，《ICSID 公约》第 52 条列举了可以撤销仲裁裁决的五种理由：仲裁庭组成不适当；仲裁庭明显越权；仲裁庭成员受贿；严重违反基本程序规则；裁决未陈述理由。当事人不得依据其他理由提请撤销仲裁裁决，专门委员会也不得依据其他理由撤销仲裁裁决。

上述五种理由都限定在裁决的程序错误的范围内，不涉及裁决的实体问题，不同于上诉程序。由此可见，撤销程序中的审查与上诉审查不同，仅涉及程序问题这一有限性实现了仲裁公平与效率的平衡，使当事人既得以经由法定撤销理由实现其对裁决的公正诉求，又不致因撤销理由过于宽泛而动辄滥用这种救济机制，以致最终损及双方都需要的效率。

在实践中，明显越权是提起撤销裁决最常见的一个理由，主要包括仲裁庭超出当事人仲裁协议的范围，对没有提交仲裁庭的事项作出裁定（即管辖

---

① 余劲松：《国际投资法（第六版）》，法律出版社 2022 年版，第 339—343 页。

权的明显越权），或者没有适用当事人同意的法律（即法律适用的明显越权）等情况。其他情形的撤销在实践中都是罕见的。此外，当事人并不是必须等到撤销阶段才能针对上述事项提出异议。比如，仲裁庭组成不当这一撤销理由，《ICSID 公约》第 4 章第 2 节及《ICSID 仲裁规则》第 1 章就仲裁庭的组成作出规定，当事人若认为仲裁庭的组成不符合此规定，可提出异议。针对仲裁庭成员受贿或者存在严重违反基本程序规则[①]的情形，如果当事人在庭审过程中发现也可以提出异议，申请取消仲裁员资格。当然，前已述及，申请取消仲裁员资格也是非常困难的。裁决未陈述其所依据的理由一般是当作"漏裁"、通过补充裁决的方式来补救的；但是，若是对至为重要的事项的漏裁，或漏裁会影响仲裁庭的最终决定，则应等同于"裁决未陈述其所依据的理由"，成为撤销的依据。

3. 撤销情况

在已经作出裁决的 890 起案件中，有 151 起提起了撤销申请，有 116 起已审结；其中，15 起部分或全部撤销了原仲裁裁决（详见附录二），绝大多数案件还是支持了原仲裁裁决。在已知案件中，仅有 7 起重新递交 ICSID 审理。

（二）国内法院撤销仲裁裁决[②]

非 ICSID 仲裁裁决及投资者向非 ICSID 缔约国申请撤销 ICSID 仲裁裁决时，并不受《ICSID 公约》的约束，适用的是国际商事仲裁裁决的撤销机制。

1. 撤销主体及程序

对于国际商事仲裁裁决而言，一般的国内法律制度将具有撤销权的主体指向仲裁地法院。学者研究表明，美国、英国、法国、荷兰、瑞士等国的立法也都肯定了仲裁地法院享有撤销管辖权。这一点在《纽约公约》中已有体现，公约第 5 条列举了不予承认和执行仲裁裁决的情形，其中之一即为"仲

[①]　在实践中，基本的程序规则包括当事人的平等对待、发表意见的权利、仲裁庭的独立和公正、证据和举证责任的待遇平等等等。余劲松：《国际投资法（第六版）》，法律出版社 2022 年版，第 342 页。

[②]　魏彬彬：《国际投资条约仲裁司法审查制度研究》，天津人民出版社 2022 年版，第 136—144 页。

裁裁决在裁决地所在国或裁决所依据法律的国家被撤销或停止执行"。当然，也有国家如德国认为裁决依据法律地法院也享有裁决撤销权，但是，在国际投资仲裁中，裁决依据的法律（或准据法）一般是国际投资协定、习惯国际法并适当考虑东道国法律，与国际商事仲裁有所不同。因此，对于国际投资仲裁的撤销而言，享有撤销权的主体应为仲裁地法院。这意味着，在非 ICSID 仲裁程序中，仲裁地的选择会产生相应的法律后果。比如，仲裁地法院对于撤销裁决请求具有管辖权，仲裁地法院在仲裁撤销的审查时也将依据其国内法律。

仲裁地法院的国内法一般规定了仲裁裁决撤销的程序，包括申请人、申请时限、申请对象及理由等方面。比如，《美国联邦仲裁法》第 10 条、第 12 条规定，当事人撤销仲裁裁决的请求向法院提起，且必须在仲裁裁决提交或送达后三个月内通知对方当事人或者他的代理人。其他国家也规定了撤销的程序，包含时限。一般而言，三个月的撤销时限较为常见，如美国、荷兰、瑞典等，《联合国国际贸易法委员会国际商事仲裁示范法》（以下简称《示范法》）也规定了三个月的撤销时限；也有规定较短时限的如英国（28 天）、法国（一个月）等。具体程序应当遵守各仲裁地的立法规定，此不细述。

2. 申请撤销的理由

《示范法》第 34 条列举了 6 个撤销理由，即仲裁协议无效，未向当事人发出指定仲裁员或仲裁程序的通知或当事人未能陈述案情，仲裁庭越权，仲裁庭组成或仲裁程序不当，争议事项不具有可仲裁性，违反国家公共政策。这些撤销理由与《纽约公约》拒绝承认和执行仲裁裁决的规定（第 5 条）非常相似，也体现了《纽约公约》对《示范法》的影响。不同国家的国内法对于撤销的理由也作了规定，且参考了《示范法》设定的撤销理由。

以《示范法》为例，其列举的 6 个撤销理由与《ICSID 公约》第 52 条列举的五个撤销理由有一定的相似性。比如，二者都将仲裁庭越权、仲裁庭组成不当、违反仲裁基本程序规则作为可以撤销的理由。但是，在其他方面，二者的差异较大。

3. 撤销情况

根据联合国贸易和发展会议的统计，截至 2022 年 12 月 31 日，已有 147 起案件因各种原因而被国内法院进行司法审查，有 122 起已审结；其中，仅有 25 起部分或全部撤销了原仲裁裁决（详见附录三）。

结　语

在全球化的经济环境中，跨国投资已成为推动全球经济发展的重要力量。然而，由于各国法律制度、经济政策及商业环境的差异，投资者在进行跨国投资时，往往会面临各种风险和挑战，尤其是法律风险及后续的争端解决问题。为此，国际投资仲裁作为解决跨国投资争端的有效机制，日益受到各国投资者的广泛关注和重视。国际投资仲裁制度将外国投资者和东道国置于平等地位，允许外国投资者直接对东道国提起投资仲裁，有助于强化投资者保护、提升东道国投资环境。作为世界第二大经济体的中国，其投资者在全球范围内的投资活动日益活跃。在开展海外投资的过程中，如果中国投资者遇到东道国违反国际投资协定义务导致投资遭受损失的情况，也可以根据中国与东道国签订的国际投资协定的规定，寻求国际投资仲裁。因此，研究中国投资者在国际投资仲裁中的维权机制，无疑具有重要的理论价值和实践意义。

中国已签订的部分国际投资协定对寻求国际投资仲裁设置了开展磋商、寻求东道国行政复议或司法程序等前置程序，如未能在磋商阶段解决争端，则可以依据所适用的国际投资协定向东道国政府提起国际投资仲裁以维护自身合法权益。还有一些投资协定规定投资者可以选择东道国国内司法救济，也可以提起国际投资仲裁，此时应当注意，这种岔路口条款的选择可能是终局性的，即选择东道国国内司法救济后无法再提起国际投资仲裁。中国投资者如果有意提起国际投资仲裁，需要提前做好多重准备工作。

首先，中国投资者应当判断其是否符合所适用的投资协定所规定的提起国际仲裁的条件，即确定仲裁庭是否对本案有管辖权，包括属人管辖权、属物管辖权、属地管辖权和属时管辖权四个方面。详言之，投资者是否是符合协定规定的投资者，投资者的投资是否属于协定保护的投资范围，争端是否属于协定同意递交国际投资仲裁的事项，争端是否超过仲裁时效，等等。在较为特殊的情况下，还需要考虑投资是否发生在东道国境内，以及是否涉及协定的溯及力等问题。

其次，投资者应决定向哪一个仲裁机构提起仲裁。由于国际投资仲裁是基于当事人的合意的，因此，投资者仅能向双方同意的仲裁机构提起仲裁，并适用双方同意的仲裁规则。如果存在多个仲裁机构可供选择时，投资者可以选择其一提起仲裁。通常而言，投资者可以选择向 ICSID 提起仲裁，也可以选择向适用《UNCITRAL 仲裁规则》《ICSID 附加便利仲裁规则》等的仲裁庭提起仲裁。不同的仲裁规则在程序时限、举证规则、仲裁费用和仲裁裁决的承认、执行与撤销方面可能有所不同。在确定仲裁机构及仲裁规则后，投资者应当考虑仲裁庭的组成、仲裁流程的确定及仲裁费用的缴纳等问题，包括但不限于仲裁员的选择、是否有足够的经济实力负担各项仲裁费用及是否求助于第三方资助等。

再次，在仲裁庭组成并确认对特定争端具有管辖权后，案件将进入事实和法律审理阶段。在这个阶段，投资者需要提交相关证据、参加庭审、配合仲裁庭调查等，其目的是确定东道国是否违反了协定义务（如果仅仅违反了合同义务，那么能否通过保护伞条款将其上升为条约义务）。在这一法律专业性极强的工作中，通常当事方会聘请具有相关经验的律师提供专业的法律服务，从实体和程序两个层面维护投资者的合法权益。

最后，在获得了对投资者有利的裁决后，东道国一般会主动履行投资仲裁裁决。如若不然，投资者可以向特定的国内法院要求东道国执行仲裁裁决。在这一过程中，ICSID 仲裁裁决和非 ICSID 仲裁裁决的承认、执行和撤销程序相差较大。对于 ICSID 仲裁裁决，《ICSID 公约》的缔约方有义务执行裁决中的金钱义务，除非因执行地国国家主权豁免的法律导致东道国（被申请人）

无财产可供执行的情况。对于非 ICSID 仲裁裁决，一般根据《纽约公约》规定的程序执行，执行地法院通常为仲裁地法院且有权基于特定理由拒绝承认和执行一项仲裁裁决，因此，仲裁地的选择非常重要。此外，如果投资者获得了有利裁决，但东道国对此不满，或者，东道国获得了有利裁决，但投资者对此不满，则投资者或者东道国也可以申请撤销仲裁裁决，从而否定一项裁决的效力，但在实践中仲裁裁决被撤销的情形并不多见。

综上所述，国际投资仲裁为投资者维护自身合法权益提供了一个与东道国进行平等抗辩的平台，但是其法律专业性极强且通常耗时较长。投资者在开展投资者前、投资过程中必须做好投资目的地国家或地区的风险评估工作，考虑我国是否与投资目的地国家或地区签订了国际投资协定及其保护水平，在谨慎的基础上开展投资。在发生投资争端后，可以通过国际投资仲裁制度维护其自身的合法权益，在此过程中，投资者可以参考其他国家投资者运用国际投资仲裁制度的做法，尽可能全面地运用仲裁中的程序性机制和实体性机制，在专业律师的帮助下达到合法维权的效果。

附　录

附录一：ICSID 缔约国情况
（截至 2023 年 12 月 31 日）[①]

《ICSID 公约》签署国：165 个

国家（中文）	国家（英文）	签署日期	认证日期	生效日期
贝宁	Benin	1965-09-10	1966-09-06	1966-10-14
布基纳法索	Burkina Faso	1965-09-16	1966-08-29	1966-10-14
中非共和国	Central African Republic	1965-08-26	1966-02-23	1966-10-14
乍得	Chad	1966-05-12	1966-08-29	1966-10-14
刚果共和国	Republic of Congo	1965-12-27	1966-06-23	1966-10-14
科特迪瓦	Côte d'Ivoire	1965-06-30	1966-02-16	1966-10-14
加蓬	Gabon	1965-09-21	1966-04-04	1966-10-14
加纳	Ghana	1965-11-26	1966-07-13	1966-10-14
冰岛	Iceland	1966-07-25	1966-07-25	1966-10-14
牙买加	Jamaica	1965-06-23	1966-09-09	1966-10-14

[①] ICSID, "Database of ICSID Member States", last visited on 31 December 2023, https://icsid.worldbank.org/about/member-states/database-of-member-states.

国家（中文）	国家（英文）	签署日期	认证日期	生效日期
马达加斯加	Madagascar	1966-06-01	1966-09-06	1966-10-14
马拉维	Malawi	1966-06-09	1966-08-23	1966-10-14
马来西亚	Malaysia	1965-10-22	1966-08-08	1966-10-14
毛里塔尼亚	Mauritania	1965-07-30	1966-01-11	1966-10-14
荷兰	Netherlands	1966-05-25	1966-09-14	1966-10-14
尼日利亚	Nigeria	1965-07-13	1965-08-23	1966-10-14
塞拉利昂	Sierra Leone	1965-09-27	1966-08-02	1966-10-14
突尼斯	Tunisia	1965-05-05	1966-06-22	1966-10-14
乌干达	Uganda	1966-06-07	1966-06-07	1966-10-14
美利坚合众国	United States of America	1965-08-27	1966-06-10	1966-10-14
巴基斯坦	Pakistan	1965-07-06	1966-09-15	1966-10-15
尼日尔	Niger	1965-08-23	1966-11-14	1966-12-14
塞浦路斯	Cyprus	1966-03-09	1966-11-25	1966-12-25
大不列颠及北爱尔兰联合王国	United Kingdom of Great Britain and Northern Ireland	1965-05-26	1966-12-19	1967-01-18
瑞典	Sweden	1965-09-25	1966-12-29	1967-01-28
喀麦隆	Cameroon	1965-09-23	1967-01-03	1967-02-02
肯尼亚	Kenya	1966-05-24	1967-01-03	1967-02-02
特立尼达和多巴哥	Trinidad and Tobago	1966-10-05	1967-01-03	1967-02-02
韩国	Republic of Korea	1966-04-18	1967-02-21	1967-03-23
塞内加尔	Senegal	1966-09-26	1967-04-21	1967-05-21
摩洛哥	Morocco	1965-10-11	1967-05-11	1967-06-10
多哥	Togo	1966-01-24	1967-08-11	1967-09-10

国家（中文）	国家（英文）	签署日期	认证日期	生效日期
挪威	Norway	1966-06-24	1967-08-16	1967-09-15
日本	Japan	1965-09-23	1967-08-17	1967-09-16
法国	France	1965-12-22	1967-08-21	1967-09-20
斯里兰卡	Sri Lanka	1967-08-30	1967-10-12	1967-11-11
索马里	Somalia	1965-09-27	1968-02-29	1968-03-30
丹麦	Denmark	1965-10-11	1968-04-24	1968-05-24
瑞士	Switzerland	1967-09-22	1968-05-15	1968-06-14
阿富汗	Afghanistan	1966-09-30	1968-06-25	1968-07-25
印尼	Indonesia	1968-02-16	1968-09-28	1968-10-28
新加坡	Singapore	1968-02-02	1968-10-14	1968-11-13
几内亚	Guinea	1968-08-27	1968-11-04	1968-12-04
尼泊尔	Nepal	1965-09-28	1969-01-07	1969-02-06
芬兰	Finland	1967-07-14	1969-01-09	1969-02-08
德国	Germany	1966-01-27	1969-04-18	1969-05-18
希腊	Greece	1966-03-16	1969-04-21	1969-05-21
毛里求斯	Mauritius	1969-06-02	1969-06-02	1969-07-02
莱索托	Lesotho	1968-09-19	1969-07-08	1969-08-07
圭亚那	Guyana	1969-07-03	1969-07-11	1969-08-10
布隆迪	Burundi	1967-02-17	1969-11-05	1969-12-05
博茨瓦纳	Botswana	1970-01-15	1970-01-15	1970-02-14
刚果民主共和国	Democratic Republic of Congo	1968-10-29	1970-04-29	1970-05-29
利比里亚	Liberia	1965-09-03	1970-06-16	1970-07-16

国家（中文）	国家（英文）	签署日期	认证日期	生效日期
赞比亚	Zambia	1970-06-17	1970-06-17	1970-07-17
卢森堡	Luxembourg	1965-09-28	1970-07-30	1970-08-29
比利时	Belgium	1965-12-15	1970-08-27	1970-09-26
意大利	Italy	1965-11-18	1971-03-29	1971-04-28
奥地利	Austria	1966-05-17	1971-05-25	1971-06-24
斯威士兰王国	Eswatini	1970-11-03	1971-06-14	1971-07-14
阿拉伯埃及共和国	Arab Republic of Egypt	1972-02-11	1972-05-03	1972-06-02
约旦	Jordan	1972-07-14	1972-10-30	1972-11-29
苏丹	Sudan	1967-03-15	1973-04-09	1973-05-09
冈比亚	The Gambia	1974-10-01	1974-12-27	1975-01-26
罗马尼亚	Romania	1974-09-06	1975-09-12	1975-10-12
斐济	Fiji	1977-07-01	1977-08-11	1977-09-10
马里	Mali	1976-04-09	1978-01-03	1978-02-02
塞舌尔	Seychelles	1978-02-16	1978-03-20	1978-04-19
萨摩亚	Samoa	1978-02-03	1978-04-25	1978-05-25
巴布亚新几内亚	Papua New Guinea	1978-10-20	1978-10-20	1978-11-19
科摩罗	Comoros	1978-09-26	1978-11-07	1978-12-07
菲律宾	Philippines	1978-09-26	1978-11-17	1978-12-17
科威特	Kuwait	1978-02-09	1979-02-02	1979-03-04
卢旺达	Rwanda	1978-04-21	1979-10-15	1979-11-14
孟加拉国	Bangladesh	1979-11-20	1980-03-27	1980-04-26
新西兰	New Zealand	1970-09-02	1980-04-02	1980-05-02
沙特阿拉伯	Saudi Arabia	1979-09-28	1980-05-08	1980-06-07

续 表

国家（中文）	国家（英文）	签署日期	认证日期	生效日期
爱尔兰	Ireland	1966-08-30	1981-04-07	1981-05-07
所罗门群岛	Solomon Islands	1979-11-12	1981-09-08	1981-10-08
阿拉伯联合酋长国	United Arab Emirates	1981-12-23	1981-12-23	1982-01-22
巴拉圭	Paraguay	1981-07-27	1983-01-07	1983-02-06
以色列	Israel	1980-06-16	1983-06-22	1983-07-22
巴巴多斯	Barbados	1981-05-13	1983-11-01	1983-12-01
萨尔瓦多	El Salvador	1982-06-09	1984-03-06	1984-04-05
圣卢西亚	St. Lucia	1984-06-04	1984-06-04	1984-07-04
葡萄牙	Portugal	1983-08-04	1984-07-02	1984-08-01
匈牙利	Hungary	1986-10-01	1987-02-04	1987-03-06
洪都拉斯	Honduras	1986-05-28	1989-02-14	1989-03-16
土耳其	Türkiye	1987-06-24	1989-03-03	1989-04-02
汤加	Tonga	1989-05-01	1990-03-21	1990-04-20
澳大利亚	Australia	1975-03-24	1991-05-02	1991-06-01
格林纳达	Grenada	1991-05-24	1991-05-24	1991-06-23
蒙古国	Mongolia	1991-06-14	1991-06-14	1991-07-14
智利	Chile	1991-01-25	1991-09-24	1991-10-24
阿尔巴尼亚	Albania	1991-10-15	1991-10-15	1991-11-14
坦桑尼亚	Tanzania	1992-01-10	1992-05-18	1992-06-17
爱沙尼亚	Estonia	1992-06-23	1992-06-23	1992-07-23
立陶宛	Lithuania	1992-07-06	1992-07-06	1992-08-05
白俄罗斯	Belarus	1992-07-10	1992-07-10	1992-08-09
格鲁吉亚	Georgia	1992-08-07	1992-08-07	1992-09-06

国家（中文）	国家（英文）	签署日期	认证日期	生效日期
亚美尼亚	Armenia	1992-09-16	1992-09-16	1992-10-16
阿塞拜疆	Azerbaijan	1992-09-18	1992-09-18	1992-10-18
土库曼斯坦	Turkmenistan	1992-09-26	1992-09-26	1992-10-26
中华人民共和国	The People's Republic of China	1990-02-09	1993-01-07	1993-02-06
捷克共和国	Czechia	1993-03-23	1993-03-23	1993-04-22
哥斯达黎加	Costa Rica	1981-09-29	1993-04-27	1993-05-27
密克罗尼西亚联邦	Federated States of Micronesia	1993-06-24	1993-06-24	1993-07-24
秘鲁	Peru	1991-09-04	1993-08-09	1993-09-08
斯洛文尼亚	Slovenia	1994-03-07	1994-03-07	1994-04-06
津巴布韦	Zimbabwe	1991-03-25	1994-05-20	1994-06-19
斯洛伐克共和国	Slovak Republic	1993-09-27	1994-05-27	1994-06-26
西班牙	Spain	1994-03-21	1994-08-18	1994-09-17
阿根廷	Argentina	1991-05-21	1994-10-19	1994-11-18
尼加拉瓜	Nicaragua	1994-02-04	1995-03-20	1995-04-19
莫桑比克	Mozambique	1995-04-04	1995-06-07	1995-07-07
阿曼	Oman	1995-05-05	1995-07-24	1995-08-23
乌兹别克斯坦	Uzbekistan	1994-03-17	1995-07-26	1995-08-25
圣基茨和尼维斯	St. Kitts and Nevis	1994-10-14	1995-08-04	1995-09-03
巴哈马群岛	The Bahamas	1995-10-19	1995-10-19	1995-11-18
巴林	Bahrain	1995-09-22	1996-02-14	1996-03-15
阿尔及利亚	Algeria	1995-04-17	1996-02-21	1996-03-22
巴拿马	Panama	1995-11-22	1996-04-08	1996-05-08

国家（中文）	国家（英文）	签署日期	认证日期	生效日期
波斯尼亚和黑塞哥维那	Bosnia and Herzegovina	1997-04-25	1997-05-14	1997-06-13
哥伦比亚	Colombia	1993-05-18	1997-07-15	1997-08-14
拉脱维亚	Latvia	1997-08-08	1997-08-08	1997-09-07
克罗地亚	Croatia	1997-06-16	1998-09-22	1998-10-22
北马其顿	North Macedonia	1998-09-16	1998-10-27	1998-11-26
乌克兰	Ukraine	1998-04-03	2000-06-07	2000-07-07
乌拉圭	Uruguay	1992-05-28	2000-08-09	2000-09-08
哈萨克斯坦	Kazakhstan	1992-07-23	2000-09-21	2000-10-21
保加利亚	Bulgaria	2000-03-21	2001-04-13	2001-05-13
东帝汶	Timor-Leste	2002-07-23	2002-07-23	2002-08-22
文莱达鲁萨兰国	Brunei Darussalam	2002-09-16	2002-09-16	2002-10-16
圣文森特和格林纳丁斯	St. Vincent and the Grenadines	2001-08-07	2002-12-16	2003-01-15
危地马拉	Guatemala	1995-11-09	2003-01-21	2003-02-20
黎巴嫩	Lebanon	2003-03-26	2003-03-26	2003-04-25
马耳他	Malta	2002-04-24	2003-11-03	2003-12-03
也门共和国	Republic of Yemen	1997-10-28	2004-10-21	2004-11-20
柬埔寨	Cambodia	1993-11-05	2004-12-20	2005-01-19
阿拉伯叙利亚共和国	Syrian Arab Republic	2005-05-25	2006-01-25	2006-02-24
塞尔维亚	Serbia	2007-05-09	2007-05-09	2007-06-08
科索沃共和国	Republic of Kosovo	2009-06-29	2009-06-29	2009-07-29
海地	Haiti	1985-01-30	2009-10-27	2009-11-26

国家（中文）	国家（英文）	签署日期	认证日期	生效日期
卡塔尔	Qatar	2010-09-30	2010-12-21	2011-01-20
佛得角	Cabo Verde	2010-12-20	2010-12-27	2011-01-26
摩尔多瓦	Moldova	1992-08-12	2011-05-05	2011-06-04
南苏丹	South Sudan	2012-04-18	2012-04-18	2012-05-18
黑山共和国	Montenegro	2012-07-19	2013-04-10	2013-05-10
圣多美和普林西比	Sao Tome and Principe	1999-10-01	2013-05-20	2013-06-19
加拿大	Canada	2006-12-15	2013-11-01	2013-12-01
圣马力诺	San Marino	2014-04-11	2015-04-18	2015-05-18
伊拉克	Iraq	2015-11-17	2015-11-17	2015-12-17
瑙鲁	Nauru	2016-04-12	2016-04-12	2016-05-12
墨西哥	Mexico	2018-01-11	2018-07-27	2018-08-26
吉布提	Djibouti	2019-04-12	2020-06-09	2020-07-09
厄瓜多尔	Ecuador	2021-06-21	2021-08-04	2021-09-03
吉尔吉斯共和国	Kyrgyz Republic	1995-06-09	2022-04-21	2022-05-21
安哥拉	Angola	2022-07-14	2022-09-21	2022-10-21
伯利兹	Belize	1986-12-19		
多米尼加共和国	Dominican Republic	2000-03-20		
埃塞俄比亚	Ethiopia	1965-09-21		
几内亚比绍	Guinea-Bissau	1991-09-04		
纳米比亚	Namibia	1998-10-26		
俄罗斯联邦	Russian Federation	1992-06-16		
泰国	Thailand	1985-12-06		

注：由于对以往通过投资争端解决机制仲裁的结果不满意，玻利维亚、委内瑞拉两国已退出 ICSID。

附录二：ICSID 仲裁裁决的撤销情况（截至 2022 年 12 月 31 日）[①]

序号	仲裁程序启动时间（年）	案件名称及案号	适用的国际投资协定（签署时间）	后续程序类型及状态
1	1997	Vivendi 诉阿根廷（I）（ICSID Case No. ARB/97/3）	《阿根廷—法国双边投资协定》（1991 年）	ICSID 撤销程序（部分撤销仲裁裁决／决定，2002 年 7 月 3 日）重新递交 ICSID 仲裁（作出有利于投资者的裁决／决定，2007 年 8 月 20 日）ICSID 撤销诉讼（维持裁决／决定，2010 年 8 月 10 日）
2	1998	Pey Casado and Allende Foundation 诉智利（ICSID Case No. ARB/98/2）	《智利—西班牙双边投资协定》（1991 年）	国际法院司法审查（维持裁决／决定，2013 年 3 月 6 日）ICSID 撤销程序（部分撤销仲裁裁决／决定，2013 年 9 月 11 日）重新递交 ICSID 仲裁（投资者和国家都没有认定有责任但未判给损害赔偿金，2016 年 9 月 13 日）ICSID 撤销诉讼（维持裁决／决定，2020 年 1 月 8 日）
3	1999	Mitchell 诉刚果民主共和国（ICSID Case No. ARB/99/7）	《刚果民主共和国—美利坚合众国双边投资协定》（1984 年）	ICSID 撤销程序（全部撤销仲裁裁决／决定，2006 年 11 月 1 日）

[①] UNCTAD. "Follow-on Proceedings". (2022-12-31)[2023-12-31]. https://investmentpolicy.unctad.org/investment-dispute-settlement.

序号	仲裁程序启动时间（年）	案件名称及案号	适用的国际投资协定（签署时间）	后续程序类型及状态
4	2001	Enron 诉阿根廷（ICSID Case No. ARB/01/3）	《阿根廷—美利坚合众国双边投资协定》（1991 年）	ICSID 撤销程序（部分撤销仲裁裁决／决定，2010 年 7 月 30 日） 重新递交 ICSID 仲裁（和解，2018 年 7 月 19 日）
5	2001	CMS 诉阿根廷（ICSID Case No. ARB/01/8）	《阿根廷—美利坚合众国双边投资协定》（1991 年）	ICSID 撤销程序（部分撤销仲裁裁决／决定，2007 年 9 月 25 日） 国家法院司法审查（维持裁决／决定，2013 年 8 月 19 日）
6	2002	Sempra 诉阿根廷（ICSID Case No. ARB/02/16）	《阿根廷—美利坚合众国双边投资协定》（1991 年）	ICSID 撤销程序（全部撤销仲裁裁决／决定，2010 年 6 月 29 日） 重新递交 ICSID 仲裁（中止，2015 年 4 月 3 日）
7	2003	Fraport 诉菲律宾（Ⅰ）（ICSID Case No. ARB/03/25）	《德国—菲律宾双边投资协定》（1997 年）	ICSID 撤销程序（全部撤销仲裁裁决／决定，2010 年 12 月 23 日）
8	2005	MHS 诉马来西亚（ICSID Case No. ARB/05/10）	《马来西亚—英国双边投资协定》（1981 年）	ICSID 撤销程序（全部撤销仲裁裁决／决定，2009 年 4 月 16 日）
9	2005	Helnan 诉埃及（ICSID Case No. ARB/05/19）	《丹麦—埃及双边投资协定》（1999 年）	ICSID 撤销程序（部分撤销仲裁裁决／决定，2010 年 6 月 14 日）
10	2006	Occidental 诉厄瓜多尔（Ⅱ）（ICSID Case No. ARB/06/11）	《厄瓜多尔—美利坚合众国双边投资协定》（1993 年）	ICSID 撤销程序（部分撤销仲裁裁决／决定，2015 年 11 月 2 日）
11	2007	Mobil and others 诉委内瑞拉（ICSID Case No. ARB/07/27）	《荷兰—委内瑞拉玻利瓦尔共和国双边投资协定》（1991 年）	ICSID 撤销程序（部分撤销仲裁裁决／决定，2017 年 3 月 9 日） （注：投资者重新递交 ICSID 仲裁，未审结）

续　表

序号	仲裁程序启动时间（年）	案件名称及案号	适用的国际投资协定（签署时间）	后续程序类型及状态
12	2008	Perenco 诉厄瓜多尔（ICSID Case No. ARB/08/6）	《厄瓜多尔—法国双边投资协定》（1994 年）	ICSID 撤销程序（部分撤销仲裁裁决 / 决定，2021 年 5 月 4 日）
13	2010	Tidewater 诉委内瑞拉（ICSID Case No. ARB/10/5）	《巴巴多斯—委内瑞拉玻利瓦尔共和国双边投资协定》（1994 年）	ICSID 撤销程序（部分撤销仲裁裁决 / 决定，2016 年 12 月 27 日）
14	2010	TECO 诉危地马拉（ICSID Case No. ARB/10/23）	《中美洲自由贸易协定》（2004 年）	ICSID 撤销程序（部分撤销仲裁裁决 / 决定，2016 年 4 月 5 日）重新递交 ICSID 仲裁（作出有利于投资者的裁决 / 决定，2020 年 5 月 13 日）ICSID 撤销程序（中止，2023 年 1 月 24 日
15	2013	Eiser and Energía Solar 诉西班牙（ICSID Case No. ARB/13/36）	《能源宪章条约》（1994 年）	ICSID 撤销程序（全部撤销仲裁裁决 / 决定，2020 年 6 月 11 日）重新递交 ICSID 仲裁（未审结）

附录三：非 ICSID 仲裁裁决的撤销情况（截至 2022 年 12 月 31 日）①

序号	仲裁程序启动时间	案件名称及案号	适用的仲裁规则	仲裁机构	适用的国际投资协定（签署时间）	国家法院司法审查程序的裁决结果
1	1997 年	Metalclad 诉墨西哥（ICSID Case No. ARB (AF) /97/1）	《ICSID 附加便利仲裁规则》	ICSID	北美自由贸易协定（1992 年）	部分撤销裁决／决定
2	2003 年	Parienti 诉巴拿马	《UNCITRAL 仲裁规则》	CESCON	法国—巴拿马双边投资协定（1982 年）	完全撤销裁决／决定
3	2005 年	Yukos Universal 诉俄罗斯（PCA Case No. 2005-04/AA227）	《UNCITRAL 仲裁规则》	PCA	能源宪章条约（1994 年）	维持裁决／决定 后续程序改判，完全撤销裁决／决定 仍有后续程序进行中（未审结）
4	2005 年	Veteran Petroleum 诉俄罗斯（PCA Case No. 2005-05/AA228）	《UNCITRAL 仲裁规则》	PCA	能源宪章条约（1994 年）	完全撤销裁决／决定 后续程序进行中（未审结）

① UNCTAD. "Follow-on Proceedings". (2022-12-31)[2023-12-31]. https://investmentpolicy.unctad.org/investment-dispute-settlement.

续 表

序号	仲裁程序启动时间	案件名称及案号	适用的仲裁规则	仲裁机构	适用的国际投资协定（签署时间）	国家法院司法审查程序的裁决结果
5	2005 年	RosInvest 诉俄罗斯（SCC Case No. 079/2005）	《SCC 仲裁规则》	SCC	俄罗斯联邦—联合王国双边投资协定（1989 年）	部分撤销裁决／决定
6	2005 年	Hulley Enterprises 诉俄罗斯（PCA Case No. 2005-03/AA226）	《UNCITRAL 仲裁规则》	PCA	能源宪章条约（1994 年）	完全撤销裁决／决定后续程序进行中（未审结）
7	2007 年	Renta 4 S.V.S.A 等诉俄罗斯（SCC Case No. 24/2007）	《SCC 仲裁规则》	SCC	俄罗斯联邦与西班牙双边投资协定（1990 年）	维持裁决／决定后续程序改判、完全撤销裁决／决定
8	2008 年	Achmea 诉斯洛伐克（I）（PCA Case No. 2008-13）	《UNCITRAL 仲裁规则》	PCA	荷兰—斯洛伐克双边投资协定（1991 年）	维持裁决／决定后续程序改判、完全撤销裁决／决定
9	2011 年	Belokon 诉吉尔吉斯斯坦	《UNCITRAL 仲裁规则》	临时仲裁	吉尔吉斯斯坦—拉脱维亚双边投资协定（2008 年）	完全撤销裁决／决定
10	2012 年	Swissbourgh 等诉莱索托（PCA Case No. 2013-29）	《UNCITRAL 仲裁规则》	PCA	南部非洲发展共同体投资议定书（2006 年）	完全撤销裁决／决定
11	2012 年	Sanum Investments 诉老挝（I）（PCA Case No. 2013-13）	《UNCITRAL 仲裁规则》	PCA	中国—老挝人民民主共和国双边投资协定（1993 年）	完全撤销裁决／决定后续程序改判、维持原裁决／决定

续表

序号	仲裁程序启动时间	案件名称及案号	适用的仲裁规则	仲裁机构	适用的国际投资协定（签署时间）	国家法院司法审查程序的裁决结果
12	2013 年	WWM and Carroll 诉哈萨克斯坦	《UNCITRAL 仲裁规则》	数据不详	加拿大—俄罗斯联邦双边投资协定（1989 年）	部分撤销裁决 / 决定
13	2013 年	Stans Energy 诉吉尔吉斯斯坦	《MCCI 仲裁规则》	MCCI	独联体投资者权利公约（1997 年）	完全撤销裁决 / 决定
14	2013 年	Sorelec 诉利比亚（ICC Case No. 19329/MCP/DDA）	《ICC 仲裁规则》	ICC	法国—利比亚双边投资协定（2004 年）	完全撤销裁决 / 决定
15	2013 年	OKKV 诉吉尔吉斯坦	《MCCI 仲裁规则》	MCCI	独联体投资者权利公约（1997 年）	完全撤销裁决 / 决定
16	2013 年	Lee 诉吉尔吉斯斯坦	《MCCI 仲裁规则》	MCCI	独联体投资者权利公约（1997 年）	完全撤销裁决 / 决定
17	2013 年	De Sutter and others 诉马达加斯加（I）	《ICC 仲裁规则》	ICC	比利时—卢森堡经济联盟—马达加斯加双边投资协定（2005 年）	完全撤销裁决 / 决定
18	2014 年	Strabag and others 诉波兰（ICSID Case No. ADHOC/15/1）	无（临时仲裁）	ICSID	奥地利—波兰双边投资协定（1988 年）	完全撤销裁决 / 决定

续 表

序号	仲裁程序启动时间	案件名称及案号	适用的仲裁规则	仲裁机构	适用的国际投资协定（签署时间）	国家法院司法审查程序的裁决结果
19	2014 年	Griffin 诉波兰（SCC Case No. 2014/168）	《SCC 仲裁规则》	SCC	比利时一卢森堡经济联盟一波兰双边投资协定（1987 年）	部分撤销裁决／决定
20	2015 年	Clorox 诉委内瑞拉（PCA Case No. 2015-30）	《UNCITRAL 仲裁规则》	PCA	西班牙一委内瑞拉玻利瓦尔共和国双边投资协定（1995 年）	完全撤销裁决／决定后续程序改判，维持原裁决／决定
21	2015 年	Cairn 诉印度（PCA Case No. 2016-7）	《UNCITRAL 仲裁规则》	PCA	印度一联合王国双边投资协定（1994 年）	完全撤销裁决／决定
22	2016 年	Naftogaz and others 诉俄罗斯（PCA Case No. 2017-16）	《UNCITRAL 仲裁规则》	PCA	俄罗斯联邦一乌克兰双边投资协定（1998 年）	部分撤销裁决／决定
23	2016 年	Gold Pool 诉哈萨克斯坦（PCA Case No. 2016-23）	《UNCITRAL 仲裁规则》	PCA	加拿大一俄罗斯联邦双边投资协定（1989 年）	完全撤销裁决／决定
24	2016 年	D.S. Construction 诉利比亚（PCA Case No. 2017-21）	《UNCITRAL 仲裁规则》	PCA	伊斯兰会议组织成员国之间投资促进、保护和担保协定（1981 年）	完全撤销裁决／决定
25	2017 年	Slot 诉波兰（PCA Case No. 2017-10）	《UNCITRAL 仲裁规则》	PCA	捷克共和国一波兰双边投资协定（1993 年）	完全撤销裁决／决定

附录四：缩略语

缩略语	英文全称	中文全称
BIT	Bilateral Investment Treaty	双边投资协定
CESCON	Centro de Solución de Conflictos	巴拿马冲突解决中心
CPTPP	Comprehensive and Progressive Agreement for Trans-Pacific Partnership	《全面与进步跨太平洋伙伴关系协定》
CRCICA	Cairo Regional Centre for International Commercial Arbitration	开罗区域国际商事仲裁中心
GATS	General Agreement on Trade in Service	《服务贸易总协定》
HKIAC	Hong Kong International Arbitration Centre	香港国际仲裁中心
ICC	International Chamber of Commerce	国际商会
ICSID	International Center for Settlement of Investment Disputes	国际投资争端解决中心
LCIA	London Court of International Arbitration	伦敦国际仲裁院
MCCI	Moscow Chamber of Commerce and Industry	俄罗斯莫斯科工商会
NAFTA	North America Free Trade Agreement	《北美自由贸易协定》
PCA	Permanent Court of Arbitration	海牙常设仲裁法院
SCC	Arbitration Institute of the Stockholm Chamber of Commerce	瑞典斯德哥尔摩商会仲裁院
TIPs	Treaties with Investment Provisions	包含投资条款的协定
UNCITRAL	United Nations Commission on International Trade Law	联合国国际贸易法委员会

续　表

缩略语	英文全称	中文全称
UNCTAD	United Nations Conference on Trade and Development	联合国贸易和发展会议
USMCA	United States–Mexico–Canada Agreement	《美国—墨西哥—加拿大协定》
VCLT	Vienna Convention on the Law of Treaties	《维也纳条约法公约》
《华盛顿公约》或《ICSID 公约》	Convention on the Settlement of Investment Disputes Between States and Nationals of Other States	《解决国家与他国国民间投资争端的公约》
《MIGA 公约》	Convention Establishing the Multilateral Investment Guarantee Agency	《多边投资担保机构公约》
《纽约公约》	United Nations Convention on the Recognition and Enforcement of Foreign Arbitral Awards	《承认及执行外国仲裁裁决公约》
《透明度规则》	UNCITRAL Rules on Transparency in Treaty–based Investor–State Arbitration	《联合国国际法贸易法委员会投资人与国家间基于条约仲裁透明度规则》

参考文献

［1］丁夏. 国际投资仲裁中的裁判法理研究［M］. 北京：中国政法大学出版社，2016.

［2］龚柏华，伍穗龙. 涉华投资者—东道国仲裁案述评［M］. 上海：上海人民出版社，2020.

［3］黄世席. 投资者—国家争端解决机制的发展与应对［M］. 北京：法律出版社，2021.

［4］焦洪宝. 国际投资仲裁案例选读［M］. 天津：南开大学出版社，2021.

［5］刘京莲. 阿根廷国际投资仲裁危机的法理与实践研究［M］. 厦门：厦门大学出版社，2011.

［6］宁红玲. 投资者—国家仲裁与国内法院相互关系研究［M］. 北京：法律出版社，2020.

［7］汤霞. 第三方资助国际投资仲裁法律问题研究［M］. 北京：法律出版社，2022.

［8］魏彬彬. 国际投资条约仲裁司法审查制度研究［M］. 天津：天津人民出版社，2022.

［9］肖军. 规制冲突裁决的国际投资仲裁改革研究［M］. 北京：中国社会科学出版社，2017.

［10］银红武. ICSID 公约理论与实践问题研究［M］. 北京：中国政法大学出版社，2016.

［11］余劲松. 国际投资法（第六版）［M］. 北京：法律出版社，2022.

[12] 中国国际贸易促进委员会法律事务部，武汉大学国际法研究所. 国际投资仲裁指引（第一卷）[M]. 北京：法律出版社，2022.

[13] 张建. 国际投资仲裁法律适用问题研究[M]. 北京：中国政法大学出版社，2020.

[14] 张建. 国际投资仲裁管辖权研究[M]. 北京：中国政法大学出版社，2019.

[15] 赵丹. 国际投资仲裁裁决的司法审查[M]. 北京：社会科学文献出版社，2023.

[16] 蔡从燕. 外国投资者利用国际投资仲裁机制新发展反思——国际法实施机制与南北矛盾的双重视角[J]. 法学家，2007（3）：102-109.

[17] 蔡从燕. 效果标准与目的标准之争：间接征收认定的新发展[J]. 西南政法大学学报，2006（6）：85-91.

[18] 陈剑玲. 国际投资仲裁中的"法庭之友"参与问题研究[J]. 暨南学报（哲学社会科学版），2012，34（7）：27-32.

[19] 崔起凡. 国际投资仲裁中管辖权阶段的证明问题——兼评涉华案件的相关实践[J]. 社会科学家，2023（10）：103-108.

[20] 崔起凡. 论国际投资仲裁中推定的适用[J]. 武大国际法评论，2022，6（1）：101-119.

[21] 戴瑞君. 中国缔结的双边条约在特别行政区的适用问题——兼评"世能诉老挝案"上诉判决[J]. 环球法律评论，2017，39（5）：162-176.

[22] 单菊铭. 国际投资仲裁中的"法庭之友"资格认定——基于法益衡量视角[J]. 武大国际法评论，2022，6（5）：117-138.

[23] 单文华，张生. 美国投资条约新范本及其可接受性问题研究[J]. 现代法学，2013，35（5）：149-160.

[24] 丁夏. 国际投资仲裁中适用"保护伞条款"之冲突与解决——以仲裁庭阐释条款的态度为线索[J]. 西北大学学报（哲学社会科学版），2014，44（2）：71-76.

［25］董静然. 投资规制权视野下东道国国家责任的构成与判定［J］. 环球法律评论，2023，45（2）：55-70.

［26］杜焕芳，郭诗雅. 投资条约仲裁中法庭之友的局限性及其改进［J］. 浙江工商大学学报，2021（6）：46-57.

［27］范晓宇. 投资仲裁裁决执行的国家豁免困境、成因及出路［J］. 武大国际法评论，2021，5（3）：118-140.

［28］封筱. "保护伞条款"与国际投资争端管辖权的确定［J］. 暨南学报（哲学社会科学版），2011，33（1）：35-41.

［29］龚柏华. 涉华投资者—东道国仲裁案法律要点及应对［J］. 上海对外经贸大学学报，2022，29（2）：79-92.

［30］郭玉军. 论国际投资条约仲裁的正当性缺失及其矫正［J］. 法学家，2011（3）：141-152.

［31］韩秀丽. 论比例原则在有关征收的国际投资仲裁中的开创性适用［J］. 甘肃政法学院学报，2008（6）：116-123.

［32］韩秀丽. 再论卡尔沃主义的复活——投资者—国家争端解决视角［J］. 现代法学，2014，36（1）：121-135.

［33］黄丽萍. 国际投资仲裁中的投资者责任：促成过错与理性投资者标准［J］. 环球法律评论，2022，44（3）：179-192.

［34］黄世席. 国际投资仲裁裁决执行中的国家豁免问题［J］. 清华法学，2012，6（6）：95-106.

［35］黄世席. 国际投资仲裁裁决的司法审查及投资条约解释的公正性——基于"Sanum案"和"Yukos案"判决的考察［J］. 法学，2017（3）：130-145.

［36］黄世席. 国际投资仲裁裁决执行中的国家豁免问题［J］. 清华法学，2012，6（6）：95-106.

［37］黄世席. 国际投资仲裁中的挑选条约问题［J］. 法学，2014（1）：62-73.

［38］黄世席. 欧盟国际投资仲裁法庭制度的缘起与因应［J］. 法商研究，2016，33（4）：162-172.

［39］黄月明. ICSID 仲裁庭扩大管辖权的途径及其应对——从"谢业深案"切入［J］. 华东政法大学学报，2013（5）：64-75.

［40］蒋莉苹. 国际投资仲裁中涉华投资者资格认定及利益平衡［J］. 武大国际法评论，2023，7（5）：137-157.

［41］李洋桦. 东道国当地救济规则在 ICSID 仲裁领域的运用研究——兼论中国双边投资条约的应对策略［J］. 法律科学（西北政法大学学报），2015，33（3）：179-189.

［42］李凤宁，李明义. 从裁决不一致性论国际投资仲裁上诉机制［J］. 政法学刊，2018，35（2）：49-56.

［43］李庆灵. 国际投资仲裁中的缔约国解释：式微与回归［J］. 华东政法大学学报，2016，19（5）：132-142.

［44］梁丹妮. 国际投资条约最惠国待遇条款适用问题研究——以"伊佳兰公司诉中国案"为中心的分析［J］. 法商研究，2012，29（2）：98-103.

［45］梁开银. 公平公正待遇条款的法方法困境及出路［J］. 中国法学，2015（6）：179-199.

［46］梁一新. 论国有企业在 ICSID 的仲裁申请资格［J］. 法学杂志，2017，38（10）：103-110.

［47］梁咏. 国际投资仲裁机制变革与中国对策研究［J］. 厦门大学学报（哲学社会科学版），2018（3）：160-172.

［48］梁咏. 国际投资仲裁中的涉华案例研究——中国经验和完善建议［J］. 国际法研究，2017（5）：98-116.

［49］梁咏. 间接征收的研究起点和路径——投资者权益与东道国治安权之衡平［J］. 财经问题研究，2009（1）：86-92.

［50］廖凡. 投资者——国家争端解决机制的新发展［J］. 江西社会科学，2017，37（10）：200-208.

［51］林燕萍，朱玥. 论国际投资协定中的公平公正待遇——以国际投资仲裁实践为视角［J］. 上海对外经贸大学学报，2020，27（3）：72-89.

［52］刘芳. 国际投资协定国民待遇条款"相似情形"的认定［J］. 首都经济贸易大学学报，2018，20（6）：99-108.

［53］刘京莲. 法庭之友参与国际投资仲裁体制研究［J］. 太平洋学报，2008（5）：6-17.

［54］刘笋. 国际投资仲裁裁决的不一致性问题及其解决［J］. 法商研究，2009，26（6）：139-147.

［55］刘笋. 论国际投资仲裁对国家主权的挑战——兼评美国的应对之策及其启示［J］. 法商研究，2008（3）：3-13.

［56］刘笋. 论投资条约中的国际最低待遇标准［J］. 法商研究，2011，28（6）：100-107.

［57］刘万啸. 投资者与国家间争端的替代性解决方法研究［J］. 法学杂志，2017，38（10）：91-102.

［58］刘雪红. 论国有企业私人投资者身份认定及启示——以 ICSID 仲裁申请人资格为视角［J］. 上海对外经贸大学学报，2017，24（3）：5-16.

［59］漆彤. 论国际投资协定中的利益拒绝条款［J］. 政治与法律，2012（9）：98-109.

［60］漆彤. 论中国海外投资者对国际投资仲裁机制的利用［J］. 东方法学，2014（3）：89-96.

［61］任强. 国际投资法国民待遇中的"相似/相同情形"考察［J］. 山西大同大学学报（社会科学版），2012，26（3）：18-22.

［62］沈伟. 国际投资协定中的安全例外条款：全球趋势与中国实践［J］. 比较法研究，2022（6）：181-198.

［63］沈伟. 论中国双边投资协定中限制性投资争端解决条款的解释和适用［J］. 中外法学，2012，24（5）：1046-1068.

［64］沈志韬. 论国际投资仲裁正当性危机［J］. 时代法学，2010，8（2）：113-119.

［65］石静霞，孙英哲. 国际投资协定新发展及中国借鉴——基于 CETA 投资

章节的分析[J]. 国际法研究，2018（2）：21-39.

［66］石现明. 国际投资仲裁内部上诉机制述评[J]. 云南大学学报（法学版），
2011，24（2）：126-130.

［67］宋俊荣. 论投资者—国家间仲裁中的东道国当地救济规则——从《美墨
加协定》切入[J]. 环球法律评论，2021，43（4）：163-177.

［68］宋阳. 国际投资仲裁准据法的平衡适用论[J]. 现代法学，2022，44（3）：
194-205.

［69］孙南申，李思敏. 国际投资仲裁裁决执行中的国家豁免适用问题[J]. 上
海对外经贸大学学报，2021，28（6）：99-110.

［70］孙南申，孙颖. 论国际投资仲裁裁决在《纽约公约》下的执行问题[J].
广西师范大学学报（哲学社会科学版），2020，56（1）：55-64.

［71］孙南申. "一带一路"背景下对外投资风险规避的保障机制[J]. 东方法
学，2018（1）：22-29.

［72］覃华平. 国际仲裁中的第三方资助：问题与规制[J]. 中国政法大学学报，
2018（1）：54-66.

［73］陶立峰. 扩容与限制：投资协定禁止业绩要求条款的最新发展及对策研
究[J]. 社会科学，2016（3）：107-114.

［74］陶立峰. 投资者与国家争端解决机制的变革发展及中国的选择[J]. 当代
法学，2019，33（6）：37-49.

［75］汪蓓. 论承认与执行国际投资仲裁裁决面临的挑战与出路——基于上诉
机制改革的分析[J]. 政法论丛，2021（5）：151-160.

［76］王贵国. 略论晚近国际投资法的几个特点[J]. 比较法研究，2010（1）：
69-82.

［77］王衡，惠坤. 国际投资法之公平公正待遇[J]. 法学，2013（6）：84-92.

［78］王军杰. ICSID上诉机制建构的法理基础及制度选择[J]. 社会科学辑刊，
2018（5）：150-155.

［79］王璐. 论投资条约中的"符合东道国法律"要求——兼论我国在中美投

资条约谈判中的立场选择[J]. 法商研究，2013，30（1）：120-126.

［80］王书成. 比例原则之规范难题及其应对[J]. 当代法学，2007（6）：108-112.

［81］王彦志. 从程序到实体：国际投资协定最惠国待遇适用范围的新争议[J]. 清华法学，2020，14（5）：182-207.

［82］王彦志. 国际投资法上公平与公正待遇条款改革的列举式清单进路[J]. 当代法学，2015，29（6）：147-157.

［83］王彦志. 国际投资争端解决的法律化：成就与挑战[J]. 当代法学，2011，25（3）：15-23.

［84］王彦志. 国际投资争端解决机制改革的多元模式与中国选择[J]. 中南大学学报（社会科学版），2019，25（4）：73-82.

［85］王彦志. 投资条约保护伞条款的实践及其基本内涵[J]. 当代法学，2008（5）：50-55.

［86］王燕. 国际投资仲裁机制改革的美欧制度之争[J]. 环球法律评论，2017，39（2）：179-192.

［87］肖芳. 国际投资仲裁第三方资助的规制困境与出路——以国际投资仲裁"正当性危机"及其改革为背景[J]. 政法论坛，2017，35（6）：69-83.

［88］肖军. 建立国际投资仲裁上诉机制的可行性研究——从中美双边投资条约谈判说起[J]. 法商研究，2015，32（2）：166-174.

［89］谢宝朝. 投资仲裁上诉机制不是正当性危机的唯一解药[J]. 世界贸易组织动态与研究，2009（4）：22-28.

［90］徐崇利. "保护伞条款"的适用范围之争与我国的对策[J]. 华东政法大学学报，2008（4）：49-59.

［91］徐崇利. 公平与公正待遇：真义之解读[J]. 法商研究，2010，27（3）：59-68.

［92］徐崇利. 公平与公正待遇标准：国际投资法中的"帝王条款"？[J]. 现代法学，2008（5）：123-134.

［93］徐崇利. 利益平衡与对外资间接征收的认定及补偿[J]. 环球法律评论，

2008（6）：28-41.

［94］徐树. 国际投资仲裁庭管辖权扩张的路径、成因及应对［J］. 清华法学，
2017，11（3）：185-207.

［95］徐树. 谁来监督裁判者：国际仲裁越权裁决的救济难题［J］. 当代法学，
2022，36（1）：149-160.

［96］许敏. 论间接征收的界定——东道国经济管理权的边界［J］. 河北法学，
2013，31（8）：135-144.

［97］闫旭. 国际投资仲裁中法庭之友意见书接受标准的完善［J］. 政法学刊，
2021，38（5）：104-112.

［98］杨丽艳，张新新. 再论国际投资仲裁中间接征收的认定及扩大适用［J］.
时代法学，2017，15（1）：112-121.

［99］叶兴平.《北美自由贸易协定》投资争端解决机制剖析［J］. 法商研究，
2002（5）：129-135.

［100］殷敏.《美墨加协定》投资者—国家争端解决机制及其启示与应对［J］.
环球法律评论，2019，41（5）：160-174.

［101］银红武. 拒绝履行之 ICSID 裁决的解决路径［J］. 国际经贸探索，2016，
32（5）：73-86.

［102］于健龙. 论国际投资仲裁的透明度原则［J］. 暨南学报（哲学社会科学
版），2012，34（9）：63-69.

［103］余劲松，梁丹妮. 公平公正待遇的最新发展动向及我国的对策［J］. 法
学家，2007（6）：151-156.

［104］余劲松. 国际投资条约仲裁中投资者与东道国权益保护平衡问题研
究［J］. 中国法学，2011（2）：132-143.

［105］余劲松. 外资的公平与公正待遇问题研究——由 NAFTA 的实践产生的
几点思考［J］. 法商研究，2005（6）：43-50.

［106］岳树梅，黄秋红.《能源宪章条约》中的公平公正待遇条款现代化：欧
盟方案及中国因应［J］. 国际商务研究，2023，44（6）：59-71.

［107］张光. 论东道国的环境措施与间接征收——基于若干国际投资仲裁案例的研究［J］. 法学论坛，2016，31（4）：61-68.

［108］张光. 论国际投资仲裁中投资者利益与公共利益的平衡［J］. 法律科学（西北政法大学学报），2011，29（1）：109-114.

［109］张辉. 美国国际投资法理论和实践的晚近发展——浅析美国双边投资条约2004年范本［J］. 法学评论，2009，27（2）：63-68.

［110］张亮，宁昆桦. 国家豁免对国际投资仲裁裁决有效执行的影响及其克服［J］. 政治与法律，2021（1）：96-106.

［111］张倩雯. 国际贸易法与国际投资法国民待遇互动关系比较研究［J］. 武大国际法评论，2017，1（6）：41-63.

［112］张倩雯. 国际投资法国民待遇的"不低于"问题研究［J］. 武大国际法评论，2021，5（5）：95-116.

［113］张庆麟，黄幽梦. 论善意原则对国际投资协定公私利益平衡的调节——以投资仲裁中善意原则的适用为视角［J］. 时代法学，2023，21（5）：107-116.

［114］张庆麟. 国际投资仲裁的第三方参与问题探究［J］. 暨南学报（哲学社会科学版），2014，36（11）：70-82.

［115］张庆麟. 论晚近南北国家在国际投资法重大议题上的不同进路［J］. 现代法学，2020，42（3）：126-137.

［116］张庆麟. 用尽当地救济与"中心"（ICSID）管辖权［J］. 法律科学（西北政法学院学报），1991（5）：76-80.

［117］张生. 从《北美自由贸易协定》到《美墨加协定》：国际投资法制的新发展与中国的因应［J］. 中南大学学报（社会科学版），2019，25（4）：51-61.

［118］张生. 国际投资法制框架下的缔约国解释研究［J］. 现代法学，2015，37（6）：163-172.

［119］张晓静. 投资条约中的利益否决条款研究——由"艾美特公司诉乌克兰

案"引发的思考[J]. 法商研究，2012，29（6）：101-108.

［120］赵红梅. 投资条约保护伞条款的解释及其启示——结合晚近投资仲裁实践的分析[J]. 法商研究，2014，31（1）：39-46.

［121］赵骏. 国际投资仲裁中"投资"定义的张力和影响[J]. 现代法学，2014，36（3）：161-174.

［122］朱明新. 最惠国待遇条款适用投资争端解决程序的表象与实质——基于条约解释的视角[J]. 法商研究，2015，32（3）：171-183.

［123］朱文龙. 国际投资领域投资定义的发展及对中国的启示[J]. 东方法学，2014（2）：152-160.

［124］邹立刚. 试论国际法上的用尽当地救济规则[J]. 法学研究，1994（5）：60-64.

［125］DOLZER R, SCHREUER C. Principles of international investment law[M]. Oxford: Oxford University Press, 2012.

［126］HARTEN G V. Investment treaty arbitration and public law[M]. Oxford/New York: Oxford University Press, 2007.

［127］NEWCOMBE A, PARADELL L. Law and practice of investment treaties: standards of treatment[M]. Netherlands: Kluwer Law International, 2009.

［128］PETER M, FEDERICO O, CHRISTOPH S, eds. The Oxford handbook of international investment law[M]. Oxford: Oxford University Press, 2008.

［129］SCHEFER, KN. International investment law: text, cases and materials[M]. Massachusetts: Edward Elgar publishing, Inc., 2020.

［130］DIMASCIO N, PAUWELYNA J. Nondiscrimination in trade and investment treaties: worlds apart or two sides of the same coin?[J]. American journal of international law, 2008, 102（1）:48-89.

［131］FRANCK S D. The legitimacy crisis in investment treaty arbitration: privatizing public international law through inconsistent decisions[J]. Fordham law review, 2005, 73（4）:1521-1625.

［132］GANTZ D A. An appellate mechanism for review of arbitral decisions in investor-state disputes: prospects and challenges［J］. Vanderbilt journal of transnational law, 2006, 39（1）: 39-76.

［133］LAIRD I. Finality versus consistency: does investor-state arbitration need an appellate system［J］. The journal of appellate practice and process, 2005, 7（2）: 285-302.

［134］VIJAYVERGIA C. Dual nationality of a private investor in investment treaty arbitration: a potential barrier to the exercise of jurisdiction ratione personae?［J］. ICSID review-foreign investment law journal, 2021, 36（1）: 150-170.

［135］ICSID. Database of ICSID member states［EB/OL］.（undated）［2023-12-31］. https://icsid.worldbank.org/about/member-states/database-of-member-states.

［136］ICSID Secretariat. Possible improvements of the framework for ICSID arbitration［R/OL］.（2004-10-22）［2023-12-31］. https://icsid.worldbank. org/sites/default/files/Possible%20Improvements%20of%20the%20 Framework%20of%20ICSID%20Arbitration.pdf.

［137］UNCTAD. UNCTAD series on issues in International Investment Agreements Ⅱ: most-favoured-nation treatment［R/OL］.（2010）［2023-12-31］. http://unctad.org/en/Docs/diaeia20101_en.pdf.

［138］UNCTAD. Follow-on proceedings［EB/OL］.（2022-12-31）［2023-12-31］. https://investmentpolicy.unctad.org/investment-dispute-settlement.

［139］UNCTAD Investment Policy Hub. Investment dispute settlement navigator ［EB/OL］.（2022-12-31）［2023-12-31］. https://investmentpolicy.unctad. org/investment-dispute-settlement.

［140］UNCTRAL Secretariat. Possible reform of investor-state dispute settlement （ISDS）appellate mechanism［R/OL］.（2022-05-15）［2023-12-31］. https://uncitral.un.org/sites/uncitral.un.org/files/media-documents/uncitral/en/ uncitral_wp_-_appeal_14_december_for_the_website.pdf.